제 3부 특수아동 교육 및 진로개발

제1부

특수아동 상담의 기초

제 1 장

장애와 특수아동

1. 장애의 정의와 유형
2. 장애의 적응
3. 특수아동의 경험

1. 장애의 정의와 유형

가. 장애의 정의

국립국어원의 정의에 의하면 장애란 신체기관이 본래의 제 기능을 하지 못하거나 정신능력에 결함이 있는 상태이다. 일반적으로 '장애'라고 번역하여 사용하는 용어는 'impairment', 'disability', 'handicap' 등이다. 이 가운데 disability는 부정(negation), 분리(separation), 부족(lack of), 반대(opposite of)를 의미하는 라틴어 접두사 'dis-'에서 도출된 것으로, 일반적으로 부정적 소인으로 간주된다. 기능 제약(impairment)은 주로 의학적 조건으로 보고, 불리(handicap)는 개인이 특정 상황에 있을 때의 요구인 사회적 조건으로 본다. 즉, 개인은 '기능 제약'은 가지지만, 특정 상황을 제거하면 '불리'는 가지지 않는다.

Stevens는 disability, impairment, handicap을 구분하면서, disability를 기능(function)의 상실, impairment를 조직 손상이나 질병, handicap을 신체적 역기능이나 impairment 때문에 교육장면에서 개인에게 주어지는 해결할 수 없는 강요된 짐으로 간주하였다. 즉, 장애는 기능, 능력, 그리고 사회성의 측면에서 그 의미를 찾을 수 있다.

1) 기능장애(impairment)

의학적인 개념으로 신체구조와 조직기능이 일시적 혹은 영구적으로 손상된 상태를 의미하며, 주로 감각장애 영역에서 사용된다. 예를 들면, 청각장애(hearing impairment), 시각장애(visual impairment) 등이 여기에 해당한다.

2) 능력장애(disability)

신체적 기능의 상실로 한 가지 이상의 능력이 저하되어 어려움이 있는 상태로서 능력부족의 개념이다. 일상생활의 불능 상태를 의미하며, 학습장애(learning disability)에서 사용된다. 기능장애가 곧 능력장애로 이어지는 것은 아니다. 따라서 교육, 재활, 그리고 사회적 역할이 중요하다.

3) 사회적 장애(handicap)

사회적 측면에서 주어지는 주관적 차원의 개념으로, 사회환경의 열악함이나 사회전반의 이해 또는 원조 부족 등으로 불편, 부자유, 불이익을 겪는 것을 의미한다. 장애인들이 장애로 인해 사회로부터 편견 등을 겪게 되는 사회적 결과가 여기에 해당한다. 따라서 사회 · 문화적 배경, 사회적 책임의 증가가 요구된다(김동일 외, 2003).

장애의 개념과 관련하여 조용대(2001)는 '장애'라는 용어 대신에 '개성(individuality)'이라는 용어를 제안하고 있다. '장애아동'보다는 '개성적인 아동(child with individuality)' 또는 '개성이 강한 아동(child with strong individuality)'이라는 명칭을 제안한 그는 강한 개성을 발휘할 수 있는 가정, 학교, 사회의 환경을 조성하는, '특수교육(special education)'이 아니라 '개성교육(individuality education)'이 이뤄져야 할 것을 강조하고 있다.

Cook, R. S.(1995)은 장애인 상담을 위한 논리적 근거로 '점진적인 장애들'이란 개념을 도입했다.

'점진적인 장애들'이란 어떤 사람의 지적이고(지적이거나) 물리적인 기능을 손상시키며 또한 적응을 위한 행동을 필요로 하는 광범위한 장애(disorder) 상태를 말한다. 이것은 다른 여러 상태들 가운데 정신 지체, 뇌성마비, 간질, 학습장애,

자폐증, 질병이나 사고로 손상된 기능 등을 포함한다. 점진적 장애라는 표현은 입법, 정부기관의 봉사, 그리고 교육 등에서 사용된다. 여기에는 다음과 같은 주요 개념들을 포함한다.

① 성인 초기(이에 대해서는 18세 혹은 21세 등으로 다양하게 규정됨) 이전에 혹은 그 무렵에 발생한 장애

② 영속적인 혹은 불명확하게 지속될 것으로 기대되는 상태

③ '사회에서 독립적이고 정상적인 역할을 감당할 수 있게 하는 능력에 중요한 방해'가 되는 장애

나. 장애의 유형

세계보건기구(WHO)는 전 세계인구의 10%를 장애인으로 추산하고 있다. 우리나라의 전국 장애인 숫자는 약 144만 9천 5백명으로 추정되며, 경제활동 가능 장애인은 133만 1천 5백명, 경제활동에 참가하고 있는 장애인 수는 63만 6천 7백명, 실업자 수는 전체 약 28.4%인 37만 8천 1백여 명이다(보건사회연구원, 2000). 특히, 지난 10년간 우리나라의 학령기 인구는 감소하고 있지만 특수교육 대상자 수는 매년 증가하고 있다. 교육부 통계에 따르면 2005년 특수교육대상자가 58,362명이던 것이 2014년에는 87,278명으로 증가하였다(교육부, 2014).

장애인이란 일반적으로 신체의 어떤 부분에 결함이 있거나 정신기능과 지능이 결여되어 사회 적응이 잘 되지 않는 사람을 말한다. 이러한 신체적, 정신적, 지능적 결함은 치료, 교육, 훈련, 상담 등으로 많이 개선될 수 있다. 따라서 장애인을 판정하고 구분하는 기준도 과거 신체적, 지적 결함의 정도에서 일할 수 있는 능력과 가정생활 및 사회생활의 불편 정도 등으로 바뀌고 있다. 1973년 미국 재활법 제5장에서 규정하고 있는 장애인(handicapped individual)은 다음과 같다(Laski, 1979).

표 1-1 등록 장애인수

		계	지체	시각	청각	지적	기타
전국	남	1,006,270 (100%)	583,089 (57.9)	104,866 (10.4)	88,764 (8.8)	71,343 (7.1)	158,208 (15.7)
	여	526,151 (100%)	264,445 (50.3)	56,497 (10.7)	58,327 (11.1)	44,409 (8.4)	102,473 (19.5)
전북	남	54,964 (100%)	31,971 (58.2)	5,576 (10.1)	4,926 (9.0)	4,316 (7.9)	8,175 (14.9)
	여	33,450 (100%)	17,811 (53.2)	3,309 (9.9)	3,441 (10.3)	3,072 (9.2)	5,817 (17.4)

출처: 보건복지부 통계(2006. 06).

표 1-2 등록 장애인수 추이

(단위 : 천명)

	2003	2004	2005	2006	2007	2008	2009	2010	2011	2012
계	1,454	1,611	1,777	1,967	2,105	2,247	2,430	2,512	2,519	2,511
지체장애	814	883	959	1,049	1,114	1,191	1,293	1,334	1,333	1,322
시각장애	153	170	168	206	217	228	241	249	251	252
청각언어	139	155	188	199	218	239	262	277	279	276
지적장애	112	119	174	135	143	147	155	161	167	173
뇌병변	116	143	127	194	215	232	252	262	261	258
자폐성 장애	6	8	9	11	12	13	14	15	16	17
정신장애	47	54	63	75	82	87	95	96	95	95

① 주요한 생활 활동을 하나 이상 크게 제한하는 신체적 혹은 정신적 손상을 가진 사람

② 그러한 손상을 가진 기록을 지닌 사람

③ 그러한 손상을 가진 것으로 고려되는 사람

우리나라 장애인복지법 제2조(1999. 2. 8)에서 규정하고 있는 장애인에 대한 정의는 다음과 같다.

① "장애인은 신체적 · 정신적 장애로 인하여 장기간에 걸쳐 일상생활 또는 사회생활에 상당한 제약을 받는 자를 말한다."

② 신체적 장애라 함은 주요 외부 신체기능의 장애, 내부기관의 장애 등을 말하며, 정신적 장애라 함은 정신지체 또는 정신적 질환으로 발생하는 장애를 말한다.

이 법에서는 장애유형을 크게 신체적 장애와 정신적 장애로 분류하고 있으며, 동법 시행령 제2조에서는 장애 종류를 지체장애인, 뇌병변장애인, 시각장애인, 청각장애인, 언어장애인, 정신지체인, 발달장애인, 정신장애인, 신장장애인 심장장애인으로 분류하고 그 기준을 규정하고 있다.

1) 신체적 장애

(1) 외부신체 기능의 장애

① 지체장애 : 절단장애, 관절장애, 지체기능장애, 변형 등의 장애
② 뇌병변장애 : 중추신경의 손상으로 인한 복합적인 장애
③ 시각장애 : 시력장애 · 시야결손장애
④ 청각장애 : 청력장애, 평형기능장애
⑤ 언어장애 : 언어장애, 음성장애

(2) 내부기관의 장애

① 신장장애 : 투석치료 중이거나 신장을 이식받은 경우
② 심장장애 : 일상생활이 현저히 제한되는 심장기능 이상

2) 정신적 장애

① 정신지체 : 지능지수가 70 이하인 경우

② 정신장애 : 정신분열병, 분열정동 장애, 양극성 정동장애, 반복성 우울장애

③ 발달장애 : 소아자폐 등 자폐성 장애

표 1-3 **특수교육대상자 현황**

(단위 : 명)

	시각장애	청각장애	지적장애	지체장애	정서행동장애	자폐성장애	의사소통장애	학습장애	건강장애	발달지체	계
인원	1,920	3,440	44,439	10,814	2,579	8,905	1,953	3,353	2,024	3,108	82,535

출처: 국립특수교육원, 2014.

한편, "특수교육대상자"라 함은 제10조의 규정에 의하여 특수교육을 필요로 하는 사람으로 선정된 사람을 말한다(특수교육진흥법 제2조, 1977. 12. 13).

제10조 ① 다음 각 호의 1에 해당하는 장애가 있는 사람 중 특수교육을 필요로 하는 사람으로 진단 · 평가된 사람을 특수교육대상자로 선정하다.

① 시각장애

② 청각장애

③ 정신지체

④ 지체부자유

⑤ 정서장애(자폐성을 포함한다)

⑥ 언어장애

⑦ 학습장애

⑧ 기타 교육부령이 정하는 장애

표 1-4 분류체계 비교

장애인 복지법 시행령(1999. 12. 31)	특수교육진흥법(1977. 12. 13) -〉 특수교육 대상자	미국장애인교육법(IDEA)-1990, 1997, 2004
1. 지체장애인 2. 뇌병변장애인 3. 시각장애인 4. 청각장애인 5. 언어장애인 6. 정신지체인 7. 발달장애(자폐증)인 8. 정신장애인 9. 신장장애인 10. 심장장애인	1. 시각장애 2. 청각장애 3. 정신지체(지적장애) 4. 지체부자유 5. 정서장애(자폐성 포함) 6. 언어장애 7. 학습장애 8. 기타 교육부령이 정하는 장애 ▸ 1994년 특수교육법에서는 정서장애-〉정서, 행동장애 ▸ 2005년 일부개정 "8. 심장장애, 신장장애, 간장애 등 만성질환으로 인한 건강장애"	1. 자폐 2. 농 3. 난청 4. 농-맹 5. 정서장애 6. 지적장애 7. 복합장애 8. 정형외과적 장애 9. 기타 건강장애 10. 학습장애 11. 말, 언어장애 12. 외상성 뇌손상 13. 시각장애

2. 장애의 적응

가. 장애의 중적 심화과정

신체적, 정신적 장애를 제거하거나 감소시키지 않으면 이러한 제1차 증상이 원인이 되어 신경증적인 정서불안이란 제2의 새로운 장애가 일어나기 쉽다. 제2차 증상은 중적(重積)되어 더욱 심화되고 내면화된다. 이렇게 여러 차원의 증상이 중적(重積)되고 내면화되면 장애가 고정화되면서 더욱 심화되는 것이다. 이와 같이 장애가 심화되는 작용을 쇼치사부로(昇地三郎, 1976)는 장애 중적 심화

과정(障碍重積深化過程)이라고 하였다(그림 1-1).

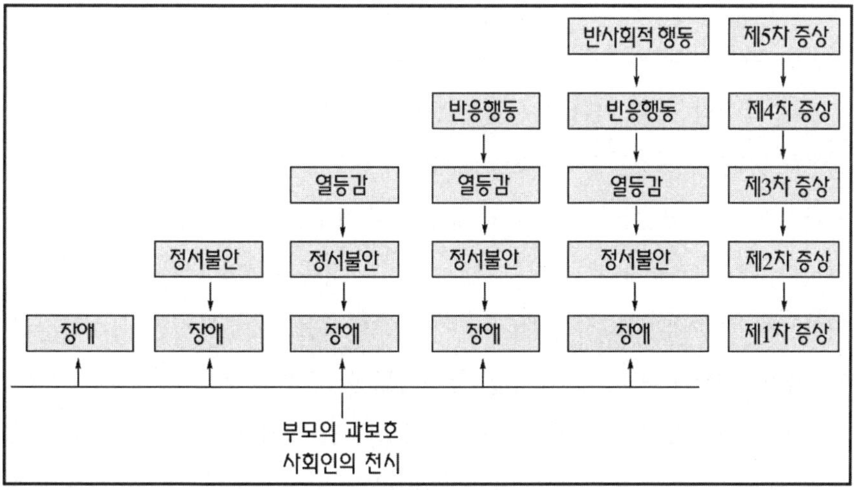

[그림 1-1] 장애중적 심화과정

따라서 특수아동 상담이나 교육에서는 장애가 제5차 증상까지 심화되지 않도록 사전에 어떻게 예방하느냐가 과제가 된다. 만약 한 아동이 제5차 증상을 나타내고 있다면 제5차 증상에 대한 치료교육은 물론 그 이하의 증상에 대한 체계적인 행동수정 혹은 해소를 위한 훈련이 이루어져야 한다. 치료교육을 받고자 하는 학생이 현재 어떤 증상에까지 와 있는가를 정확히 진단 · 평가 · 심사하고 이것을 출발점행동으로 하여 그 하위증상을 점차적으로 지도해 나가야 한다.

나. 장애에의 적응과정

장애를 적응하는 과정은 특수아동마다 다르게 나타난다. 특수아동에게서는 개인차가 크게 나타나기 때문이다. 일반적으로 장애 발생연령이 어릴수록 적응과정의 정신적 외상이 적다. 그러나 선천적으로 장애를 타고났다 하더라고 청소년기는 스트레스가 특히 많다. 또한 장애를 극복하는 양식은 개인의 특성에 따라 다르게 나타난다. 충족적, 낙천적, 목표지향적인 아동은 의존적, 냉담, 침울한 아동보다 일반적으로 성공적으로 장애를 극복한다. 손·발의 절단 또는 이분척추와 같은 외현적 신체의 변화에 관련된 장애는 외모의 형태에 의해 적응이 결정될 수도 있다(Lombana, 1992).

특수아동의 부모는 아동이 장애에 적응하도록 하는 데 상당한 영향력을 미친다. 부모도 아동과 마찬가지로 똑같은 적응과정의 단계를 밟는다. 또한 이중으로 적응과정을 겪는데, 자신이 특수아동을 둔 부모라는 사실을 극복해야 하며 나아가 자녀가 장애를 극복하도록 도와야 한다(Lombana, 1992).

아동은 선천적 장애일 때는 정신적 외상을 덜 입지만 부모는 더 많은 고통을 경험한다. 이 경우 부모들은 '완전한 아이'를 갖지 못했다는 죄책감으로 부정, 충격, 고통, 우울의 과정을 거치면서 고통스러워한다. 이 때 사랑과 지원보다는 자녀에 대한 거부 또는 과잉보호가 일어나기 쉽다.

Kubler Ross(1975)는 장애를 받아들이는 과정, 즉 적응 순환주기를 부정, 슬픔, 인정으로 설명하고 있다.

1) 부정(부인)

장애에 대한 최초의 반응은 충격과 공포이다. 예기치 못한 장애가 등장했을 때 이러한 현실을 받아들이려고 하지 않는다. 현실에 대한 부정과 부인이 압도적인 위협으로부터의 심리적 보호가 된다. 부정과 부인은 며칠에서 몇 주일간 지속되며, 어떤 경우에는 몇 개월간 지속될 수도 있다. 그리고 이 과정에서 점차적으로 장애를 직면하게 된다.

2) 슬픔

장애의 부정에서 이제는 장애를 조금씩 인지하기 시작하면서 슬픔(비탄)을 경험하게 된다. 불안, 걱정, 우울, 적개심 등이 이 과정의 특징이며, 대개 이 중 한 가지 이상을 경험한다. 우울은 정상적으로 거치는 과정이지만, 어떤 경우에는 우울에 깊이 빠져 '학습된 무기력'을 경험하기도 한다.

3) 인정

부정과 슬픔의 단계를 거치면서 서서히 장애를 인정하고 수용하기 시작한다. 대부분의 장애인들은 궁극적으로 그들의 한계보다 자신의 능력에 더 집중하도록 정서적 힘을 비축하게 된다. 이 과정에서는 의존적, 수동적, 적대적인 상태로 남아 있고 싶은 유혹으로 고통스러워할 수도 있다. 이 때 이해와 격려가 필요하다. 이 과정은 빠르게 진행되지 않는다. 특히 좌절과 퇴행이 나타나며 종국에 가서는 다양한 장애를 극복하게 된다.

3. 특수아동의 경험

가. 특수아동의 개념

'어떤 특성을 지닌 아동을 특수아동으로 볼 것이냐?'라는 문제에 대한 답은 아직까지 명확하게 제시되어 있지 않다. 따라서 특수아동에 대한 정의도 각양각색이다. D. P. Hallahan과 J. M. Kauffman(1995)은 자기의 소질을 최대로 개발하기 위해서는 특수한 교육적 조치나 그와 관련된 서비스를 필요로 하는 아동을 특수아동으로 정의하고 있다. 도한 이들은 특수아동은 여러 가지의 장애, 즉 인지 · 정서 · 신체 · 언어 · 청각 · 시각 · 학습문제 등에서 하나 또는 둘 이상의 현저한 장애를 가지고 있기 때문에 특별한 교육적 조치가 필요하다고 했다. S.A. Kirk와 J. J. Gallagher(1996)는 특수 아동을 정신적 특성, 감각능력, 신경의 운동이나 신체적인 특성, 사회적 행동, 의사소통 능력, 중복장애 등에서 장애를 지니지 않은 아동에 비해 "편향되어 있는 아동"이라고 정의하고 있다.

이런 정의를 놓고 볼 때, 특수아동이란 심신의 기능에 어떤 장애가 있거나 그렇지 않더라도 심리적 · 환경적인 부적응의 문제 때문에 장애를 지니지 않은 아동들과 함께 일반적인 프로그램만으로 교육을 받기가 부적당하여 다소의 특별한 대책이나 서비스가 필요한 아동이라고 하겠다.

특수아동에 대한 분류는 연구자에 따라 다소 다르지만 그 대체적인 경향은 유사하다.

첫째, 지적으로 우수하거나 지체된 아동으로서 여기에는 정신지체아, 학습장애아, 영재아가 포함된다.

둘째, 의사소통 능력에 차이가 나는 아동으로서 주로 언어장애가 포함된다.

셋째, 감각능력에 차이가 나는 아동으로서 시각장애아와 청각장애아가 포함된다.

넷째, 행동 이상을 지닌 아동으로서 정서장애아와 사회부적응아가 포함된다.

다섯째, 신체능력에 차이가 나는 아동으로서 운동장애아가 포함된다. 병허약아동, 신체부자유 아동 등을 지칭한다.

여섯째, 장애정도가 심하거나, 하나 이상의 장애를 지닌 아동을 지칭하는 중도 중복장애아를 들 수 있다.

특수아동도 여러 측면에서 일반 또래와 비슷한 특성들을 지니고 있다. 이것은 특히 학령기 아동의 약 5~7%를 차지하는 경도장애 아동의 경우에 더 뚜렷하게 나타난다(Lewis & Doorlag, 1994). 여기서 경도장애란 학습장애, 정서 및 행동장애, 경도 정신지체 등을 포함한다. 경도장애는 외모로는 식별이 어렵고 학교 입학과 더불어 학업 영역에서 실패를 경험할 때까지는 잘 발견되지 않을 수도 있다. 그러므로 이들을 보육하는 교사들은 그들이 지니고 있는 장애로 인한 차이점만을 보아서는 안되며, 이들이 대부분의 아동들과 유사한 발달 및 행동 특성들을 지니고 있다는 사실을 인식함으로써 결함, 또는 장애만을 강조하기보다는 이들이 지니고 있는 능력, 또는 잠재력을 고려하는 교육을 제공해야 한다(이소현 외, 2001).

나. 특수아동의 공통적인 경험

1) 특수아동이 공유하는 특수한 경험

특수아동이 경험하는 영역은 장애 영역에 따라 매우 다양할 수밖에 없다. 그럼에도 불구하고 특수아동은 장애로 인해 다음과 같은 특수한 경험을 공유하고 있다.

첫째, 장애에 대한 심리 및 정서적인 스트레스이다. 일상생활 가운데 장애를 받아들이고 극복하려고 하지만 매일 부닥치는 한계는 특수아동을 괴롭히는 심리적 요인이 된다.

둘째, 장애에 대한 타인의 반응은 장애 그 자체보다 더 스트레스 요인이 된다. 특수아동은 성장과정에서 또래나 어린 아동들의 놀림, 따돌림에서 완전히 자유로울 수 없으며 나아가 일반 사회인들은 장애인들을 완전히 평등하고 공평하게 대하지 않기 때문에 더 많은 심리적인 장벽을 느끼게 된다.

셋째, 가족이 느끼는 부담감과 그에 따르는 심리적 장벽을 경험한다. 어떤 가족 구성원에게서는 전폭적인 지지를 받으면서도 또다른 구성원에게서는 비난 또는 따돌림을 받는 일을 경험하면서 심리적 갈등을 겪게 된다.

넷째, 다른 형제보다 어머니와의 관계가 더 밀접함을 경험한다. 따라서 청소년이 되어서도 어머니와 떨어지는 일이 힘들 뿐만 아니라 성인이 되어서도 서로 쉽지 않은 경우가 많다.

다섯째, 부모가 특별히 경제적인 여유가 있는 경우를 제외하고는 대개 경제적인 부담이 따른다. 복지국가인 경우에도 예외가 아니다. 좀 더 특별하고 우수한 전문가에게 치료 및 교정교육을 받고자 하는 부모 마음은 전 재산을 투자해서라도 어디든지 찾아가고 싶기 때문이다.

여섯째, 여가생활을 즐기는 데에 장애 때문에 제한을 받을 수 있다. 다양한 여가생활 가운데 자신이 선호하는 여가활동이 장애 때문에 불가능한 경우가 있다. 여름 휴가철에 모두가 떠나는 곳으로 피서를 갈 수 없는 경우도 흔히 경험하게 된다.

일곱째, 성적 욕구와 결혼에 대한 스트레스이다. 장애인에게 가장 어려운 경제적 자립의 터전을 마련했다고 하더라고 눈에 보이는 장애 때문에 결혼을 거부당하는 경우를 자주 경험하게 된다. 이런 경험은 심한 우울증을 일으키며, 심한 경우에는 자살행동으로 나타나기도 한다.

2) 불수용과 낮은 기대

특수아동들이 흔히 보이는 문제는 자기 자신을 잘 수용하지 못하며 자신의 능력을 과소평가하는 것이다. 다른 한편으로 정상인들도 장애 아동을 특정 측면에서 수용하지 않거나 과소평가하기도 한다. 상담자는 이러한 문제에 직면한 아동들을 돕기 위하여 다각적인 측면에서 이러한 문제를 분석하고 대처해야 한다. 불수용 및 낮은 기대에 따른 한계는 다음과 같다(Williams, & Lair, 1991).

① 장애 아동은 때로는 무능하고, 무기력, 비생산적, 의존적으로 인식된다.
② 덜 매력적이며, 일반 아동과 다르다는 편견으로 기피의 대상이 된다.
③ 덜 가치롭고 덜 희망적일 것으로 기대된다.

④ 교사는 장애아에게 낮은 수행력을 기대한다.

⑤ 표준화된 검사도 실제의 능력보다 낮게 측정할 가능성이 있다.

이와 같이 장애에 대한 정형화, 편견은 어떤 일에 대한 역할과 참여기회를 한정하게 한다. 또한 장애 때문에 자신의 요구에 응할 수 없는 아동은 중요한 타인에 의해 긍정적으로 여겨지지 않을 수가 있다. 그 결과 자신을 부정적으로 여기게 된다. 즉 자기가 누구이며, 어떠한 기대가 있는지에 대한 불일치에 민감하며, 혼란, 패배를 극복하려는 노력을 포기하는 일이 뒤따르게 된다. 나아가 특수아동의 불수용과 낮은 기대는 어른으로서 무엇을 할 수 있는가에 대한 '미래에 대한 그림'을 부정적으로 그리게 한다.

다. 특수아동에 대한 편견 - 마음의 구분선

일반적으로 특수아동에 대하여 장애아동은 특수교육 영역에 속한다고 여기거나 일반학생이나 장애학생이 똑같다고 여기는 편견이 있다. 첫 번째 견해는 특수아동의 필요를 채워주는 책임은 특수교사에게 있다고 여기는 것이다. 이러한 생각으로 인해 특수아동이 소외되고 학교프로그램이나 상담프로그램의 혜택을 받지 못하는 결과로 이어진다. 두 번째 견해는 장애학생의 생활과 발달적 요구가 일반학생과 같지 않음에도 불구하고 같다고 여김으로써 장애학생의 필요를 채워주고 있다고 믿는 것이다. 이들 모두 편향적이며 결국 장애학생의 잠재력을 감소시키는 결과를 초래한다(Middleton, 1999).

이러한 편견에는 '우리'와 '그들'을 구분하려는 일종의 마음가짐이 존재한다고 볼 수 있다. 이 마음가짐은 일반학생과 장애학생을 구분짓는 마음의 구분선으로 일상생활에서 다양한 형태와 방식으로 나타난다. 노골적인 차별이 일어나거나, 장애학생을 여전히 다른 학생에 비해 덜 중요하다고 여기는 것이다.

더 이상 장애가 이상한 것도 희한한 것도 아니며 부당하게 부담을 주는 것도 아닌, 오히려 자연스럽게 여겨지고 심지어 환영받는 환경에서 공부할 권리가 있음을 이해해야 한다(Rodis, Garrod & Boscardin, 2001).

각자의 내면에 존재하는 구분선을 제거하기 위해서 우리는 쉽게 보이지 않는 것을 보기 위해 노력해야 한다. 먼저, 모든 구성원이 가치롭게 여겨져야 한다는 것을 인정해야 하며 특수아동에 대하여 장애를 일부로만 가지고 있는 학생이라는 사실을 알아야 한다. 또한 일반인에 비해 보다 많은 부정적인 반응을 경험하는 학생이며, 장애에 대한 인식 때문에 그들의 능력이 숨겨질수 있음을 알아야 한다.

따라서, 학교의 물리적 환경이나 학습환경이 장애에 대해 수용적이고 특수아동에 대해 장벽을 제시하지 않아야 한다. 특히 똑같음(sameness)은 공정함(fairness)과는 다르다. 장애학생을 위한 조정은 자연스러운 것이며 '다른 것'은 정당한 것임을 명심해야 한다.

제 2 장

특수아동과 상담

1. 상담의 이해

가. 상담의 정의

상담을 한 마디로 정의하기는 쉽지 않다. 상담의 대상은 인간이고 상담에 대한 정의는 인간 존재와 삶의 문제에 대한 탐구, 해석, 설명을 필요로 하기 때문이다. 인간 존재와 삶의 본질에 대한 탐구는 철학, 종교학, 사회학, 심리학, 교육학 등 많은 학문이 추구해 왔던 연구의 주제였다. 그만큼 인간과 삶에 대한 관점은 다양하며 이러한 다양성이 인간을 대상으로 하는 상담의 간결하고도 명확한 정의를 어렵게 하는 첫 번째 이유이다.

상담은 '변화'를 추구한다. 즉 상담의 결과 일어나는 현상은 내담자의 변화, 한 인간의 적응과 전인적 성장이다. 그런데 상담이 추구하는 인간의 전인적 성장, 심리적 변화가 상담이 아닌 다른 형태의 작용으로도 이뤄진다는 것이 상담의 명확한 정의를 어렵게 한다.

유명한 상담자, 심리치료가, 저술가인 콜시니(R. Corsini)가 직접 경험했던 다음의 이야기가 이러한 사실을 잘 나타내어 준다(이장호 외, 2000 ; 장선철, 2003, 재인용).

어느 수감자의 변화

약 40여 년 전 뉴욕의 한 교도소에서 심리학자로 근무할 때, 나는 내가 상담한 내용 중 가장 성공적이고 격조 높은 것으로 믿어지는 상담에 참여한 일이 있다. 어느 날 나를 만나기로 약속한 사람이 내 사무실에 찾아왔다. 그는 30대 반으로 꽤 매력적인 남자였다. 내가 의자를 권하자 그는 앉았으며, 나는 그가 원하는 것이 무엇인지 알아내려고 기다리고 있었다. 그 때의 대화는 대략 다음과 같다.

수감자 : 나는 목요일에 가출옥합니다.
콜시니 : 그래요?
수감자 : 선생님이 내게 해 준 일에 대하여 감사드리지 않고는 여기를 떠나고 싶지 않았습니다.
콜시니 : 그게 뭐지요?
수감자 : 2년 전 쯤에 내가 선생님의 사무실을 찾았을 때는 마치 날아갈 듯 했어요. 내가 교도소 마당에 나섰을 때 모든 것이 달라 보였고 심지어는 공기도 다르게 느껴졌지요. 나는 새 사람이 된 것 같았습니다. 내가 늘 어울리던 집단에 가는 대신에—그들은 도둑놈들이예요—나는 정직한 Johns 네(범죄형이 아닌 재소자들을 일컫는 감옥의 용어)에게로 갔지요. 그 전에 부엌에서 하던 시시한 일을 그만 두고 기계공장으로 옮겨 기술을 배우게 되었습니다. 형무소에 있는 고등학교 과정에 들어가서 이제 졸업장도 받았습니다. 부모님과 가족에게 다시 편지를 쓰게 되었고, 가족들이 면회를 왔지요 이제 나는 희망이 있습니다.
나는 내가 누구인지, 무엇을 하는 사람인지 알고 있어요. 내가 성공적인 인생을 살게 될 것을 압니다. 나는 대학에 가려고 합니다. 선생님이 나를 자유롭게 해 주셨어요 내 인생을 바꾸어 준데 대하여 감사드립니다.

나는 아무리 생각해 보아도 그와 이야기를 나눈 적이 없었기 때문에 놀라면서 이 이야기를 듣고 있었다. 면담 서류철을 찾아보았더니 약 2년 전에 IQ 검사를 했던 기록 밖에 없었다.

"그게 정말 나였습니까?" 결국 나는 이렇게 말했다. "당신이 이야기하는 것은 몇 년이 걸려야 이루어지는 일종의 성격과 행동의 변화인데, 나는 확실히 그런 종류의 일을 한 적이 전혀 없습니다."

"선생님이 틀림없어요." 그는 확신에 차서 대답했다. "그리고 나는 내 인생을 바꾸어 놓은 선생님의 말씀을 결코 잊지 않을 것입니다."

"그게 뭐였지요?" 나는 의아하게 물었다.

"선생님은 내 IQ가 높다고 말씀하셨어요." 그가 대답했다.

위의 예에서 수감자는 콜시니의 전문적인 상담활동이 아닌 'IQ가 높다'는 한 마디의 메시지를 창의적인 나름의 해석으로 변화된 삶을 살게 되었다. 즉, 수감자의 이런 극적인 변화는 그 어떤 공식적인 상담 절차에 의한 것이 아니었다.

기도, 성경 말씀, 설교, 찬송, 독서, 영화, 음악, 미술작품, 존경하는 교사와 함께 나누었던 짧은 이야기 상담이 아닌 일상생활에서의 이런 경험들이 상담이 추구하는 변화를 가져오게 하는 경우가 많기 때문에 상담에 대한 명확한 정의를 어렵게 한다.

상담에 대한 간결한 정의를 어렵게 하는 또 하나의 이유는 250개가 넘는 상담이론이다. 각 상담이론마다 인간관, 부적응 행동의 원인, 상담의 목표, 상담의 과정, 상담의 기법 등이 다 다르다. 이런 다양성이 상담에 대한 통일된 정의를 어렵게 한다.

그러나, 일반적으로 어떤 개념의 의미를 밝히기 위해서 많은 이론가들은 문자에 대한 해석을 먼저 시도한다. 상담은 라틴어의 consulere에서 유래된 것으로 '고려하다(to consider)', '반성하다(to reflect)', '깊이 생각하다(to reflect)', '조언을 받거나 구하다(to take or to ask counsel)' 등의 의미를 가진 것이라 한다.

상담이라는 말은 원래 법률이나 경제, 또는 종교 등의 분야에서 주로 사용하였는데 1939년 Williamson이 그의 저서 How to Counsel Student에서 상담이란 용어를 학교교육과 관련하여 사용함으로써 교육계에 널리 쓰이게 되었으며, 1950년대 이후 임상심리학의 한 분야로 취급되어 왔던 상담심리학이 독자적인 영역으로 분리됨으로써 상담이 새로운 전문분야로 등장하게 되었다.

상담에 대한 정의는 학자에 따라 차이가 많이 나타난다. L. E. Tyler는 내담자가 일상생활 중에 합리적인 선택을 통하여 개인적 발전을 도모할 수 있도록 도와 주는 것이 상담이라면서 상담이란 한 개인의 발달의 방향에 있어 현명한 선택이 이루어지도록 촉진하는 것이란 정의를 내리고 있으며, J. J. Pietrofesa와 G. E. Piettrofesa와 그리고 W. Van Hoose는 상담의 과정을 중시하여 상담이란 내담자의 자기이해, 의사결정 및 문제해결이 이루어지도록 상담자가 전문적으로 도와 주는 과정이라고 정의 내리고 있다.

또한 G. Warenn은 상담이란 상담자와 내담자와의 역동적이고 유목적적인 관계이며 내담자의 자기명료화(self-clarification)와 자기 결정에 초점을 두고 상담자와 내담자가 언제나 같이 참여하는 과정이라고 정의 내리고 있다.

한편 인간은 자기 스스로 성장할 가능성이 있다는 것을 그의 이론의 전제 조건으로 삼고 있는 C. R. Rogers는 내담자의 내면적인 심리의 변화, 즉 자아 개념을 변화시켜 주는 과정이 상담의 요체가 된다면서 상담이란 상담자와의 긴장이 없는 안전한 분위기에서 과거에 부정했던 경험을 다시 통합하여 새로운 자기로 변화하는 과정이라고 정의를 내리고 있다.

정원식과 박성수는 포괄적인 개념으로써 상담은 도움을 필요로 하는 사람과 도움을 줄 수 있는 사람 사이의 개별적인 관계를 통하여 이루어지는 새로운 학습과정임을 강조하였다. 이장호 역시 상담이 하나의 학습 과정임을 강조하면서 상담이란 도움을 필요로 하는 사람이 전문적 훈련을 받은 사람과의 대면관계에서 생활 과제의 해결과 사고, 행동 및 감정 측면의 인간적 성장을 위해 노력하는 학습 과정이라고 정의하였다.

이와 같이 상담에 대한 여러 학자의 정의를 기초로 상담을 정의하면 다음과 같다.

> "상담은 도움이 필요한 사람이 전문적인 훈련을 받은 사람과의 만남, 심리적 관계에서 통찰을 경험하고 생각, 감정, 행동 측면의 통합적 성장을 위하여 스스로 노력하는 과정이다."

이 정의가 내포하고 있는 상담의 기본적인 성격은 다음과 같다.

첫째, 상담은 도움을 필요로 하는 내담자와 도움을 주는 상담자와의 만남이다.

둘째, 상담은 내담자의 문제와 필요에서 시작되고 진행되며, 내담자가 스스로 노력하는 과정이다.

셋째, 상담은 전문적인 교육과 훈련을 받은 상담자가 내담자에게 제공하는 전문적인 활동이다.

넷째, 상담에의 관계는 심리적 관계이다. 즉, 상담에서 내담자와 상담자와의 관계는 상호 깊은 신뢰가 바탕이 된 관계이며 그런 관계가 상담이 원만하게 진행되어 나가는 기저가 된다.

다섯째, 상담 진행 중에 내담자는 통찰(insight)을 경험하고 자기 문제에 대한 본질을 발견한다.

여섯째, 상담은 변화, 인간적 성장 과정이다. 상담이 진행되면서 내담자는 상담 전에 가졌던 생각, 느낌, 행동에 변화가 일어나고, 생활 과정상의 여러 문제가 구체적으로 해결되며, 인간적 성장이 이루어지고 있음을 경험한다.

일곱째, 상담은 한두 번의 만남으로 종료되는 것이 아니라 지속적인 만남의 과정을 통해 진행되는 하나의 과정(process)이다.

나. 상담관계

1) 상담관계의 특징

상담은 행동, 정서, 성격 등에 관련된 장애를 제거하거나 감소시킬 뿐만 아니라 심리적으로 건전하고 사회적으로 효율적인 특성을 학습하도록 돕는 심리적인 조력의 과정이다.

이와 같은 상담관계, 즉 심리적인 조력관계는 다음과 같은 특징이 있다(장선철, 2003).

① 심리적인 조력관계는 의미 있고 가치 있는 관계이다.

심리적으로 도움을 주는 전문적인 인간관계는 대부분의 사람들이 개인적인 관계 속에서 심리적인 세계를 심층적이고 과학적으로 다루기 때문에 가치 있고 의미 있는 것으로 생각한다. 도움을 주는 사람이나 받는 사람이 다 같이 만남을 의미 있게 하려고 헌신적인 태도를 취하는 것이 특징이다.

② 심리적인 조력관계에서는 정의가 두드러지게 나타난다.

심리적인 조력과정에서는 자아를 노출하고 자아에 몰입하며 피조력자의 정서와 심리적인 동기에 예민하게 반응한다. 상담에서는 개인의 주관적인 지각, 정보, 태도 등이 아무리 독특하고 애매한 것이라도 이에 대한 표현이 이루어지기 때문에 심리적인 긴장과 불안이 생기게 마련이다. 인지의 내용도 물론 다루어지나 상담을 포함한 심리적인 조력관계에서는 정의적인 요소에 강조점을 두는 것이 특징이다.

③ 심리적인 조력관계에는 인간의 종합성이 강조되어야 한다.

상담이나 그 밖의 모든 심리적인 조력에서는 인간의 전체성과 통합성을 강조한다. 조력의 과정에 참여하고 있는 사람들은 다 같이 서로 간에 지적이 아닌 정서적으로 솔직하다. 모든 인간은 다 같이 존중받아야 될 존재이기 때문에 모든 사람이 한 인간으로서 존중되는 것이 심리적으로 조력관계의 특징이다. 또한 인간의 심리적인 문제의 한 측면에만 치중하는 것이 아니라, 인지 · 정의 · 행위의 모든 측면을 하나의 전체 속에서 균형 있게 다루는 것이 특징이다.

④ 심리적인 조력관계는 관련된 사람들 간의 상호 동의가 이루어짐으로써 형성되고 유지된다.

동의는 문화나 관행이나 필요 등에 따라 묵시적으로 이루어질 수도 있고 명백한 대화에 의해서 이루어질 수도 있다. 동의나 합의가 이루어지는 것은 상담관계의 발전을 위하여 무척 도움이 되는 것이다. 여기에서 유의하여야 될 점은 심리적인 조력관계에는 강요나 외부의 압력이 있어서는 안 된다는 것이다. 이 점은 상담자의 입장에서나 내담자의 입장에서나 다 같은 것이다. 내담자나 피조력자에게 도움이 되리라 강요할 수는 없는 문제이며 또 조력을 받으라고 하는 것도 억지로 되는 것이 아니다.

⑤ 심리적인 조력관계는 내담자가 상담자로부터 정보, 교수, 충고, 원조, 이해, 치료 등을 받을 필요가 있기 때문에 형성되는 것이다.

도움을 요구하는 사람은 지식이나 기능이 모자란다고 생각하거나 또는 불안, 무능감, 부적합감, 갈등 등을 느끼고 있기 때문에 도움을 주는 사람을 찾는다. 심리적인 조력을 제공하는 사람은 내담자의 필요를 명백하게 지각하고 문제해결을 통하여 내담자의 전인적인 성장과 발달을 촉진하기 위해서 필요한 성숙한 성격과 전문적 지식 그리고 전문적인 기능을 지니고 있어야 한다. 그러므로 전문적이고 심리적인 조력에서는 상담자가 문제에 관련된 충분한 권위와 인간적인 매력을 전문적인 자질 이외에도 지니고 있어야 할 필요가 있다.

⑥ 심리적인 조력관계는 커뮤니케이션(communication)과 상호작용을 통해서 이루어지고 유지된다.

상담이나 다른 심리적인 조력에 관련된 사람들은 다른 사람의 언어적인 혹은 비언어적인 커뮤니케이션에 의해 서로 영향을 주고받는다. 상담자나 내담자나 다 같이 상대방의 흥미나 관심에 민감하게 반응한다. 이러한 상호작용에서는 언어로 표현된 내용만이 아니라 몸놀림, 얼굴의 표정, 제스처 등과 같은 비언어적인 표현에도 주의를 기울이며 여기에 합의된 정서나 무의식적인 동기도 중시된다. 그러므로 심리적인 조력관계는 정의 · 인지 · 행위의 측면이 모두 커뮤니케이션의 대상이 되며 의식과 무의식이 모두 다루어지는 것이 특징이라고 하겠다.

⑦ 심리적인 조력관계에는 명백한 구조가 있다.

심리적인 조력의 과정에서 무엇이 다루어질 수 있으며 상담자와 내담자가 서로 어떠한 자극과 반응을 기대할 수 있는지를 분명히 할 필요가 있다. 심리적인 조력의 결과로 무엇이 획득될 수 있으며 어떠한 책임과 한계가 따르는 것인지도 명료하게 규정되어야 한다. 그러므로 심리적인 조력이 어떤 구조 속에서 이루어질 것인지를 상담자와 내담자가 결정하는 것이 특징이다.

⑧ 협동적인 노력이 심리적인 조력의 특징이다.

상담자나 내담자가 다 같이 설정된 목표를 향하여 노력하는 것이 상담과 다른 심리적인 조력의 공통점이다. 내담자가 상담자의 제언이나 해석을 거부할 수도 있다. 내담자의 거부적인 태도가 있음에도 불구하고 내담자의 가치를 존중하고 내담자의 자율성과 주도성을 인정하면서 관계를 더욱 깊이 하고 이를 통해 성장과 발달의 체험을 하게 한다. 상담은 내담자가 그 자신의 관점과 견해를 가지고 자신의 문제를 해결할 수 있도록 돕는 것이며 어떠한 심리적인 조력에서도 상담자 자신의 가치나 신념을 내담자에게 주입시키거나 교화시킬 수 없다. 그러므로 심리적인 조력의 관계에서는 도움을 주는 사람과 받는 사람이 공통의 목표를 향하여 공동의 노력을 하고 있는 것이라고 할 수 있다.

⑨ 상담자는 하나의 인간으로서 접근이 가능하고 안정되어 있어야 한다.

상담자는 다른 사람들이 늘 자유스럽게 가까이 할 수 있다는 점에서 접촉이 용이하여야 한다. 상담자는 다른 사람, 상념, 제언, 조처 등에 대하여 수용적이어야 하며 비합리적인 공포, 의심, 불안 등이 없어야 한다. 상담자는 항상성과 일관성을 유지하여야 한다. 따라서 심리적인 조력관계는 상담자가 이러한 특징을 지니고 있을 때 성공적일 수 있는 것이다.

⑩ 변화는 심리적인 조력관계의 목표이다.

모든 심리적인 조력은 내담자에게 변화를 초래하는 것이 특징이다. 변화의 내용은 사고나 신념의 변화, 증오나 불안의 감소, 손톱을 깨무는 버릇 등 구체적인 무적응 행동의 교정일 수도 있다. 그러므로 심리적인 조력은 내담자가 긍정적인 방향으로 변화되도록 촉진하는 것을 목표로 하고 있는 점이 특징이다.

2) 상담관계의 기본적 조건

상담은 인간관계 중에서 가장 심층적이고 온정적이면 또 깊이 있는 심리적인 지식을 필요로 하는 전문 활동이기 때문에 다른 심리적인 조력관계에서보다도 더욱 강조되어야 하는 몇 가지 특징들이 있다. 이와 같은 특징으로는 상담자와 내담자간의 일치, 공감적 이해, 수용이 있다.

(1) 수용

수용은 인간의 가치와 존엄에 대한 인식에서 출발한다. 상담자를 찾아오는 내담자가 어떤 문제를 지니고 있건, 또는 어떤 인간적인 결점을 지니고 있건, 혹은 어떤 죄악과 과오를 범하였건 관계없이 그를 한 인간으로서 존재하고 성장하며 발달하여야 할 필요가 있는 귀중한 한 개체로 존중하는 것에 수용은 뿌리를 박고 있다. 내담자의 존재 · 성장 · 발달이 지니고 있는 가치를 인정하고 가능한 한 최선을 다하여 내담자가 새로운 학습을 통하여 그러한 가치를 구현하여야 할 심리적인 필요와 현실적인 필요가 있는데, 이러한 필요를 충족하기 위한 가능한 조건을 제공하려는 마음의 태세를 가리켜 수용이라고 할 수 있다.

내담자를 수용한다는 것은 내담자를 한 사람의 인간으로서 지니고 있는 가치를 인정하는 것이다. 이는 다음과 같이 세분하여 살펴볼 수가 있다.

첫째, 존재 그 자체를 수용하는 것이다. 내담자가 현재 어떠한 훌륭한 성취를 하고 있건 반대로, 실패와 과오를 연속적으로 범하고 있건, 그는 살아있고 지금보다 더 향상되고 발전되어야 할 가치와 필요가 있음을 존중하는 것이다. 이를 뒤집어 생각하면 어떠한 집단에서 제거되거나 저주받게 되거나 없는 편이 더 낫다고 판단할 수 있는 사람은 아무도 없다는 인도주의적인 철학이라고 할 수도 있다.

둘째, 인간의 여러 특성을 수용하는 것이다. 내담자가 지니고 있는 여러 가지 신체적인 특징, 성격적인 특징, 지적 또는 도덕적 특징을 현재 있는 그대로 수용하는 것을 가리킨다. 인간의 특수성을 수용하기 위해서 상담자는 두 가지 점에 유념하여야 된다.

그 하나는 사람들은 저마다 서로 다른 특징을 지니고 있으며, 개인간의 차이는 흔히 상식적으로 상상하는 것을 훨씬 넘어설 정도로 크다는 점이다. 지능의 예를 보아도 IQ가 180이 훨씬 넘는 천재아동이 있는가 하면, 대소변을 제대로 가누지 못하고 죽을 때까지 돌봐 주지 않으면 안 되는 IQ 25 이하의 아동이 있다. 상담에서는 이들 모두를 다루게 된다.

다른 하나는 모든 사람의 생각과 감정은 상황과 시간에 따라 다르기 때문에 개인 간에 존재하는 차이뿐만 아니라 개인내의 차이도 엄청나게 크다는 사실이다. 예를 들면, 중·고교 시절이나 아동기에 세계를 놀라게 할 만한 천재가 성인이 되어서는 보통 이하의 능력을 나타내거나 또는 정신질환으로 폐인이 되는 경우도 있다. 상담자는 개인과 개인 사이에 그리고 한 개인 안에 존재하는 이 커다란 인간특성의 변화와 차이를 인식하고, 이에 대해 객관적이고 비소유적인 온정을 지녀야 한다.

셋째, 인간의 구체적인 행동을 수용하는 것이다. 구체적인 행동을 수용한다는 것은 행동을 칭찬하는 것이나 그런 대로 괜찮다고 승인 내지 묵인하는 것을 가리키는 것이 아니다. 구체적인 행동의 수용은 그 행동의 잘잘못을 떠나서 그러한 행동이 있었음을 과장하거나 왜곡하지 않고 하나의 사실로 받아들이는 것을 가리킨다. 따라서 수용이란 잘한 행동이건 잘못한 행동이건 간에 관계없이 행동의 원인과 귀결을 객관적으로 내담자의 존재·성장·발달이라는 장기적인 조망 속에서 추론할 수 있는 마음의 자세이다. 잘못한 행위에 대해서는 용서하는 태도를, 그리고 잘한 행위에 대해서는 겸허한 자세의 중요성을 부드럽게 전달하는 태도가 여기에 포함된다.

(2) 공감적 이해

공감적인 이해는 감정이입적 이해 또는 내적 준거체제(內的 準據體制)에 의한 이해라고 부른다. 이것과 대립되는 개념으로는 외적인 준거에 의한 이해나 객관적인 사실에 의한 이해, 또는 이론적인 이해와 같은 것을 들 수 있다. 공감적인 이해는 과학적인 이론만으로 사람을 이해하거나 밖으로 나타난 행위 그 자체를 이해하는 것과는 달리, 인간의 심리적인 세계에서 주관적으로 움직이는 내면세계를 이해하는 것과 관련된다.

이해라고 하는 말은 어떤 이치를 해득하는 것과 같이 주로 지적인 과정에 중심을 둔 개념이다. 물론 상담에서는 객관적이고 과학적인 방법에 의해서 인간행동을 이해하는 것을 중시하나 그것만으로는 충분하다고 생각하지 않는다. 그 이유는 상담의 과정에서 중요하게 다뤄져야 할 것은 바로 내담자의 마음 속에서 주관적으로 작용하고 있는 지각, 감정, 동기, 갈등, 목표와 같은 것이기 때문이다.

이러한 주관적인 심리작용을 도외시하면 상담은 성공하기 어렵기 때문이다. 이러한 점들 때문에 상담에서는 이해라는 말 대신에 공감 또는 공감적인 이해라는 말을 쓰며 이에 중요한 의미를 부여한다. 공감적인 이해는 내담자의 입장이 되어서 그를 이해하는 것이다. 내담자의 입장이 되어 그가 서 있는 자리에서 보는 것이다. 상담자가 내담자가 지닌 감정, 의견, 가치, 이상, 고민, 갈등을 가지고 그가 처해 있는 여러 상황에서 보는 것이다. 이렇게 공감적으로 이해하는 것은 실제적인 측면에서 다음과 같은 여러 가지 측면을 포함하고 있다.

첫째, 상담자는 내담자가 하는 말의 내용을 표현된 언어의 의미를 넘어서 말의 이면에 포함된 감정적인 의미까지 이해하여야 한다. 내담자의 말에 포함되어 있는 정서, 의도, 동기, 갈등, 고통 등을 이해하지 못한다면 상담은 성공하기 어렵다. 그래서 상담자는 “제 3의 귀를 가지고 들어라”라고 하는 표현을 한다. 소리로 들리는 음성만이 아니라 가슴에 있는 ‘소리 없는 소리’ 또는 ‘마음의 소리’를 듣는 제3의 귀가 필요하다.

둘째, 상담자는 내담자가 말로 표현하지 못하고 있는 마음의 소리가 행동이나 자세 또는 음의 고저나 색깔 등을 통해서 표현되는 경향이 있기 때문에 내담자의 비언어적인 표현에 담겨진 의미와 감정을 이해하여야 한다. 인간은 언어보다 비언어적인 수단을 통해서 자신을 보다 정확하게 그리고 보다 많이 표현하는 경우가 많다. 신체적인 언어를 통해서 나타난 분노, 시기, 질투, 사랑, 금지 등의 감정만이 아니라 그러한 감정을 지니게 된 이유와 그러한 감정이 초래하게 된 결과에 대해서 어느 정도 이해하여야 한다.

셋째, 내담자의 행동을 통해 추구하는 궁극적인 동기가 어떤 것인가를 이해하여야 한다. 내담자는 자신이 어떠한 행동을 어떠한 이유 때문에 무엇을 얻기 위해서 하였는지, 그 행동에 포함된 의미를 충분하게 이해하고 있지 못한 경우가 거의 대부분이다.

적지 않은 경우 내담자의 갈등과 고통은 목적이 잘못된 것에 기인되기보다 선택된 행위가 잘못되어 생기게 된다. 내담자가 추구하는 궁극적인 동기 내지 긍정적인 동기를 이해하게 되면 수단과 목적을 혼동해서 생기는 심리적인 문제를 해결하고 문제를 현실적으로 해결할 수 있는 실마리를 찾을 수 있게 된다.

공감적 이해를 잘 나타내어 주는 예는 다음과 같다(박성희, 2004에서 재인용).

달과 공주

옛날 어느 나라에 어린 공주님이 살고 있었다. 공주는 왕과 왕비의 사랑을 듬뿍 받으며 아름답고 건강하게 잘 크고 있었다. 그러던 어느 날 공주는 하늘 높이 금빛을 내며 떠있는 달을 보고 불현듯이 그 달을 가지고 싶은 마음이 들었다. 그리하여 공주는 부모님께 달을 따다 달라고 보채기 시작했다. 왕과 왕비는 공주에게 달은 따올 수 없는 것이라고 열심히 타일렀다. 그러나 공주는 들은 체 만 체 여전히 달을 따다 달라고 졸랐다. 공주가 쉽게 물러서지 않자 왕은 유명하다는 학자들을 불러들이고, 의원도 불러들이는 등 온갖 노력을 다하였다. 그들은 한결같이 공주에게 달은 따올 수 없는 것이라고 말하였다.

'공주님, 달은 너무 멀리 있어서 가까이 다가갈 수도 없습니다. 달을 따온다는 것은 불가능합니다.'

'공주님, 달은 너무 커서 가까이 갔다 하더라고 따올 수는 없습니다.'

'공주님, 달에 대해 너무 많이 생각하셔서 병이 든 것 같습니다. 제발 더 이상 달 생각을 하지 마십시오.'

그러나 공주는 자기의 뜻을 굽히지 않았다. 달을 따다 달라는 요구를 들어주지 않자 드디어 공주는 굶기 시작했다. 왕과 왕비는 하릴없이 타이르고 으르곤 했지만 공주는 서서히 말라가기 시작했다.

이 때 공주와 친하게 지내던 광대가 나타났다. 앞뒤 전후 사정을 잘 알고 있는 광대는 공주를 만나자 몇 가지 질문을 했다.

광대 : 공주님, 달은 어떻게 생겼나요?
공주 : 달은 동그렇게 생겼지 뭐.
광대 : 그러면 달은 얼마나 큰 가요?
공주 : 바보, 그것도 몰라? 달은 내 손톱 만하지. 손톱으로 가려지잖아.
광대 : 그럼 달은 어떤 색인가요?
공주 : 달이야 황금빛이 나지.
광대 : 알겠어요. 공주님. 제가 가서 달을 따올테니 조금만 기다리세요.

공주의 방을 나온 광대는 왕에게 아뢰고 손톱 크기 만한 동그란 황금 구슬을 만들어 공주에게 가져다 주었다. 공주는 뛸 듯이 기뻐하였다. 굶으면서까지 그렇게 원하던 '달'을 드디어 손에 넣은 것이다. 기뻐하는 공주를 바라보며 광대는 슬그머니 걱정이 되었다. 달을 따왔는데 마침 보름인 오늘밤 달이 또 뜨면 공주가 뭐라고 할까. 염려가 된 광대가 공주에게 말을 건넸다.

광대 : 공주님, 달을 따왔는데 오늘밤 또 달이 뜨면 어떻게 하지요?
공주 : 이런 바보, 그것을 왜 걱정해. 이를 빼면 새 이가 또 나오지?
그것과 같은 거야. 달은 하나를 빼오면 또 나오게 되어 있어. 그리고 달이 어디 하나만 있니? 달은 호수에도 떠 있지, 물컵에도 떠 있지, 세상 천지에 가득 차 있어. 하나쯤 떼어 온다고 문제될 게 없지.

이와 같이 공감적인 이해는 달을 갖고 싶다는 감정 · 생각 · 판단 · 가치 · 의식 등의 논리를 가지고 그 사람을 이해하고 바로 그 사람의 논리로써 문제를 건설적으로 해결하는 방법을 모색하는 것 등을 포괄적으로 가리키는 깊고 넓은 뜻을 지니고 있다.

(3) 일치(一致)

일치란 내적인 경험과 그에 관한 인식의 합일(合一)을 가리킨다. 한 걸음 더 나아가 내면적인 심리세계의 경험과 그게 대한 인식만이 아니라 그에 관한 표현이 모두 합치되는 것이다. 갓난아기들을 보면 어떠한 신체적 체험이나 심리적인 고통은 그 표현이 일치되는 것을 알 수 있다.

그러나 성인의 경우 내면적인 경험과 그 표현이 서로 일치되지 않는 경우가 많다. 여럿이 모여 이야기할 때 누군가가 얼굴이 상기되면서 화난 목소리로 손으로 삿대질을 하면서 이야기하는 경우가 있다. 이럴 때 옆에 있던 사람이 그 일을 가지고 무얼 그렇게 화를 내느냐고 하면 화를 냈던 사람은 아주 진지해지면서 "아냐, 난 화내지 않았어. 그런 일에 내가 왜 화를 내겠어. 난 다만 그렇다는 사실을 말하는 것이야."라는 식으로 말하는 예가 더러 있다. 이러한 경우 화를 낸 사람은 자기의 내면에서 또는 생리적인 수준에서 분노를 경험하고 있으나 인식이나 의사소통에 의한 표현은 그와 합치되지 않는 것이다.

이와 같이 상담자의 내적인 경험과 외적인 경험이 일치되지 않으면 상담은 성공적으로 진행되기 어렵다. 그러나 이러한 입장은 일치의 개념을 파괴적인 경우에도 그대로 적용해서는 안 된다. 일치 또는 명료성에는 파괴적 측면과 건설적 측면이 다같이 존재한다. 상담자가 짜증, 분노, 죄책감 등의 감정이 있을 때 이를 있는 그대로 표현하면 오히려 상담관계를 해롭게 할 경우도 있다. 상담자는 이러한 부정적 감정을 건설적으로 활용할 수 있는 의사소통의 기능을 지니고 있어야 한다. 즉, 이 파괴적 경험을 숨김없이 명료하게 하되 이것을 통해서 상담관계를 향상시키고, 내담자가 부정적 감정이나 경험을 삶의 과정에서 어떻게 표현하여야 하는가를 학습할 수 있는 조건을 이루고, 그 과정을 통한 새로운 학습을 경험하게 하여야 한다.

일치가 상담자 안에서만 필요한 것은 아니다. 이는 상담자와 내담자 그리고 상담의 목적 등에도 필요하다. 상담자와 내담자 사이의 일치는 우선 내담자의 상담 목표와 동기가 상담자의 그것과 일치되어야 한다. 상담을 통해서 성취하려는 궁극적인 목표나 중간 수준의 목표, 또는 구체적이고 실제적인 행동 수준의 목표가 일치될 때 상담은 효과적으로 이루어진다. 상담자와 내담자가 상담을 통해서 도달하려는 목표가 일치하지 않거나 대립되는 경우 상담은 중단되거나 실패할 수밖에 없다.

다. 상담의 과제와 과정

1) 상담의 과제

상담의 과제란 상담자가 내담자와 만나서 수행해야 할 전문가로서의 상담자의 역할과 임무이다. 상담과정에서 상담자의 모든 반응은 바로 상담과제를 성취하는 데 도움이 되어야 한다. 상담의 과제는 크게 다섯 가지이다.

첫째, 내담자가 자기를 있는 그대로 드러내고 표현하고 탐색하도록 돕는 일

둘째, 내담자가 원하는 변화가 무엇인지를 확인하고 규정하는 일

셋째, 그 변화를 성취하는 방법을 찾아내는 일

넷째, 그 변화를 이루도록 돕는 일

다섯째, 상담을 언제 종결할 것인지를 결정하는 일

상담은 결국 이 다섯 가지의 과제를 이루어 나가는 과정이다.

2) 상담의 과정

상담은 일반적으로 초기, 중기, 종결기란 과정으로 진행된다.

(1) 초기

상담은 상담 신청과 접수면접으로 시작된다. 초기에 이루어지는 일은 크게 내담자 이해, 상담목표 수립, 구조화, 내담자와의 합의이다.

첫째, 내담자를 이해하기 위하여 내담자가 자기를 있는 그대로 공개하도록 돕는다. 상담자는 내담자의 언어적, 비언어적 자기 공개에 귀 기울이면서 내담자가 무엇을 어려워하는지, 왜 찾아왔는지, 그 어려움이 왜 반복되는지를 이해하고 그 문제의 역동에 대한 가설을 수립한다.

둘째, 내담자가 원하는 변화를 이해하고 그것을 가시적이고 구체적인 행동적 용어로 정리한다. 즉, 상담이 끝났을 때 내담자에게 일어난 변화의 모습, 상담의 목표를 가시적이고 구체적으로 진술하는 것이다.

셋째, 상담의 구조화이다. 상담에는 참여하는 방식이나 과정을 실천하는 일정한 방식, 상담의 구조가 있다. 구조화는 상담의 틀, 상담의 구조를 정하는 일이다. 상담의 구조화에는 상담의 시간, 장소, 기간, 요금 등과 같은 물리적인 요소와 만남의 조건, 행동의 제약, 비밀유지와 같은 심리적인 요소가 있다.

넷째, 초기 과정의 끝에 달성하여야 할 과제는 내담자와의 합의이다. 상담자가 이해한 문제, 역동, 상담목표, 방법, 과정 등을 설명하고 내담자와 합의된 이해에 도달한다.

(2) 중기

중기단계의 요체는 내담자와 합의한 목표를 이루기 위해 구체적인 작업이 이루어지는 것이다. 이 단계에서 내담자는 자신에 대해 깊이 이해하면서 자신의 관점이나 태도가 자신의 문제와 어떤 관계가 있는지를 알게 된다. 처음에는 인지적 수준에서 자기를 이해하던 내담자가 자기에 대한 깊은 탐색이 이루어지면서 감정적 표현과 함께 자신에 대한 인지적 이해가 더 정확해지고 정교해진다. 이런 통찰과 수용으로 내담자는 자발적으로 자기의 감정을 조절하는 능력이 향상된다. 이 과정에서 상담자는 탐색과 수용, 그리고 변화된 행동을 실천하는 데 도움이 되는 다양한 기법을 사용할 수 있다. 여기에는 내담자의 연령과 능력에 따라 내담자만을 대상으로 하는 방법, 내담자의 환경과 주변 사람들을 대상으로 하는 방법, 한 사람의 상담자에 의한 방법, 다수의 전문가와 가족 등이 팀을 이루어 역할을 분담하는 방법 등이 있다.

(3) 종결기

'상담을 언제 끝낼 것인가?'란 질문에 대한 기준은 '상담목표의 달성 정도'이다. 종결은 한 번에 이루어지는 것이 아니라 어느 정도의 기간에 걸쳐 이루어진다. 상담의 전체 과정을 놓고 종결 여부에 대한 평가가 이뤄짐으로 종결이 시작된다. 합의된 목표와 비교하여 현재 내담자의 인지, 정서, 행동을 비교함으로써 성취된 목표와 그렇지 않은 목표를 확인한다. 성취된 목표에 대해서는 무엇이 어떻게 얼마나 성취되었는지를 평가하고, 성취되지 않은 목표에 대해서는 상담을 지속하는 것이 바람직하다. 한편, 개인상담의 경우 성취되지 않은 목표를 집단상담으로 안내해 상담을 지속하는 것도 바람직하다.

2. 특수아동상담

가. 특수아동상담에 대한 신화

상담을 관계, 과정, 평가란 세 가지 측면에서 살펴볼 때 특수아동상담이 일반상담과 다를 이유가 전혀 없다. 왜냐하면 장애인이 일상생활에서 경험하는 모든 일들이 비장애인들과 결코 다르지 않기 때문이다. 장애인은 비장애인과 동일한 감정을 경험하며 자기의 삶에 대한 기대와 욕구를 지니고 있다. 장애인의 삶과 비장애인의 삶이 따로 존재하는 것이 아니며, 그들의 인간적인 능력이나 권리가 비장애인과 다르지 않다.

따라서 상담자가 특수아동과 맺는 상담관계는 전문적인 관계여야 한다. 즉, 특수아동의 문제에 도움이 되는 심리적 관계를 형성하고 유지해야 한다. 특수아동이 지닌 장애 때문에 특별한 배려, 즉 적극적인 보호나 연민은 효과적인 상담관계를 유지하는 데 도움이 되지 않는다. 상담의 과정 역시 초기, 중기, 종결단계를 거치며 상담과제 역시 비장애인의 상담 과제와 마찬가지이다. 초기 평가, 래포 형성, 문제의 규정, 역동의 평가, 구조화 등이 특수아동상담에서도 적절하게 이루어져야 한다.

그럼에도 불구하고 '특수아동에게는 상담이 적용될 수 없다.'는 특수아동상담에 대한 두 가지 왜곡된 신화가 있다.

첫째, 정신지체, 전반적 발달장애, 학습장애, 지체장애 등 특수아동은 대체로 언어발달이 지체되어 있기 때문에 언어를 매개로 한 상담은 불가능하다. 물론 대부분 특수아동은 언어소통이 비장애인에 비해 원활하지 못하다. 그러나 이런 어려움은 질적인 문제이기보다 양적인 문제이다. 상담자가 내담자의 지적 능력에 따라 사용하는 언어의 수준을 조절하면 특수아동상담은 얼마든지 가능하다. 또한 언어장애의 경우에는 문자나 수화를 통한 상담이 얼마든지 가능하다.

둘째, 상담을 학습의 과정, 특히 지적인 내용을 가르치는 활동으로 이해할 때 특수아동들에게 상담은 가능하지도 않고 효과도 없다. 그러나 상담은 특수아동에게 가르치는 일 이상의 일을 한다. 상담자는 지적인 내용을 가르치는 일도 하지만 내담자의 감정을 알아차리고 감추어진 의미를 이해하여 의사소통도 하고, 용기를 북돋우기도 하며, 함께 상담목표에 도달하기 위해 필요한 행동을 연습하기도 한다. 이와 같이 장애인 상담과 비장애인 상담과의 차이는 상담의 원리에 있다기보다 상담의 방법 혹은 도구에서의 차이에 있다. 즉, 특수아상담에서 상담자는 특수아동을 위해 필요에 따라 언어의 수준을 조정하거나 감정을 알아차리고 조절하며 일상생활의 적응능력을 작게 나누어 가르치는 일 등 다양한 형태로 상담 서비스를 제공하여야 한다.

나. 특수아동상담 영역

특수아동상담의 영역은 몇 가지 기준으로 분류할 수 있다. 첫째, 장애의 종류, 둘째, 과제의 성격, 셋째, 상담의 양식이 기준이 될 수 있다. 장애에 따라서는 정신지체, 시각장애, 청각장애, 언어장애, 지체장애, 정서장애 및 발달장애, 학습장애 등으로, 과제의 성격에 따라서는 정신건강, 진로, 전화교육, 부모교육과 상담, 부모 및 교사자문 등으로, 상담의 양식에 따라서는 개인상담, 집단상담, 가족상담, 심리교육 등으로 분류할 수 있다.

1) 장애유형에 따른 영역

장애의 유형에 따라 독립적인 상담 양식이 따로 존재하는 것은 아니다. 왜냐하면 장애의 차이보다 개인의 차이가 더 크기 때문에 장애 종류의 차이에도 불구하고 특수아동들은 한 개인으로서 이해하는 것이 더 적절하다. 어떤 장애를 지니고 있든지 특수아동은 먼저 한 개체로서 이해되어야 한다. 특수아동은 비장애아동과 같이 다양한 관점과 기대뿐만 아니라 좌절과 실망 그리고 인내, 타협을 경험하면서 성장해 간다. 또한 자신의 의지와 기대에 따라 삶을 선택하고 실천한다. 그러나 그들은 자신의 장애에 영향을 받으며, 자기의 방식대로 장애를 극복하여 자기를 실현하기 위해 최선의 노력을 한다.

상담의 원리 측면에서 볼 때, 장애의 특성에 따른 내담자의 특성을 이해하는 것도 필요하지만 그것은 비장애아동의 상담에서 적용되는 무조건적 존중과 수용, 공감을 실천할 때 오히려 더 잘 이해될 수 있다. 어떻게 보면 개인의 차이는 장애로 인한 차이보다 훨씬 크기 때문에 장애로 인한 차이를 개인차의 영역 내에서 이해하는 것이 중요하다. 특수아동상담을 일반상담과 연속선에

놓기 위해서 검토되어야 할 과제는 특수아동 발달에 관한 지식이다. 특수아동은 장애로 인해 경험하는 곤란을 지니고 일상생활 속에서 자신의 기대를 실현하는 과정에서 비장애아동과 다른 발달양상을 보일 수 있기 때문이다.

2) 과제의 성격에 따른 영역

상담은 부적응을 보이는 사람만을 대상으로 하는 서비스 활동이 아니다. 상담은 적응적이거나 부적응적이거나 관계없이 내담자의 적응성을 향상시키는데 기여한다. 특수아동이 보이는 부적응행동은 장애 이전에 생활에서의 적응 과정에서 발생하는 것이다. 즉, 특수아동이 우울하고 불안한 것, 혹은 화가 나는 것은 장애와 부분적으로 관련되어 있지만 특수아동의 속성, 즉 장애 자체로 인해 발생하는 것은 아니다. 가령, 정신지체인이 정신병을 지니고 있다고 할 때, 그것은 그들이 정신지체를 지니고 있기 때문에 정신병을 지니게 되는 것은 아니다. 이런 이유로 정신지체인과 같은 특수아동도 상담으로 도움을 받을 수 있다(Rappaport, 1995).

정신건강 혹은 적응 문제에 있어서도 특수아동의 문제와 비장애아동의 문제가 따로 있는 것은 아니다. 정신건강의 문제 이외에 특수아동의 적응과 자기실현에서 중요한 과제는 직업인이 되기 위한 훈련과 취업, 그리고 취업 후의 성공적 적응이다. 자조능력, 의사소통 능력, 규칙준수 능력, 지역사회 시설 이용능력, 기초직업기능 능력, 특정직업 능력, 인간관계 능력, 재산관리 및 증식 능력 등 여러 가지 직업과 관련된 능력의 훈련과 특수아동 개인의 흥미, 적성, 직업성격, 환경 등에 대한 평가가 이 영역의 주 과제가 된다. 이런 훈련은 특수교육 전반에 걸쳐 체계적으로 교육되는 것이지만 장애아동의 특성에 대한 평가와 직업 훈련계획, 적합한 직업의 선정, 취직 후 심리적 적응의 조력 등의 과제는 상담자가 담당할 과제이다.

부모교육과 상담도 특수아동을 다루는 상담자에게는 중요한 과제이다. 요즘 특수교육과 특수아동 복지 분야에서는 가족지원 서비스가 강조되고 있다. 더욱이 우리나라에서는 가족이 특수아동으로 인한 심리적, 경제적 부담이 크기 때문에 복지 지원이 적극적인 서구보다도 가족지원의 중요성이 더욱 강조될 수밖에 없다. 가족지원은 심리적 지원뿐만 아니라 고용지원이나 양육기술 지원 등 다양한 형식의 가족에 대한 조력을 의미한다. 이 중에서 부모교육과 상담은 상담자에게 고유한 과제이다. 특수아동 부모가 되면서부터 다양한 단계의 심리적 적응과정을 거친다. 많은 특수아동 부모들이 성공적인 적응과정을 거쳐 결국에는 특수아동 자녀로 인해 더 성숙한 생활을 하게 되었음을 보고 있다.

그러나 그 과정이 결코 순탄한 것이 아니며, 그들은 자녀의 장애에 대해, 장애를 극복하는 방법에 대해, 장애 자녀로 인해 손상되는 가족관계를 회복하는 방법에 대해, 장애 자녀의 장래를 보장하는 방법에 대해 지식을 갖고 싶어 한다. 그러므로 상담자는 특수아동 부모 개인의 심리과정이나 가족관계에 개입하고 또한 그들이 원하는 부모교육의 원리나 특수아동 자녀를 조력하는 방법적 지식을 제공함으로써 그들이 보다 원활하게 적응해 갈 수 있도록 도와야 한다.

한편 윤치연, 이영순, 천성문(2004)은 상담의 목적, 구성원, 내용에 따라 다음의 〈표 2-1〉과 같이 장애아동상담의 유형을 제시하고 있다.

표 2-1 **특수아동상담의 유형**

구분	유형	내용
상담의 목적	치료상담	특수아가 직면한 문제상황에 적극적이고 직접적으로 개입해서 문제해결 증상해소 고통감소 현실 적응을 도와줌
	발달상담	특수아동의 교육적 성장을 도와줄 수 있는 학교환경을 조성하는 일로서 정서적 인지적 욕구를 이해하고 부모와의 연계를 통해 이루어짐

상담의 구성원	개인상담	개인적으로 이루어짐
	집단상담	여러 명의 집단으로 이루어짐
상담내용	교육상담	학업기술훈련을 통해 주로 학업문제를 해결하도록 도와줌
	치료상담	특정한 증상 만성적인 문제가 반복적으로 발생할 경우 이를 제거하도록 도와줌
	지지상담	정서적 지지 격려 수용 등을 통해 자신의 감정을 정리하고 현실적으로 적응하도록 도와줌
	문제해결상담	적응문제 의사결정 진로선택 등 현실적인 문제를 해결하도록 도와줌

3) 상담의 양식

특수아동에 대한 상담은 특수아동 개인, 특수아동 집단, 특수아동 가족을 대상으로 실천될 수 있으며, 특수아동과 부모의 심리적 과정과 대응 방법에 대한 심리적 지식을 제공하는 심리교육의 방식으로 실천될 수 있다. 이것은 비장애아동을 대상으로 하는 일반상담의 양식과 같다. 특수아동상담에서는 상담자 개인의 노력도 중요하지만 관련 전문가와 가족, 그리고 관련 지원 기관의 자원과 능력을 효과적으로 활용하는 팀접근이 비장애아동을 위한 상담보다 훨씬 자주 활용된다.

특수아동 상담은 교육이라는 맥락, 특수교육이라는 특수한 맥락, 아동복지라는 인간주의적 맥락, 가정과 지역사회라는 사회적 맥락을 고려하여 이루어져야 한다.

다. 특수아동상담 방법과 상담자의 역할

1) 특수아동상담 방법

특수아동상담에서 제일 중요한 것은 특수아동 개인, 부모, 교사, 치료사, 의사, 복지사를 함께 고려하는 일이다. 특수아동들의 자아개념 형성과 변화에는 주변 사람들의 영향이 일반 아동들보다 더 크게 미친다. 따라서 부모와 교사에게 아동의 문제나 의사소통 양식, 상담방법을 이해시키고 그들이 아동과 건강한 관계를 맺고 적절한 개입을 할 수 있도록 조력하는 일은 특수아동상담에서 필수적인 요소이다. 또한 특수아동 상담자는 내담자가 가정생활, 학교생활, 아동과의 관계, 사회생활에 잘 적응하기 위해서 갖출 필요가 있는 조건에 대해 충실하게 평가할 수 있어야 한다. 이 과제를 수행하기 위해 상담자는 교사, 부모, 의사, 치료사, 사회복지사와 면담을 하고 아동을 관찰하는 것은 물론 가정을 방문하여 가정의 경제적, 심리적 환경을 확인하여야 한다. 그리고 상담자는 교사, 부모, 의사, 치료사, 사회복지사 등과 함께 사례평가회를 개최하여 특수아동의 문제에 대한 정의, 개입의 영역, 접근 방법 등을 합의 공유하고 역할을 나누어야 하며, 이 모든 과정을 상담자가 조정 · 관리하여야 한다. 이런 통합적 · 집단적 접근 모형을 결정한 뒤 상담자는 자신의 고유 업무, 즉 개인 상담이나 가족(부부) 상담, 심리교육을 시작한다.

일반적으로 정신지체나 전반적 발달장애에는 행동적 접근 방법이 유익하다고 알려져 있다. 대체로 특수아동에 대한 상담은 절충적이며, 다양한 방법을 적용하여야 한다. 그러나 어떤 종류의 장애를 지니고 있는 아동이라고 하더라도 아동의 부적응 행동이 지니는 의미나 기능을 무시하면 안 된다. 장애아동과 비장애아동을 막론하고 대부분의 인간행동에는 의사소통의 기능이 있다. 자율신경계의 지배를 받는 행동이 있을 수 있지만 대부분의 행동에는 목적이 있다. 이러한 목적을 파악하기 위하여 행동의 기능 분석을 수행한다. 또한 놀이,

레크리에이션, 음악, 미술, 문학, 영화 등 다양한 방법이 적용될 수 있다.

특수아동상담 역시 비장애아동상담과 마찬가지로 크게 래포의 형성, 문제의 규정과 역동의 확인, 구조화, 목표 수립, 중재, 종결로 진행된다.

2) 특수아동상담자의 역할

특수아동의 사회심리적 경험이나 그것을 표현하는 방식은 비장애아동과 다를 바가 없다. 따라서 특수아동상담에서 상담자가 할 일은 비장애아동을 상담할 때와 마찬가지이다. 특수아동상담에서 상담자의 역할은 이해, 공감, 안내, 과제, 협력 등이다.

특수아동상담에서 무엇보다도 중요한 과제는 내담자를 이해하는 일이다. 비장애아동을 상담할 때와 마찬가지로 상담자는 장애아동이 여러 가지 행동, 표정, 말로 어떤 메시지를 전달하려고 하는지를 이해하여야 한다. 또한 내담자가 그를 둘러싸고 있는 주위 환경 속에서 어떤 경험을 하고 있는지를 파악하여야 한다. 또한 상담자는 특수아동 내담자가 표현하는 메시지에 대해 정확한 공감을 제공하여야 한다. 다음으로 특수아동 내담자가 스스로 할 수 있는 대안적 행동이나 자기가 지닌 자원을 충분히 이해하고 활용할 수 있도록 안내하여야 한다.

장애아동상담에서는 비장애아동상담에서보다 더 다양한 과제가 있다. 지적장애 아동의 경우 인지발달상의 문제, 주의집중 장애, 정서불안, 언어발달 지체 등과 같은 다양한 문제가 있을 수 있다. 이에 대해 상담자는 인지발달과 언어발달, 그리고 정서행동상의 발달에 대한 정확한 평가와 그에 따른 다양한 개입을 해야 한다. 즉 비장애아동에 비해 특수아동상담의 경우, 상담과정에서 극복해야 할 다양한 과제가 있다는 것이다.

끝으로, 특수아동을 다루는 상담자는 부모, 특수교사, 치료사, 의사와 협력하여 일을 하는 것이 좋다. 특수교육의 궁극적인 목표는 자활이다. 장애를 극복하도록 돕는 가정과 학교의 협응적 노력과 다양한 치료교육은 필수적이다. 따라서 특수아동상담자, 부모, 교사, 치료사, 의사의 협응적 노력은 특수아동의 재활능력을 촉진하는 데 필수적이다.

이와 같이 특수아동상담자는 일반상담자보다 더 적극적이고 포괄적인 방식으로 문제에 접근하여야 한다.

라. 특수아동상담 과정

특수아동상담 역시 일반상담과 마찬가지로 래포의 형성, 문제의 규정과 역동의 확인, 구조화, 목표화의 과정을 따른다.

1) 래포의 형성

래포란 상담을 가능하게 하는 내담자-상담자의 동맹관계이며 내담자 측면에서 볼 때 내담자가 상담자에 대해 신뢰감을 느끼게 되는 것을 말한다. 상담에 처음 임할 때 내담자는 여러 가지 불안하고 걱정스러운 마음을 지니고 있기 때문에 상담자에게 자신을 공개하는 일이 쉽지 않다. 상담은 내담자의 자기 공개를 바탕으로 내담자의 감정을 조절하며, 내담자의 여러 가지 특성을 평가함으로써 진행되기 때문에 상담 초기에 상담자의 임무는 내담자의 자기 개방을 촉진하는 것이며, 이를 통해 래포 형성이 이루어지게 해야 한다. 이 과제를 성공적으로 수행하기 위해 상담자는 내담자에게 주의를 집중하고, 내담자를 무조건적으로 존중하고, 내담자의 입장을 수용하며, 내담자에게 정확한 공감을 보여주어야 한다.

이 초기의 기술들은 특수아동이나 비장애아동을 상담하는 데 있어 다를 수 없다. 그 이유는 특수아동 역시 자신에게 주의가 집중되고, 자신이 존중받고 있음을 알아차리며, 자기가 정확하게 이해되고 있음을 느낄 때 그들이 경험하고 표현하는 것들이 공개될 가능성이 높기 때문이다. 내담자가 어린 아동인 경우나 지능이 낮은 특수아동인 경우는 추상성이 강한 언어보다는 구체적 언어, 정교한 언어보다는 간결하고 명료한 언어를 사용하거나 그들에게 관심이 높은 놀이 혹은 그림을 사용하여 그들의 투사된 경험을 짐작해 볼 수 있다.

일상언어를 사용할 때에도 상담자가 목소리, 자세, 거리 등을 조절하면서 내담자에게 주의집중과 '함께 있음'을 전달하는 것처럼, 놀이나 그림과 같은 보조 수단을 활용할 때에도 내담자의 나이나 주제에 따라 놀이의 종류나 상담자의 자세 같은 변인을 조절하여 래포의 형성을 촉진시킨다.

2) 문제의 규정과 역동의 확인

인간의 행동을 흔히 환경과 자신 간의 적합성을 높이는 시도로 이해한다면 어떤 행동의 지속성은 적합성 혹은 적응 기능이 유지되는 것으로 이해할 수 있다. 이것을 상담학에서는 역동이라고 한다. 이것을 확인하는 일이 바로 상담의 핵심과제가 된다. 역동을 이해하기 위해서는 주의집중과 수용 등의 태도에 의해 내담자로부터 충분한 정보를 이끌어 내는 것과 함께 체계적인 이론적 지식의 적용이 필요하다.

3) 구조화

구조화는 내담자와 상담자가 지키는 상담의 틀로서 상담관계를 사회적 관계와 분리하고, 상담자의 개인적 욕구가 상담의 과정에 영향을 미치지 못하게 하는 역할을 한다. 구조화의 내용은 내담자에 따라 다르다. 이를 구별하는 능력은 상담자가 내담자의 문제와 역동을 정확히 이해할 때 생길 수 있기 때문에 적절한 구조화를 할 수 있기 위해서 상담자는 충분한 실제적 경험과 이상행동, 인간발달, 상담이론에 대한 충분한 지식이 구비되어 있어야 한다.

4) 목표 수립

목표는 언제나 실현 가능한 구체적인 형태로 진술되어야 한다. 가령 수업시간에 20분 더 앉아 있기, 준비물 챙겨오기, 공격행동 빈도의 감소, 같이 노는 아동 수의 증가와 같이 내담자, 부모, 교사, 그리고 상담자 모두가 달성 여부를 알 수 있는 형태여야 한다. 그리고 가능한 한 내담자가 표현하고 이해하는 형태가 되어야 한다. 만약 내담자가 직접 표현할 수 없을 때에는 부모, 교사, 상담자가 합의하여 결정할 수 있다. 목표가 행동적, 가시적으로 표현되어야 한다고 해서 상담방법을 행동주의로 제한해야 한다는 것은 아니다. 어떤 접근방법을 택하더라도 목표가 갖는 이점은 내담자와 상담자는 물론, 부모나 교사도 아동의 문제에 대해 변화 가능성을 느낄 수 있고 상담에 대해서도 적극적으로 참여하게 된다는 것이다.

마. 특수한 접근

1) 독서치료

독서치료의 어원은 그리스어 biblion(book)과 therapeio(healing)를 합쳐서 형성된 것이다. 독서치료는 Clinic에서 주로 사용되었는데, 1930년대 Kansas 주의 Topeka에 있는 Menninger Clinic에서 처음으로 사용되었다. 이 이후 병원, 클리닉 등에서 공식적으로 사용하였으며, 오늘날 전형적인 상담방법과 병행해서 사용하게 되었다.

독서치료의 목적은 책을 통해 정의적 측면의 변화를 초래하고 인성적 성장과 발달을 촉진하는 것이다. 그 효과는 독자가 주인공과 동일시하여 카타르시스나 통찰 등의 과정으로 돕는 것이다.

(1) 독서치료의 효과

① 동일시의 효과

- 등장인물과 같은 인생경험, 문제, 정서를 느낄 수 있다.
- 등장인물과 함께 있는 사람을 현실세계에서 찾을 수 있다.
- 독자로 하여금 인간경험의 보편성을 이해하게 돕는다.
- 자신이 비장애인과 근본적으로 다르다는 인식을 감소시키는 첫단계 역할을 한다.

② 카타르시스 효과

- 독자가 등장인물의 정서를 대리경험함으로써 일어난다.
- 책 속의 주인공에 감정이입을 하면서 자신의 좌절, 울화, 슬픔 등을 일소할 수 있다.
- 일시적이지만 심리적 긴장이완 그 자체가 치료이다.

③ 통찰의 효과

- 카타르시스로 정서이완이 생긴 후 인지적 변화의 경험을 한다.
- 동일시와 카타르시스를 경험하면 문제해결, 행동변화를 초래하는 방향으로 자신의 문제, 정서, 태도를 검증하게 할 수 있다.

④ 실제적인 효과

- 모든 연령의 아동에게 사용 가능하다. 읽기 수준은 조심스러운 교재 선택과 상담자의 구두 읽기 등으로 수정될 수 있다.
- 아동 개인별로 또는 소집단, 교실 전체를 대상으로 한다. 학생들의 상이한 요구와 흥미가 동시에 충족될 수 있다. 특수아동들의 공통문제를 극복하도록 도우면서, 정상 아동들에게는 특수아동에 대해 긍정적인 태도를 갖

도록 도울 수 있다.

- 독서요법을 실시하는 데는 어떠한 형식적 훈련이 필요하지 않다.
- 예방적 또는 치료적 목적으로 사용한다. 특수아동들의 다양한 문제, 관심사를 다루는 효과적인 방법일 수 있다.

(2) 독서치료의 시행 지침

① 읽기 자료를 조심스럽게 선정한다. 즉 교재의 정확성, 가능한 정서적 영향, 읽기능력, 길이, 줄거리 등의 측면에서 검증하여야 한다.

② 독서는 토론, 상담 또는 둘 다로 이루어진다. 특수아동들이 그들의 감정을 내면화하고 같은 사건에 대한 다른 사람의 반응을 탐구하도록 다양한 방법을 사용할 수 있다. 여기에는 역할놀이, 토론회, 이야기 재구성, 인형극 공연, 벽화 구성 등의 방법이 있다.

③ 책의 선별은 엄청나게 힘들며 시간 소모적인 일이다. 따라서 그 아동의 당면 문제와 비슷한 문제를 성공적으로 극복해 나가는 주인공을 다룬 책을 찾는데 충분한 시간을 할애하여야 한다.

④ 독서치료의 한계를 인식하여야 한다. 특수아동은 읽기, 쓰기, 말하기와 관련한 언어장애를 수반한 경우가 많다.

2) 역할놀이

역할놀이는 Moreno가 소개한 심리극 기법 중 하나이다. 역할놀이의 과정은 내담자가 분노나 갈등을 일으키는 상황에 둔감하도록 하는 행동연습의 형태로 사용될 수 있다.

(1) 역할놀이의 효과

① 아동들에게 최소한의 위협을 가지고 다른 유형의 행동 및 태도를 표현하는 기회를 준다.

② 행동화는 아동들이 입으로 말할 수 없는 바람, 공포, 감정, 갈등 등을 일으키도록 돕는다.

③ 자신의 것과 다른 역할의 가정은 관점의 다양성을 이해하고 받아들이도록 돕는다.

④ 누가 무엇을 할지 논의하기보다는 실제로 자기가 할 수 있는 기회를 제공한다.

⑤ 짧은 시간 내에 자신이 속한 세계의 다양한 경험을 소개할 수 있는 기회를 제공한다.

⑥ 집단상황에서는 청중은 주어진 상황에 대한 서로 다른 반응을 관찰할 기회를 갖게 된다.

⑦ 위협적인 상황이 재현될 수 있으며, 상담자가 그 역할을 맡고 아동이 다른 반응을 실험하는 기회를 가질 수 있다.

(2) 역할놀이의 형식

역할놀이는 일대일 또는 집단으로 시행할 수 있다. 복수집단인 경우, 모든 참여자가 하위집단에서의 상황을 동시에 행한다.

① 모두가 새로운 행동을 시도해 봄으로써 효과적이다.

② 다 같이 행동함으로써 수줍음과 자의식을 감소시키므로 효과적이다.

③ 참여자가 많을 때 효과적이다(사회성, 취업기술, 공통관심사인 부모-자녀 갈등 문제).

일대일 역할놀이의 경우, 타인의 감정에 대하여 민감성을 개발하는 데에 사용될 수 있다.

① 한 집단이 연기하면 다른 집단은 관망하도록 한다.

② 관중 앞에서 하기 때문에 자의식을 일으키지만 자신의 행동문제에 더 민감하도록 할 수 있다.

③ 관중은 분석적 기능을 한다. 배우의 행동이 타인에게 미치는 효과를 지적해 내고 다른 태도를 유도하는 사건들의 고리를 추적해 보도록 한다.

(3) 역할놀이의 시행단계

역할놀이는 다음과 같은 구체적인 4단계로 이루어질 수 있다.

① 대상 문제를 확인한다.

- 비형식적인 집단토의, 개인상담으로 확인
- 상담자의 주제에 대한 간단한 논의 후 이에 대한 개인적 경험을 공유한다.
- 대상 : 타인의 비방수용, 되받아치기, 부모－교사와의 갈등

② 다양한 역할의 기술을 준비한다.

- 대사준비 : 아동이 연기할 수 있도록 충분한 정보제공
- 약간의 연습시간 제공

③ 상황을 극화시킨다.

- 대화조정
- 자연스럽지 않을 경우 상담자가 끼어들어 대화를 맺을 필요가 있다.

④ 추후에 논의를 갖는다.

- 무대에서의 주어진 역할연기와 타인의 반응에 대한 자신의 정서표현과 상호작용에 대한 논의
- 관중이 의견 제시

• 의견 불일치 장면은 새 연기자로 다시 실시

3) 미술 · 음악 · 놀이 치료

예술활동은 아동이 자신의 환경을 숙지하고 눈에 보이는 무엇을 만들어내며, 자아개념과 사회적 의사소통 가능성을 촉진시킨다. 아동이 상상과 의사결정과정에 도전하게 하며, 의사소통기술, 자신감, 독립심 등을 개발하도록 돕는다(김윤옥, 2003).

미술은 아동들의 많은 정서적 요구와 학습의 기초가 되는 개념을 가르치는 것을 충족시킬 수 있다. 또한 특수아동이 자신의 세계를 묘사할 수 있는 하나의 방법이며 이를 통하여 사고 및 생각을 공유할 필요를 충족시킨다.

음악은 특수아동의 치료, 훈련, 교육에서 절대로 필요한 부분이다. 음악의 적절한 활용은 특수아동들의 정서적 안정, 스트레스의 해소, 의사소통의 단서, 상호작용의 출구의 역할을 한다. 중요한 것은 특수아동들도 노래를 좋아한다는 것이다.

놀이는 언어장애, 시청각장애, 운동장애, 주의력결핍, 과잉행동 등의 부적응행동을 교정하는 데 도움이 된다. 놀이는 특수아동의 자기표현의 매개체가 될 수 있다.

영화로 만나는 특수아동 상담

레인맨

감독: 베리 레빈슨
출연: 더스틴 호프만(레이몬드 바빗), 톰 크루즈(찰리 바빗), 발레리아 골리노(수잔나), 루신다 제니(일리스)

제61회 아카데미 작품상, 남우주연상을 비롯한 4개 부문 수상작 품이다.

찰리(톰 크루즈)는 갑작스런 아버지의 죽음으로 자폐증 환자인 형 레이먼(더스틴 호프먼)을 돌봐야만 유산의 절반을 가질 수 있게 된다.

300만 달러의 유산을 독점하기 위해 레이먼과 만난 찰리는 그와 라스베가스로 떠난다. 그러나 비행기를 탈 수 없는 레이먼 때문에 3시간이면 갈 거리를 3일이나 걸려 자동차로 대륙을 횡단한다.

라스베가스에서 도박을 하던 중 찰리는 레이먼의 비상한 기억력을 알게 되고 그의 능력을 이용해 돈을 벌어 그의 사업 부채를 청산할 수 있게 되고 예전부터 운전이 하고 싶었던 레이먼에게 고물차를 운전하게 해 준다.

찰리는 2주일간의 레이먼과의 여행을 통해 진정한 형제애를 깨닫고 레이먼을 자신이 돌보려 하지만 자폐 증상이 심한 레이먼은 다시 요양소로 돌아가게 되는데…….

3. 학교상담 프로그램

가. 학교상담 프로그램의 배치

미국학교상담자협회(ASCA)에서 발표되었던 '학교상담자 : 성취를 위한 협력자' 이 글귀는 학교상담자에 대한 믿음을 잘 보여주고 있다. 그 믿음이란 학교상담 프로그램을 잘 적용하여 장애학생의 진정한 통합을 이루어 내는 것이다.

학교 상담자가 특수아동의 요구를 채워 주는 가장 효과적인 방법은 진정한 통합의 개념을 적용하고 이를 모든 학교상담 프로그램의 전반에 걸쳐 융합하는 것이다.

이를 잘 이해하기 위하여 미국학교상담자협회의 모형에 대해 살펴보고자 한다, 미국학교상담자협회의 모형은 학교상담자가 통합교육을 위해 어떤 자세와 내용이 필요한지에 대해 잘 설명하고 있다.

먼저 학교상담 프로그램과 장애학생의 통합을 실행하기 위해서는 두 가지

수준을 고려해야 한다. 하나는 철학적 · 이론적 수준이다. 이는 장애문화와 장애학생의 요구가 전문적 학교상담 분야에 완전히 통합되어야 한다는 의미이다. 두 번째는 프로그램 및 실행수준이다. 여러 프로그램이 계획되고 실행되는 과정에서 장애학생이 충분히 고려되고 진정으로 통합되며 그들의 확대된 요구가 반영되는 수준을 의미한다.

미국학교상담자협회(ASCA)의 국가수준 모형은 크게 기초 및 관련 기준과 역량지표, 전달체제, 운영지원, 책무성의 네 영역으로 구성되어 있다.

1) 기초

기초영역은 통합교육을 국가수준 모형과 연결시키는 것에 있어 가장 중요한 부분이다. 이 영역은 학교상담 프로그램의 사명을 이끄는 중요한 믿음과 철학을 포함한다. 이러한 믿음과 철학이 추구하는 방향에 맞춰 프로그램이 실행된다. 장애가 통합되고 통합교육의 가치가 형식적 수준 이상으로 인정받기 위해서는 전반적인 학교의 철학이 장애학생을 위한 통합교육과 맥을 같이해야 한다. 기초영역은 미국학교상담자협회의 학업, 개인/사회, 진로영역과 각 영역의 기준 및 역량지표이다.

2) 전달체제

전달체제는 장애와 통합에 관련하여 주목받는 문제들이 가장 중대하게, 극적으로 영향을 끼치는 프로그램 영역이다. 이것은 모든 학생이 학교상담 프로그램과 상호작용하도록 돕고 모든 영역에 걸친 역량지표의 달성이 이루어지도록 하는 수단이 된다. 교실생활지도 수업, 개별계획, 개인 및 집단상담, 자문, 의뢰를 통하여 학생은 미국학교상담자협회 영역의 역량지표들을 달성하게 된다.

3) 운영

성공적인 프로그램 실행에 있어 결정적인 요소이다. 학교상담자의 책임과 직무를 규정한 합의서가 있어야 하며 이 합의서는 학교장과 협의되어야 한다. 또한 학교상담 프로그램을 감독하는 자문위원회가 장애학생을 충분히 이해할 수 있는 인원으로 구성되어 학생들의 요구가 상담프로그램에 잘 반영되고 있는지 확인하는 것이 필요하다.

4) 책무성

통합적인 학교상담 프로그램의 효과성을 입증할 수 있는 자료수집도 중요한 부분이다. 학교상담자가 학생을 돕는 과정에 할애한 시간이 측정된다면 학교상담자가 얼마나 열심히 상담하고 있는지 입증될 것이다.

나. 학교상담 프로그램의 운영

특수아동을 학교상담 프로그램에 통합시키고자 할 때 학교상담 전반에 걸쳐 지도력, 옹호 및 협력이 녹아 있어야 하며 이를 바탕으로 체제 변화(systemic change)가 일어날 수 있다.

옹호의 중심에는 모든 학생들이 자신의 잠재력을 발휘할 수 있도록 돌보며 도와주는 핵심적 가치가 있다. 이러한 가치는 장애아동의 요구에 대한 온정과 결합될 필요가 있고, 강한 사회적 정의를 기반으로 하고 있다. 학교상담자가 효과적인 옹호자로 일하기 위해서는 중요한 특성, 즉 지식과 기술 및 능력이 있어야 한다. 학교상담자가 반드시 소유해야 할 특성은 장애 옹호를 위한 강한 헌신이며 일반인과 다른 사람을 돕고자 하는 신실한 욕망, 가족지원 및 역량강화가 결정적이라는 믿음, 사회체제가 제공하는 수준을 넘어선 장애에 대한 옹호의 필요성에 대한 이해, 그리고 옹호에 대한 강하고 전문적인 윤리적 헌신이다.

학교상담자가 할 수 있는 옹호는 다음과 같다.

- 지원을 받고 있다는 것이 느껴지도록 희망과 힘을 북돋아 주는 목소리를 내라.
- 실제적인 문제가 극복될 수 있도록 현존하는 장벽에 대해 이의를 제기하라.
- 가능성을 품을 수 있도록 변화를 향한 노력과 열정을 보이라.
- 능력을 갖추고 꿈이 실현될 수 있도록 확대된 발달적 요구를 인식하라.

다. 학교상담자의 역할

학교상담자는 특수아동을 도울 뿐 아니라 많은 학생들에게 영향을 주는 프로그램을 진행함으로써 영향력을 발휘할 수 있다. 다음은 학교상담자가 장애학생을 돕기 위한 역할이다(Marshak 외, 2012).

첫째, 학교상담자는 장애학생이 통합교육에서 진정한 통합이 이루어지도록 도와야 한다. 교육의 기회가 주어지는 것과 실제로 참여하는 것 사이에는 차이가 존재한다. Murray는 진정한 소속감을 느끼지 못한 채 단지 소속되어 있는, 말하자면 통합의 탈을 쓰고 있는 배제가 일어난다고 지적한다(Murray, 2006). 학교상담자는 이를 위해 교사에게 자문을 제공하고, 호의적인 사회적 환경의 창출을 돕고, 현재 통합교육을 저해하는 세부 문제들을 해결해야 한다.

둘째, 학교상담자는 장애학생에게 주목하여 장애학생의 권리를 보호해야 한다. 학교 환경에서 발생하는 고의적이든, 그렇지 않든 장애학생에 대한 차별을 해소하는 노력이 필요하다. Milsom은 다른 교육자들이 '학업, 개인/사회, 진로적 성장을 촉진하기 위한 긍정적인 학교 경험을 더욱 창출'할 수 있도록 학교상담자가 도와주는 역할을 수행해야 한다고 보았다(Milsom, 2006).

셋째, 학교상담자는 장애학생의 성장과 발달을 위해 학부모, 교사를 조력하고 그들과 협력적으로 일해야 한다. 상담자는 특수교육 전문가는 아니지만 학교의 사회 · 정서적 건전성에 관심을 가지는 전문가로서 통합교육과정에 관계된 이해관계자를 공감시킬 수 있는 자연스런 위치이다. 따라서 학교상담자는 장애학생에게 의미있는 충분한 기회를 주기 위하여 학부모와 여러 교사들과 협력적으로 일해야 한다.

넷째, 학교상담자는 장애학생의 적응유연성(resilience) 증진을 도와야 한다. werner는 "적응유연한 학생은 그들의 기질적인 개성, 신체적 매력, 지능에 상관없이 그들을 조건없이 수용해 주는 사람이 적어도 한 명 있다"고 한다(Werner, 1993). Segal은 학교환경에서 도움이 필요할 때 요청할 수 있고 그 사람과의 관계에서 힘을 얻을 수 있는 사람이 필요하다고 말한다(Segal, 1988). 바로 적응유연성 증진을 돕는 역할은 학교상담자의 모습을 잘 함축하여 보여주는 것이다.

일반적으로 특수아동 모두에게 중요한 것이 조기교육의 제공이다. 그러므로, 상담자들은 조기교육 프로그램 제공을 위해 가족 구성원들과 함께 중요한 역할을 수행할 수 있는 위치에 있어야 한다.

먼저, 교육상담을 위해 상담자는 아동의 발달 수준에 대한 정확한 정보를 알고 있어야 한다. 상담자가 관심을 가져야 할 사항으로는 아동의 사회성 및 정서발달, 인지발달, 언어발달, 동작발달, 그리고 사회적 적응기능을 들 수 있다.

1) 아동의 사회성 및 정서에 관한 정보

타인과의 사회적 상호작용시 나타나는 행동양식과 아동의 정서적 상태를 포함하는 것으로서, 주로 아동의 행동관찰이나 부모와의 면담, 아동과의 대화, 그림 그리기, 놀이활동을 통해 얻을 수 있다.

2) 인지적 발달에 관한 정보

아동용 지능검사(예 : 웩슬러 유아지능검사, 고대-비네 지능검사, 한국행동과학연구소 유아지능검사)를 이용해 얻을 수 있다. 이때 전체 지능지수보다는 각 하위 영역별 아동의 수행결과에 더 많은 관심을 가져야 한다.

3) 언어발달에 관한 정보

언어이해 · 인지력 검사와 같은 표준화된 언어형식 검사나, 객체, 개념, 동작, 상태에 대한 그림 검사를 통해 얻을 수 있다.

4) 아동의 동작발달에 관한 정보

자신의 신체 부분을 구성하는 근육의 통제력을 점차로 획득해 나가는 과정으로, 이는 크게 대근육(gross motor) 운동 발달과 소근육(fine motor) 운동 발달로 나누어 볼 수 있다. 발달장애를 가진 아동들 가운데 이 두 영역에서 어려움을 가지고 있는 경우가 많으므로, 행동관찰을 통해 가능한 한 이른 시기에 아동에게 필요한 운동기능 향상을 위한 프로그램을 제공해야 할 것이다.

5) 사회적 적응기능에 대한 정보

자립(self-help), 대인관계 형성, 지역사회 구성원으로서 사회 참여(community participation) 등에 필요한 생활기능을 아동의 발달수준에 맞게 발달시키고 있는지에 대한 항목들을 알아야 한다.

제 2 부

장애역역별 상담

제 3 장

학습장애와 상담

1. 학습장애에 대한 이해

가. 학습장애의 정의

학습장애(learning disability)는 학습장애인의 뇌가 비장애인의 뇌와는 다르게 발달되었음을 의미하는 신경학적 장애다. 이는 낮은 지적 능력을 의미하는 것이 아니라 유전적으로 신경학적인 문제가 있는 범위를 나타내는 말이다 (Milsom & Hartley, 2005).

이전에는 학습장애를 지칭하기 위해 '뇌 손상'이나 '미세 뇌 기능 이상' (minimal brain dysfunction)이라는 용어들을 사용하였으나(Kavale & Forness, 1995), 이들 용어가 내포하고 있는 부정적 의미 때문에 오늘날에는 거의 사용하지 않는다. 미국 교육부에서 제안한 학습장애에 대한 정의는 다음과 같다.

학습장애란 구어나 문어의 사용이나 이해와 관련된 기본적 인지기능의 장애를 말한다. 이 같은 인지기능 장애는 듣기, 말하기, 읽기, 쓰기, 산수 등의 학습기능 수행에 어려움을 초래한다. 학습장애는 지각장애, 뇌 손상, 미세 뇌 기능 이상, 난독증, 발달실어증 같은 상태를 포함한다. 하지만 시각장애, 청각장애, 운동장애, 정신지체, 정서장애로 인한 학습결손, 그리고 환경, 문화, 경제적 결핍으로 인한 학습결손은 학습장애에 포함시키지 않는다(미국 교육부 정의, 1977).

우리나라 국립특수교육원의 통계에 따르면 학습장애학생 3,353명의 영역에 대한 분석결과는 다음의 〈표 3-1〉과 같다.

표 3-1 학습장애 영역

(단위 : 명, %)

구분	전체	글자 읽기	독해	글자 쓰기	작문 하기	셈하기	수학적 추론	기타
전체	3,353 (100.0)	530 (15.8)	2,180 (65.0)	752 (22.4)	2,023 (60.3)	2,211 (65.9)	2,525 (75.3)	41 (1.2)
남	2,241 (100.0)	341 (15.2)	1,451 (64.7)	531 (23.7)	1,304 (58.2)	1,387 (61.9)	1,667 (74.4)	24 (1.1)
여	1,112 (100.0)	190 (17.1)	729 (65.6)	221 (19.9)	718 (64.6)	823 (74.0)	859 (77.2)	17 (1.5)

출처: 국립특수교육원, 2014).

나. 학습장애의 출현율

학습장애는 1차적으로 교과학습의 문제를 갖고 있다. 따라서 아동들이 공식적인 교과학습을 하기 전까지는 발견하기가 어렵다. 나이가 많은 학생들의 출현율을 추정한 결과, 청년기 학습장애의 평균 출현율은 2.01%로 나타났다. 그러나 학습장애는 장애아동 집단 중에서 가장 많은 수를 가진 집단이라 할 수 있다.

다. 학습장애의 원인

1) 기질적 · 생물학적 요인

의학적 지식을 가진 전문가들은 학습장애의 일차적 원인을 뇌상해라고 믿고 있지만 학습장애는 뇌상해가 심한 것으로 나타나지 않기 때문에 그들은 미세뇌기능장애(MBD)라는 용어를 사용한다. 어떤 학자들은 생화학적 장애, 알레르기, 비타민을 정상 공급하지 못하는 혈액의 기능 등을 학습장애의 원인으로 꼽는다. 또한 다른 연구자들은 학습장애아들의 미성숙이 중추신경계의 발달 지체와 관련되어 있다고 주장한다. 즉, 임신 중의 병 발생, 초기외상, 전염병, 영양실조 등이 그것이다. 그러나 지체는 구조적 결함이나 잠재력의 제한을 반드시 지칭하는 것은 아니기 때문에 지체의 결과로 나타난 학습장애는 연령의 증가에 따라 부분적으로 극복될 수도 있다(Bryant, 1972).

영양실조를 학습장애의 원인으로 보는 연구도 있다. 영양이 중추신경의 성장에 영향을 주는 것 같다. 그러나, 영양실조의 영향은 시기, 지속기간, 강도 및 사회·문화적 조건 등에 따라 다르게 나타날 수 있다.

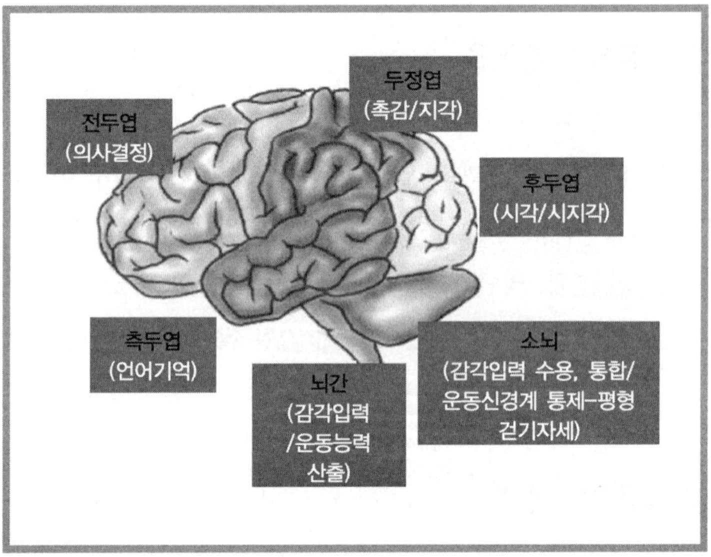

[그림 3-1] 뇌의 영역

2) 유전적 요인

유전적 요인은 학습장애에 약간의 영향을 미치는 것으로 나타나 있다. 가족 연구에 의하면 난독증을 가진 276명과 그들의 가족을 조사한 결과, 친척들

간의 읽기, 쓰기 및 철자장애의 출현율로 보아 유전적 요인이 포함되어 있다는 증거도 있다. Hermann(1958)은 읽기장애를 가진 일란성 쌍생아 12쌍과 이란성 쌍생아 33쌍을 비교한 결과 일란성 쌍생아가 읽기장애를 더 많이 가지고 있다는 것을 발견하고 읽기장애가 유전된다는 가정을 부분적으로 입증하였다.

3) 환경적 요인과 유형

교육학자들은 부적절한 학습 환경이 많은 학습장애아들의 학습과 행동 문제에 영향을 주는 것으로 간주하고 있다. 많은 학습장애 학생들의 문제가 직접적이고 체계적인 교수에 의해 교정되었다는 증거들이 있다. 또한, 허술한 교수계획, 동기화가 낮은 학습활동, 부적절한 교수방법이나 교수자료 및 교육과정이 학습장애의 원인이 될 수 있다고도 본다(Wallace & McLoughlin, 1979).

학습장애의 유형을 고려할 때 각 유형별 학습장애를 일컫는 용어로서 특정 학습장애(specific learning disabilities)라는 용어를 사용하고 있다. 특정 학습장애에 분류되는 유형에는 읽기, 쓰기, 말하기, 듣기, 셈하기, 생각하기(사고) 등에 있어서의 결함이 포함된다. 이 가운데 학습장애 아동의 80% 이상이 읽기장애를 보이는 것은 이미 잘 알려져 있는 사실이다. 읽기장애는 난독증을 비롯하여 다양한 양상의 읽기 문제를 보이는 아동들을 모두 포함하고 있다. 난독증의 종류로는 왼쪽 두뇌 손상시의 문제로서 독서불능증(단어맹), 청각적 실어증(단어농), 근운동 오자증(motor agraphia : 誤字症), 근운동 실어증(motor aphasia), 우반구 우세성의 강조로 인한 언어장애 또는 언어학적 난독증(linguistic dyslexia), 지각적 난독증(perceptual dyslexia), 혼합형(mixed dyslexia) 등을 들 수 있다.

우리나라 2014년 전체 학습장애 학생 3,353명의 장애 원인을 살펴보면, 선천적 원인 14.2%, 출생시 원인 5.0%, 후천적 원인 32.9%, 원인불명이 46.9%인 것으로 나타났다(국립특수원, 2014).

라. 학습장애의 특성

미국 국립보건원은 미국인 7명 중 1명이 어떤 형태로든 학습장애를 가지고 있으며 학습장애인의 80%가 읽기에 어려움이 있다고 보고하고 있다. 이들의 일반적인 특성은 다음과 같다.

- 다른 아동보다 늦은 말하기
- 어휘와 발음하는 것의 어려움
- 단어를 발음하는 것의 어려움
- 늦은 어휘 발달
- 단어의 운율을 맞추는 것의 어려움
- 알파벳, 순차, 요일의 순서 등을 배우는 것의 어려움
- 차분하지 못함
- 쉽게 주의가 산만해짐
- 또래와 상호작용하는 것의 어려움
- 지시를 따르는 것의 어려움
- 일과를 따라가는 것의 어려움
- 느린 운동기술 발달

학교에서 만나는 학습장애 학생은 여러 유형의 특성을 보이는데, 다양한 수학학습 장애, 난독증(읽기장애), 비언어 학습장애, 통합운동장애, 쓰기장애, 청각/시각 처리장애, 중앙 청각처리장애 등이 있다. ADHD는 학습장애가 아니지만 두 가지는 자주 함께 나타나며, ADHD가 있는 아동의 30% 이상이 학습장애를 가지고 있는 것으로 보인다(LDAA, 2008).

마. 학습장애의 진단과 평가

1) DSM-Ⅳ 진단기준

A. 읽기장애
(1) 읽기의 정확도 또는 이해능력을 평가하기 위해 개별적으로 실시된 표준화 검사에서 읽기 성적이 개인의 생활연령, 측정된 지능 그리고 나이에 적합한 교육을 감안할 때 기대되는 정도보다 현저하게 낮다.
(2) 기준 A항의 장애가 읽기기술이 요구되는 학업의 성취나 일상생활의 활동을 현저하게 방해한다.
(3) 만약 감각결함이 있다면, 읽기장애는 통상적으로 감각결함에 동반되는 정도를 초과해서 심한 정도를 나타낸다.
B. 산술장애
(1) 개별적으로 실시된 표준화 검사에서 산술능력이 개인의 생활연령, 측정된 지능 그리고 나이에 적합한 교육에 비해 기대되는 정도보다 현저하게 낮다.
(2) 진단기준 A항의 장애가 계산이 요구되는 학업의 성취나 일상생활의 활동을 현저하게 방해한다.
(3) 만약 감각결함이 있다면, 산술능력장애는 통상적으로 감각결함에 동반되는 정도를 초과해서 심한 정도를 나타낸다.
C. 쓰기장애
(1) 개별적으로 실시된 표준화검사(또는 쓰기기술 기능평가)에서 쓰기능력이 개인의 생활연령, 측정된 지능 그리고 나이에 적합한 교육에 비해 기대되는 정도보다 현저하개 낮다.
(2) 진단기준 A항의 장애는 쓰기능력이 요구되는 학업의 성취나 일상생활의 활동을 현저하게 방해한다.
(3) 만약 감각결함이 있다면, 쓰기장애는 통상적으로 감각결함에 동반되는 정도를 초과해서 심한 정도를 나타낸다.

2) 특수교육

특수교육 영역에서는 세 가지의 준거를 가지고 학습장애를 진단한다. 첫째, 제외준거이다. 이는 학습장애와 유사한 현상을 보이더라도 정신지체, 청각장애, 시각장애, 정서장애, 혹은 학습기회의 결핍 등으로 설명이 가능한 경우는 제외된다는 의미다. 둘째, 불일치준거이다. 불일치준거란 아동의 잠재적 능력과 학업성취 간의 불일치 정도를 결정하는 준거로서 미국에서는 학년수준 편차를 가장 많이 활용하며(80%), 표준점수(19%), 백분위점수(15%)의 순으로 사용되고 있다(Mercer & Mercer, 1985). 셋째, 학업성취준거이다. 아동의 학습기능에 대해 표준화검사를 실시한 결과 불일치준거에 적합한 경우라도 정상적인 교수방법으로 학습할수 있는 경우는 학습장애라고 할 수 없다.

이와 같이 학습장애 여부를 결정하는 것은 간단한 것이 아니며 모든 관련 요인들을 고려해야 한다. 학습장애의 평가방법과 사용되는 도구들은 다음의 〈표 3-2〉와 같은 것이 있다.

표 3-2 학습장애 평가의 방법과 도구

1. 학업수행 수준의 평가	학년수준 가치기준(일반 학력검사) 연령수준 가치기준 기초학력
2. 인지기능의 평가	• 지능검사(웩슬러 아동용개인지능검사) • 일리노이 심리언어 능력검사 • 기초학습기능검사 • 지각언어검사(국내) • 교육진단검사(국내) • 산수능력검사(국내) • 학습준비도검사(국내) • 시지각발달검사 • 지각-운동발달검사 • 시각-운동통합발달검사

출처: 김동일 외(2003). 특수아동상담.

2. 학습장애 상담

가. 학생과 부모의 바람

"선생님이 내게 원하는 일이 무엇인지는 알아요. 하지만 난 그걸 어떻게 하는지 모르겠어요."

"난 쉽게 산만해졌어요. 선생님이 말하시는 모든 걸 쓰는 건 불가능했어요. 내가 주의집중하려고 노력하지 않아서가 아니라 다른 것들이 내가 집중하지 못하도록 만들었어요. 난 단지 교실 뒤에서 무슨 일이 일어나는지를 확인하면서 동시에 선생님이 말하는 걸 처리할 수 없었어요."

나. 지원과 중재

1) 개인 영역

자주 정서적 지원이 필요하므로 정신건강 전문가가 개별화교육지원팀의 일부가 되어야 한다.

2) 사회 영역

자주 다른 친구들이 하는 말과 하는 일을 정확하게 인식하지 못하므로 학교에서의 생활양식, 교실에서의 행동, 분노조절, 논쟁 해결방법 등을 배울 필요가 있다.

3) 학업 영역

수학 학습장애 학생은 기본사항과 암기를 지나치게 강조하면 수업에 참여하지 않을 위험에 처한다. 시험을 위한 조정에는 시험시간 연장하기, 다른 순서로 시험 치르기, 특별한 시험 준비를 제공하기, 가능한 산만하지 않은 환경에서 시험 치르기 등이 있다. 보충학습 자료로는 게임, 잦은 연습회기, 큰 소리로 읽기, 수업 녹화하기 등이 있다.

다. 진로

학습장애를 가진 사람들은 직장에서 승진과 새로운 기술을 수용하는데 있어서 비장애인들보다 더 많은 어려움을 겪는다. 따라서 자연스럽게 승진하지 못하며, 체제 개선에 적응해 나가지 못하기 때문에 쉽게 도태된다. 따라서 학습장애를 가진 청소년들을 대상으로 하는 직업교육에서는 그 기술의 'know-how'뿐만 아니라 그 기술을 업그레이드시키거나 새로운 기술을 받아들이는 전략을 가르칠 필요가 있다.

학습장애 청소년들이 배울 수 있는 직업기술로는 자동차 정비, 제과/제빵 기술, 보모, 보육교사, 요리, 인쇄, 상업, 자영업, 각종 서비스직, 예술가 등 다양하다. 학습장애를 가진 사람들도 고도의 학습이 요구되는 전무직에서 성공적으로 직무를 수행하고 업적을 쌓을 수도 있다.

(1) 마음의 지도

신경과학자들은 대뇌 피질에서 지능과 기억 같은 인간의 '고등한' 기능 중에서 특정한 것과 관련된 신경 충격을 처리하는 지역을 대략적으로 구분할 수 있다. 신경 충격을 감지하는 일에 관련된 지역을 일차 피질이라고 하며, 신경 충격을 분석하는 일에 관여하는 곳을 연합 피질(연합령)이라고 한다. 예를 들어 일차 시각 피질(일차 시각령)은 눈에서 오는 신경 충격을 일련의 수직선, 수평선, 곡선의 형태로 받는다. 시각 연합 피질(시각 연합령)은 이 데이터를 가지고 영상을 만든다. 그래서 일련의 수직선, 수평선, 곡선은 사과로 인식된다.

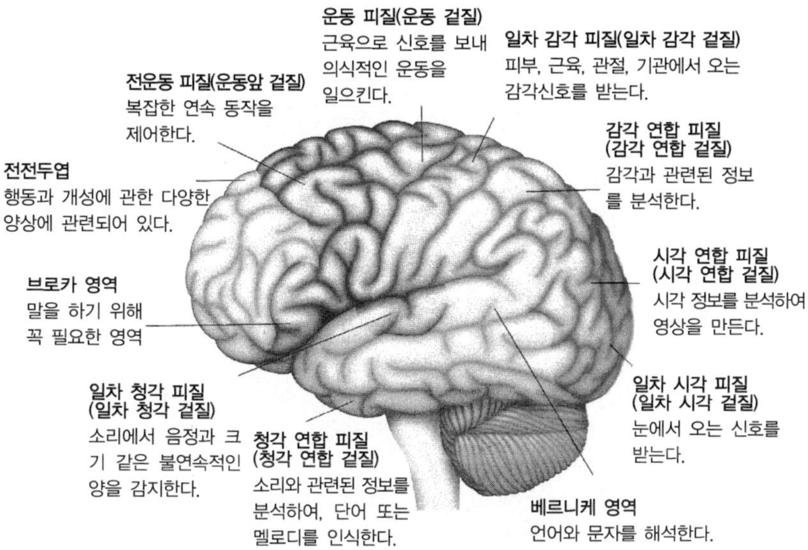

(2) 뇌의 지도

피질에는 특정한 기능을 담당하는 곳이 영역별로 구분되어 있다. 따라서 피질의 표면은 해당 기능에 따라 지도로 만들 수 있다. 그러나 의식이 정확히 어느 곳에 자리잡고 있는지는 알지 못한다.

제 4 장

주의력결핍 과잉행동장애와 상담

1. 주의력결핍 과잉행동장애에 대한 이해
2. 주의력결핍 과잉행동장애 상담

1. 주의력결핍 과잉행동장애에 대한 이해

가. 주의력결핍 과잉행동장애의 정의

주의력결핍 과잉행동장애는 아동의 3~5%에 영향을 주는 상태다. 주로 어린이집부터 초등학교 저학년 시기에 처음 발견되며, 주요 특징으로 주의력결핍, 과잉행동, 충동성이 있다.

부주의(inattention)는 지속적인 주의능력이 떨어져서 과제를 완료하거나 지시받은 과제에 주의를 집중하는 것이 어렵다. 그래서 시험 수행이 어렵고, 교과수업을 방해한다는 평가를 자주 듣게 된다. 충동성(impulsivity)은 행위 이후의 결과를 생각하지 못하고 생각하기 전에 행동해 버리는 것으로 나타난다. 또래와의 관계에서 자주 부적절한 말을 불쑥불쑥 내뱉거나 아무 때나 친구와 얘기하는 행동으로 나타나기도 한다. 그리고 교육장면에서 꾸중들을 때 화를 내거나 구조화된 놀이에서도 차례지키기를 어려워한다.

과잉행동(hyperactivity)은 수업시간에 허락없이 자리를 떠나거나 과제와 무관한 움직임을 보인다. 부적절한 물건을 갖고 놀거나 위험해 보이는 행동도 보이지만 연령이 증가하면서 과잉행동이 누그러지는 경향을 보인다.

주의력결핍 · 과잉행동장애 아동들은 일반적으로 주의력결핍 및 과잉행동의 문제, 좌절에 대한 참을성의 부족, 자극적인 놀이를 제외한 과제에 대한 낮은 수행 동기, 과제수행시 지속성의 부족, 자신의 행동에 따르는 결과 예측을 잘 하지 못함, 실수를 통해 새로운 행동을 학습하는 능력의 부족 등과 같은 행동 특성을 나타내 보인다. 대부분 이러한 문제는 성인기까지 계속되며, 성인기에 이르러서는 직장에서 업무수행 과정에서 요구되는 계획, 조직, 관리 등과 같은 수행행동에 문제를 나타내 보이기도 한다(Blum & Mercugliano, 1997).

주의력결핍 · 과잉행동장애는 학습장애 이외에도 다른 장애와 함께 나타나는 것으로 밝혀지고 있다. 임상적으로 의뢰된 주의력결핍 · 과잉행동장애 아동의 30~50% 가량이 반항성행동장애(oppositional defiant disorder)와 일탈행동장애(conduct disorder)를 가지고 있으며, 주의력결핍 · 과잉행동장애를 가지고 있는 성인의 경우에는 우울이나 불안과 같은 기분장애(mood disorder)를 수반하는 것으로 보고되고 있다(American Psychiatric Association, 1994).

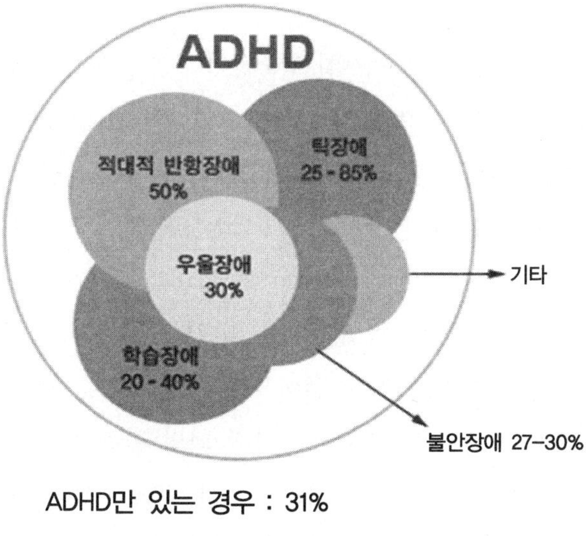

[그림 4-1] ADHD의 특성

나. 주의력결핍 과잉행동장애의 출현율

주의력결핍 · 과잉행동장애 아동의 출현율은 학습장애아동보다 낮은 3~5% 가량인 것으로 보고되고 있다. 일반적으로 학습장애와 주의력결핍 · 과잉행동장애를 가지고 있는 아동의 성비를 살펴보면, 남자가 여자보다 많은 것으로 나타난다. 주의집중장애의 경우 남자 대 여자의 비율이 4 : 1에서 9 : 1에 이른다(American Psychiatric Association, 1994). 남자가 여자보다 더 많은 주요 이유 중 하나는 남학생이 여학생보다 문제행동(behavioral problem)을 더 많이 나타냄으로써 장애 판정을 위한 평가에 더 많이 의뢰되기 때문이다.

다. 주의력결핍 과잉행동장애의 원인

1) 기질적 · 생물학적 요인

ADHD는 출생 과정에서의 미세한 뇌손상이나 출생 후의 고열, 감염, 독성물질, 대사장애, 외상 등으로 인한 뇌손상에 의해 유발될 수 있다는 주장이 제기되고 있다. ADHD 아동에게서는 중추신경계의 현저한 손상이 발견되지 않지만 비정상적인 뇌파를 보이는 등 경미한 뇌손상이 있는 것으로 여겨져서 과거에 '미세 두뇌기능장애'(minimal brain dysfunction)로 불리기도 했다. Zametkin 등(1990)은 뇌영상술을 사용하여 ADHD를 지녔던 사람들이 청각적 주의과제의 수행시에 대뇌의 글루코스 대사수준이 저하된다는 것을 발견하였다. 이러한 결과는 주의과제 시행시에 정상인에 비해 뇌의 활동성이 떨어진다는 것을 의미하며 특히 운동근육과 주의체계의 조절에 관한 기능이 저조하였다. 뇌영상술을 사용한 ADHD 아동에 대한 연구에서 전두엽의 혈류와 신진대사가 감소된다는 발견에 근거하여 ADHD 아동은 전두엽의 억제기능이 저하되어 과잉행동이 발생된다는 가설이 제시되고 있다.

또한, ADHD는 신경전달물질에 의한 기능장애로 norepinephrine이나 dopamine이 관여한다는 주장도 제기되었다. 이러한 주장은 amphetamine과 같은 흥분제가 ADHD 아동의 부주의와 과잉행동을 개선하는 데에 효과적이라는 점에 근거하고 있다. 그러나 이러한 약물효과에 대해서는 그 해석이 다양하여 현재 어떤 신경전달물질이 관여하는지에 대해서는 분명하게 밝혀진 바가 없다.

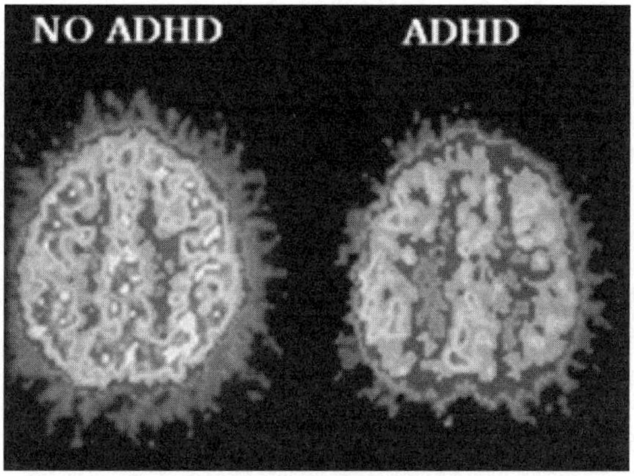

[그림 4-2] 전두엽 활동성, PET

2) 유전적 요인

ADHD를 나타내기 쉬운 취약성은 유전적 요인과 밀접한 관계를 지닌 것으로 알려져 있다. Goodman와 Stevenson(1989)은 238쌍의 쌍둥이 연구에서 ADHD의 공병률이 일란성 쌍둥이는 51%, 이란성의 쌍둥이는 33%임을 보고하였다. 형제 자매 중에 과잉행동을 나타내는 사람이 있으면, 다른 형제 자매들이 ADHD를 나타낼 가능성이 일반인보다 2배 정도 높다. ADHD를 나타내는 아동의 친부모는 양부모보다 이 장애를 지니고 있는 확률이 더 높다. 또한 ADHD와 품행장애를 함께 나타내는 아동의 부모는 일반인보다 알코올 사용장애와 반사회적 성격장애를 나타내는 비율이 더 높다. 이런 연구들은 ADHD가 유전적 요인의 영향을 받는다는 것을 보여주지만, 과연 무엇이 유전되는가에 대해서는 아직 분명하게 밝혀진 바가 없다.

3) 환경적 요인

Bettelheim(1973)은 취약성-스트레스 이론을 제안하여 아동의 과잉활동적인 기질과 부모의 잘못된 양육방식이 결합되면 ADHD가 발생한다고 보았다. 과잉활동적이고 요구가 많으며 기분의 기복이 심한 아동은 부모를 자주 화나게 만들 수 있다. 부모가 더 많은 명령을 하고 처벌을 가하면, 오히려 과잉행동이 증가하고 부모에 대해 부정적인 반응을 나타냈다는 연구결과(Barkley, Karlsson, & Pollard, 1985; Tallmadge & Barkley, 1983)도 있다. 이러한 아동은 유치원이나 학교에 입학한 후에도 교사의 지시나 요구를 따르지 않고 학교의 규칙을 잘 위반한다. 그러나 Barkely(1990)는 흥분제를 통해 아동의 과잉행동이 감소하면 부모의 명령과 처벌행동도 역시 감소한다는 사실을 보고하면서 부모와 아동 간의 관계는 양방향적임을 시사하고 있다.

라. 주의력결핍 과잉행동장애의 특성

ADHD가 있는 학생들은 대개 자신이 좋아하는 일에는 집중하지만 덜 흥미로운 주제나 세부사항 혹은 한 가지 일에 신중하게 집중하는데 어려움이 있다. 이들의 특성 또는 어려움은 다음과 같다.

- 과제를 끝내거나 정돈된 상태를 유지하는데 어려움을 겪는다.
- 안절부절못하는 것처럼 보인다.
- 항상 끊임없이 활동하는 것처럼 보인다.
- 생각하기 전에 행동부터 한다.
- 자주 부적절한 말을 불쑥한다.
- 자신의 순서를 기다리는데 어려워한다.
- 이후의 결과를 생각하지 않고 행동하는 경우가 많다.
- 억제되지 않은 감정을 표출하는 것처럼 보인다.

그러나, ADHD와 관련된 특성들은 이 장애가 없는 많은 아동에게서도 약한 정도로 나타나며 이러한 증상들이 다른 의학적 문제나 학령기 스트레스 요인에 의해 나타날 수 있음을 유의해야 한다.

ADHD에는 과잉행동과 충동성은 보이나 심각한 주의력결핍은 보이지 않는 과잉행동-충동 우세형, 주의력결핍은 보이나 심각한 과잉행동 및 충동성은 보이지 않는 주의력결핍 우세형, 주의력결핍, 과잉행동, 충동성의 세 유형을 모두 보이는 혼합형의 세 가지 유형이 있다.

ADHD의 치료는 주로 약물, 행동수정, 생활양식 변화 및 상담 등을 혼합하여 사용한다.

마. 주의력결핍 과잉행동장애의 진단과 평가

ADHD의 평가와 진단은 의학적 검사, 임상적 면담, 부모와 교사의 관찰 등 종합적인 접근이 필요하며 ARS(Korean ADHD rating Scale), Conners 부모/교사평정척도, 아동행동체크리스트(CBCL) 등과 같은 질문지와 과제수행 정도, DSM-Ⅳ 진단준거, 심리학적 평가 등이 있다. 과제수행 정도를 평가하는 검사에는 주의지속과 충동성 평가를 위하여 연속수행검사(CPT)와 충동성을 평가하는 검사(K-MFFT)가 있다. MMFT(Matching Familiar Figures Test)는 아동이 표본자극을 보고 그것과 정확하게 같은 것을 아래 중에서 하나 고르게 하는 표본과제 일치 검사(7~12세)이다. 인지적으로 충동적인 아동들은 다른 검사들보다 빨리 반응하고 더 많이 실수한다.

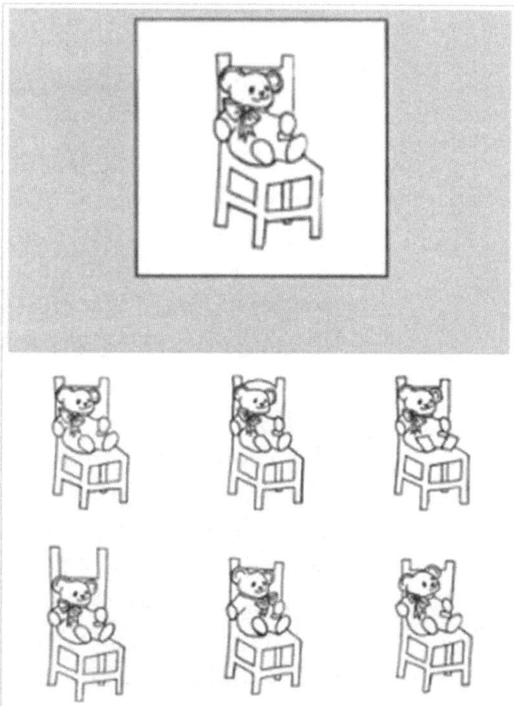
[그림 4-3] 충동성 검사 - MMFT

1) DSM-Ⅳ 진단기준

A. (1) 또는 (2) 중에 한 가지

(1) 부주의에 관한 다음 증상 가운데 6가지(또는 그 이상) 증상이 6개월 동안 부적응적이고 발달 수준에 맞지 않는 정도로 지속된다.

▸ 부주의

- 흔히 세부적인 면에 대해 면밀한 주의를 기울이지 못하거나 학업, 작업 또는 다른 활동에서 부주의한 실수를 저지른다.
- 흔히 일을 하거나 놀이를 할 때 지속적으로 주의를 집중할 수 없다.
- 흔히 다른 사람이 직접 말을 할 때 경청하지 않는 것으로 보인다.
- 흔히 지시를 완수하지 못하고 학업, 잡일, 작업장에서의 임무를 수행하지 못한다(반항적 행동이나 지시를 이해하지 못해서가 아님)
- 흔히 과업과 활동을 체계화하지 못한다.
- 흔히 지속적인 정신적 노력을 요구하는 과업(학업 또는 숙제같은)에 참여하기를 피하고, 싫어하고, 저항한다.
- 흔히 활동하거나 숙제하는데 필요한 물건들(예 : 장난감, 학습과제, 연필, 책 또는 도구)을 잃어버린다.
- 흔히 외부의 자극에 의해 쉽게 산만해진다.
- 흔히 일상적인 활동을 잊어버린다.

(2) 과잉행동 : 충동에 관한 다음 증상 가운데 여섯 가지(또는 그 이상) 증상이 6개월 동안 부적응적이고 발달수준에 맞지 않는 정도로 지속된다.

▸ 과잉행동

- 흔히 손발을 가만히 두지 못하거나 의자에 앉아서도 몸을 옴지락거린다.
- 흔히 앉아 있도록 요구되는 교실이나 다른 상황에서 자리를 떠난다.
- 흔히 부적절한 상황에서 지나치게 뛰어다니거나 기어오른다(청소년 또는 성인에서는 주관적인 좌불안석으로 제한될 수 있다).
- 흔히 조용히 여가활동에 참여하거나 놀지 못한다.
- 흔히 '끊임없이 활동하거나' 마치 '자동차(무엇인가)에 쫓기는 것'처럼 행동한다.
- 흔히 지나치게 수다스럽게 말을 한다.

▸ 충동성

- 흔히 질문이 채 끝나기 전에 성급하게 대답한다.
- 흔히 차례를 기다리지 못한다.
- 흔히 다른 사람의 활동을 방해하고 간섭한다(예 : 대화나 게임에 참견한다).

B. 장애를 일으키는 과잉충동 또는 부주의 증상이 7세 이전에 있었다.
C. 증상에 의한 장애가 두 가지 또는 그 이상의 장면에서 존재한다(예 : 학교또는 작업장, 가정에서).
D. 사회적, 학업적, 직업적 기능에 임상적으로 심각한 장애가 초래된다.
E. 증상이 광범위성 발달장애, 정신분열증 또는 기타 정신증적 장애의 경과 중에만 발생하지 않으며, 다른 정신장애(예 : 기분장애, 불안장애, 해리성장애 또는 인격장애)에 의해 잘 설명되지 않는다.

2) 약물치료

주의력을 향상하고 과잉행동과 충동성의 감소를 가져오기 위해 약물치료를 한다. 주로 흥분제, 알파-2 아드레날린 작용제, 항우울제 등의 약물이 사용되며 흥분제로 덱스트로암페타민(Dexedrine), 메틸페니데이트(Ritalin), 페몰린(Cylert) 등이 있다. 약물은 아동 중기와 청소년기에 더 효과적이며 과제 지향성과 사회적 적응문제 개선에도 도움이 된다고 한다.

현재 가장 많이 사용되는 약물은 리탈린으로서, 학업성취, 대인관계, 충동성 감소에 효과적이라고 보고되고 있다.

2. 주의력결핍 과잉행동장애 상담

가. 학생과 부모의 바람

“저는 정말 선생님이 하는 말에 집중하려고 노력해요. 하지만 가끔은 창밖에서 새가 지저귀는 소리나 다른 학생들이 책상에 볼펜을 탁탁치는 소리가 나면 저도 모르게 그것에 집중하고 있거나 공상을 하기 시작해서 결국 선생님이 하시는 말의 끝부분을 듣지 못해요."

"ADHD에서 벗어나고 싶어요. 저는 다르다는 것 때문에 더 이상 따돌림 당하고 싶지 않아요."

"나는 아무것도 잘하지 못할 것 같아요. 학교만 생각하면 불안하고 걱정돼요."

"가끔 제 친구들은 자기들이 이야기할 때 제가 집중하지 않는 것 같다거나 대화 중간에 제가 불쑥 끼어든다면서 제게 짜증을 내요."

"제 아들은 정말 좋은 아이에요. 정말 재능이 많고 어떤 영역에서는 창의적이에요. 하지만 학교에서 곤란을 겪는 것을 보면 정말 마음이 아파요. 아이의 자존감이 정말 걱정이에요. 아들이 대학이나 이후에 직장에서 성공하지 못하게 될까 봐 걱정이에요."

"딸아이가 ADHD 진단을 받기 전에 제가 아이에게 어떻게 했는지를 생각하면 죄책감이 들어요. 돌이켜보면 저는 딸이 그냥 게으르고 의욕이 없다고만 생각했는데 지금은 후회하고 있어요. 사실은 딸이 장애와 싸우고 있다는 것을 알지 못했어요."

나. 지원과 중재

1) 개인영역

(1) 정서적 문제

ADHD 학생과 일대일 상담할 때 상담자는 학생의 정체성 문제, 특별서비스와 진단을 받았다는 것에 대해 가질 수 있는 창피함이나 학업적으로 불충분하다는 감정, 남들에게 게으르거나 의욕이 없는 사람으로 보이는 것에 대한 감정 등의 정서적 문제에 민감해야 하며, 이를 다루어야 한다.

(2) 조직화 전략

ADHD 학생들은 나이가 들어감에 따라 더 많은 책임감을 가지고 자신의 시간과 책임을 체계적으로 조절하기 위한 보충전략을 배워야 한다. 따라서 학생들이 고등학교를 졸업하기 전에 조직화 전략을 사용해 가능한 독립적이 되도록 도와야 한다.

2) 사회영역

ADHD 학생이 보이는 사회 및 행동문제는 장애와 직접적인 관계가 있으며 통제가 어렵다는 것을 알아야 하며 이것은 그 학생이 '나쁜' 아이라는 의미가 아닌 것이다. 그러나 ADHD 학생이 성공적이고 만족스러운 미래를 갖기 위해서는 자신의 여러 행동에 대해 점차 책임을 져야 하며 행동을 바꾸도록 배워야 한다는 것도 이해해야 한다. 이를 위해 상담자가 직접 도울 수도 있고 교실 안팎에서 긍정적인 사회적 행동을 증진하기 위한 전략 등을 함께 고민하고 실행하는 자세가 필요하다.

3) 학업영역

(1) 교실에서의 자리배치

가능하다면 ADHD 학생들은 일반적으로 교사와 가깝고 주의를 산만하게 하지 않는 자리, 방해 행동을 하거나 말이 많은 다른 학생, 가지고 놀거나 주의를 끌 수 있는 교실 내 물건 등과 떨어진 곳에 앉아야 한다.

(2) 상호적 교수법

특히 ADHD 학생이 교실에 있을 때 교사들은 수업전체를 통해 학생이 가능한 한 많이 참여할 수 있는 상호작용 교수법을 사용하도록 해야 한다.

(3) 노트필기 지원

ADHD 학생의 경우 스스로 필기를 하도록 격려해야 하지만 그 수업에서 학업이 뛰어난 다른 학생들의 노트를 복사해 보충하도록 하면 도움이 될 수 있다.

(4) 시험 치르기

ADHD 학생이 시험에서 자신의 능력을 최대한 발휘하기 위해서는 시간을 연장해 주거나 교실에서 다른 학생들로부터 떨어진 조용하고 독립된 공간을 주는 것이 좋다.

(5) 환경 및 일과

가능하면 전반적인 교실의 물리적 배치가 그대로 계속해서 변하지 않고 유지되고 예측가능한 학교 일과와 수업시간 등을 그대로 유지해야 한다. 왜냐하면 일과가 그들에게 강화가 되면 자신이 무엇을 해야 할지 예측하게 되고 자신과 자신의 일정을 더 잘 조절할 수 있다.

(6) 지시사항 및 숙제

과제는 가능하면 단계별로 목록 형태로 주어져야 하고 제출 마감일이나 기대하는 바를 명확하게 진술해야 한다. 또 지시사항을 명확히 하기 위해 자유롭게 질문할 수 있는 분위기가 조성되어야 하며 ADHD 학생에게 따로 지시사항을 적어 주면 유익할 수 있다.

(7) 숙제 끝마치기

ADHD 학생이 만족스럽게 숙제를 마치기는 하지만 제시간에 마치는데 문제가 있다면 숙제의 양을 조정해 주고 학생이 조절할 수 있는 수준까지 천천히 양을 증가시키는 것이 좋다. 상담자나 교사는 학생의 진도와 수행을 정기적으로 감독하고 조직화 기술을 점차 익힐 수 있도록 도와야 한다.

ADHD가 있는 아동을 양육하는데 필요한 10가지 원칙

1. 자녀에게 보다 즉각적인 피드백과 반응결과를 제시하라.
2. 자녀에게 자주 피드백을 보여라.
3. 더 포괄적이고 강력한 결과를 제시하라.
4. 처벌을 하기 전에 유인책을 사용하라.
5. 일관성을 지켜라.
6. 실없는 말만 하지 말고 행동하라.
7. 문제 상황에 대해 미리 계획을 세워라.
8. 무능력에 대한 통찰을 유지하라.
9. 문제나 장애를 성격으로 보지마라.
10. 용서하는 것을 연습하라.

다. 진로

ADHD 학생을 지도할 때 특히 중요한 것은 그들이 가장 잘 기능하는 환경과 과제의 유형을 고려하면서 자신의 ADHD 증상의 관여에 대해 스스로 인식하도록 돕는 것이다. ADHD가 있는 사람들에게 보다 적합한 직업환경 및 직장은 장시간 한 가지에 집중하지 않아도 되는 일, 일정이나 직업관련 요구가 예측가능하면서도 규칙적인 활동을 할 수 있는 일, 훨씬 집중을 잘하도록 개인적인 흥미를 이용하는 일 등이 있다.

난독증(難讀症) CEO들에게서 얻는 교훈/ 살아야 한다

다빈치, 아인슈타인, 에디슨, 우드로윌슨, 리처드 브랜슨, 조너선 아이브, 양현석의 공통점은 난독증환자라는 점이다. 매출 50조원의 인터넷 장비업체 시스코의 CEO를 19년째 맡고 있는 존 체임버스회장과 세계적인 외국어 교육업체 EF의 창업자이며 스웨덴에서 11번째로 부자인 버틸 헐트회장도 그렇다.

체임버스회장은 "지금도 난독증 이야기를 꺼내면 손바닥이 축축하게 젖을 만큼 긴장되고 부끄럽다"고 말했다. 그가 초등학생이었을 때 담임 선생님은 그가 대학에 가지 못할 것이라고 생각했다. 하지만 그는 대학은 물론이고 MBA과정까지 마쳤다.

헐트회장은 초등학교 1학년을 끝낸 뒤 학교에서 가망이 없다고 판단해 정신지체장애 학교로 보냈다. 사방이 높은 담으로 둘러싸인 그 곳에서 그는 '정말 재미없는' 4년을 보냈다. 그는 "항상 자신에게 실망했고, 학교를 중퇴한 것에 대해 악몽을 꾸곤했다"고 말했다. 그는 부모님의 노력으로 장애인 학교를 나왔고, 검정고시로 고교과정을 마친 뒤 대학에 진학했다.

두 사람은 지금도 보고서를 스스로 보지 못해 비서가 읽어 준다. 그런데 그 지독한 핸디캡이 오히려 성공의 발판이 됐다. 그들은 잘 읽을 수 없기에 잘 듣고 잘 기억해야 했다.

헐트화장은 "숙제를 늘 어머니가 읽어 줘 정말 집중해야 했다"고 말했다.

체임버스회장은 1년 전에 들은 통계수치를 1년 뒤에 기억할 정도다.

난독증이 자연스레 그들을 경청의 대가로 만든 셈이다. 그리고 이는 남다른 경쟁력의 원천이 됐다.

체임버스회장은 1주일에 30시간을 고객 응대에 투자한다. 그는 "고객과 끊임없이 이야기를 나누다 보면 어느 순간 고객이 원하는 것이 무엇인지 이야기한다"고 말했다. 그는 최장수 CEO가 된 비결의 하나로 '동병상련'을 꼽았다. 스스로 장애가 있었기에 다른 사람의 결핍과 아픔을 이해할 수 있었다는 것이다.

난독증은 그들에게 세상을 크게 보는 능력과 실패에 굴하지 않는 용기도 줬다.
어떤 목적까지 가는 길을 글로 설명해 주면 그들은 찾아가기 어렵다. 대신 지도에 점을 찍어 주면 누구보다 빨리 이해할 수 있다. '큰 그림을 보는게 더 익숙하기' 때문이다.
또 어머니가 읽어 준 것을 기억하고 나주에 제대로 재현하기 위해서는 당당해야 하고, 불안감과 굴욕감을 극복해야 한다.
헐트회장은 난독증에 맞서 싸운 노하우를 외국어 교육에 접목했다. 그는 외국어를 배우는 가장 좋은 방법은 모국어가 통하지 않는 환경에 몰아 넣는 것이라고 말한다.
위대해지기 위해선 난독증환자가 돼야 한다고 주장하는 것은 아니다.
약점이 얼마든 강점이 될 수 있고, 약점이 있다 해도 강점으로 키움으로써 훌륭해질 수 있다고 말하려는 것이다.
치임버스히장이 말한 대로 삶은 어떤 부분에서 제한이 주어지면 반대급부로 얻는 무언가가 있다.
내 인생과 일의 제한 요소는 무었인가?
그것이 저주가 아니라 축복이 되게 할 수는 없는가?

* 조선일보 2014.12.24 이지훈의 경제포커스

제 5 장

지적장애

1. 지적장애에 대한 이해
2. 지적장애 상담

1. 지적장애에 대한 이해

가. 지적장애 정의

지적장애(Intellectual disabilities)의 진단은 아동의 지적 기능과 적응 행동에 근거하여 내려진다. 지능검사 점수가 70 이하인 경우 지적장애를 가지고 있다고 여겨진다.

지적장애의 정의에 관한 문헌들은 많이 있으나 그 중에서 매우 유용하고 또 일반적으로 받아들여지고 있는 정의는 미국정신지체협회(American Association on Mental Deficiency ; AAMD)가 제시하고 있는 정의이다. 이 협회의 정의에 의하면 지적장애(intellectual disabilities)란 발달기에 야기되고, 적응 행동에 결함을 수반하는 동시에, 일반적 지적 기능이 상당히 낮다는 것이다. 여기서 상당히 낮다는 것은 주로 지능검사에서 표준편차 2 이하를 의미한다. 정신지체라는 개념 속에는 비록 지능의 발달이 늦다고는 하나 교육이 가능하며, 교육을 통해 개개 아동이 가지고 있는 소질을 개발할 수 있다는 가능성이 내포되어 있다. 일반적으로 평균 이하의 지적 기능, 적응행동의 결함, 18세 이전에 드러나야 하는 세 가지 조건으로 정의되어진다. 한편 2007년 10월 장애인복지법이 개정되면서 정신지체(MR)가 지적장애로 변경되었다.

나. 지적장애의 출현율

현재 일반적으로 인정되고 있는 지적장애의 출현율은 전체 인구의 약 3%이다. 이 숫자는 미국정신지체협회(AAMD), 전국정신지체아협회(NARC) 등의 공공기관에 의해서도 인정받고 있다. 우리나라의 경우에도 대개 앞의 숫자를 그

추정률로 하고 있다.

최근 들어 출생 전 태아의 염색체 이상이나 신진대사 이상에 대한 검사 방법의 발달로 인해 다운 증후군이나 fragile X 증후군 그리고 PKU와 관련된 정신지체의 출현은 점차 감소되고 있다. 그러나, 임신 중 산모의 알코올 중독이나 약물 복용으로 인한 정신지체의 출현은 상대적으로 증가하고 있는 추세이다(Louhiala, 1995). 특히, 알코올 중독으로 정신지체를 가지게 되는 아동의 비율이 급격하게 증가하는 추세이며, FAS(Fetal Alcohol Syndrome)라는 용어가 이들 아동들을 가리키기 위해 사용되고 있다. 일반적으로 FAS를 가지고 있는 아동들은 경도의 정신지체를 보이며, 주의력결핍 · 과잉행동장애를 같이 가지고 있는 경우가 많이 있다. 또한, 후천성면역결핍증(AIDS)으로 인한 정신지체아동의 출현도 최근 증가하고 있다.

출현율이 전체 학령인구 중 특정 장애를 가지고 있는 아동이 차지하는 비율을 나타내는 개념이라면, 재현율(recurrence)은 이미 장애아동을 가지고 있는 가정이 다시 같은 장애를 가지고 있는 아동을 가질 확률을 나타내 주는 개념이다. 연구결과에 의하면, 광범위한 도움을 계속 필요로 하는 중도(重度) 정신지체아동을 둔 가정에서 또 다시 정신지체아동을 가질 확률이 약 3~9% 정도인 것으로 나타나고 있다(Costeff & Weller, 1987; Louhiala, 1995; Mikkelsen, Poulsen, & Tommerup, 1989). 장애의 원인별로 나누어 살펴보면, 산모의 알코올 중독으로 인한 FAS는 산모가 계속 음주를 할 경우 재현율이 30~50%에 이른다. 다운 증후군의 원인 가운데 세 개의 21번 염색체로 인해 장애가 생긴 경우는 재현율이 1% 이하, 21번 염색체를 구성하는 일부분이 다른 염색체(14번, 22번)에 붙어서 장애가 발생하는 경우에는 재현율이 10%에 이르는 것으로 보고되고 있다. fragile X 증후군의 경우에도 발생 원인에 따라 재현율이 0~50%에 이른다.

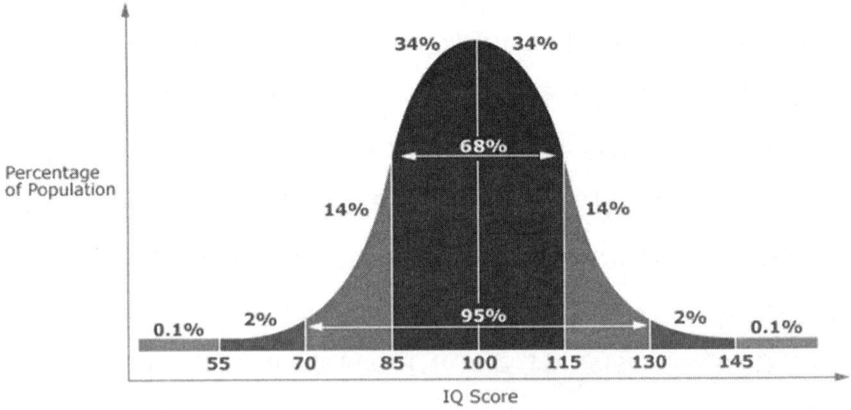

[그림 5-1] IQ 점수의 정상분포곡선

다. 지적장애의 원인

1) 유전적 원인

20세기 초까지만 해도 유전에 의한 정신지체의 발생이 대단히 높다고 생각했으나 근래에 와서는 생화학이나 유전학의 발달로 유전에 의한 정신지체의 발생률은 매우 낮아지고 있다. 생화학자들은 선천적으로 이상 조건이 생기게 되는 탄수화물, 지방, 아미노산 등의 화학 물질을 밝혀 내었다. 그 중 생화학적 이상과 염색체 이상에 대해서 살펴보고자 한다.

(1) 페닐케톤(phenylketon) 요증(尿症)

이것은 아미노산 대사의 이상으로 인해 정신지체를 일으키는 유전성 질환이다. 10만명 가운데에 4명이 출현되고, 정신지체 700명 중 1명이 이 병에 기인했음이 밝혀졌다.

PKU는 요(尿)분석으로 조기에 진단이 가능하며, 페닐알라닌(pheny-lalanine)

수산기(水酸基)에 결함이 있음이 밝혀졌다. 신진대사 이상은 열성 유전법칙에 따라 유전된다. 만약 부모가 모두 이 유전자를 가지고 있다면 자녀 4명 중 1명은 PKU가 될 수 있다. 만일 조기에 진단이 되어 페닐알라닌이 없는 음식을 먹이면 대뇌에 미치는 나쁜 영향이 줄어들어 정신지체를 예방할 수 있다. 따라서 이 병에 의해 정신지체가 되는 것은 음식물의 조정으로 충분히 예방이 가능하다.

(2) 갈락토스(galactose) 혈증(血症)

이것은 탄수화물 신진대사 이상이 정신지체의 원인이 되는 병으로서 열성 유전이 된다. 이 병이 있으면 출산 초기에 황달, 발달 지체 등의 문제가 나타나고 조기에 백내장이 보이기도 한다. 출산 초기에 요(尿) 검사를 통해서 조기 발견이 가능하며, 조기에 발견하여 갈락토스가 없는 음식을 먹이면 이 증상이 감소하거나 나타나지 않게 되어 정신지체를 예방할 수 있다.

(3) 염색체 이상

염색체 이상에 의해 정신지체를 유발하는 유전적 조건 중에 가장 두드러진 것이 다운증후군(Down's syndrome)으로서 약 100여 년 전 L. Down에 의해 처음 발견되었다. 이 증상은 출산시에 진단이 가능하다. 성숙 단계에 이르러서는 IQ가 20~60의 범위에 있으나 대부분은 IQ 30~50 사이에 있는 훈련 가능급 정신지체이다. 정상인에게는 23쌍의 염색체가 있는데, 다운 증후군에게는 23쌍 46개의 염색체보다 1개 더 많은 47개의 염색체를 지니고 있음이 발견되었다. 이들은 염색체 21번이 쌍으로 되어 있지 않고 삼엽, 즉 3중 염색체(trisomy)로 되어 있다.

다운 증후군은 인구 1,000명 중 1~2명이 출현되는데 그 대부분은 삼엽 염색체이다. 현재로서는 그 원인이 분명하지는 않지만 산모가 35세 이후에

아기를 초산할 때 출현율이 높은 것으로 보여진다.

2) 출산 전의 원인

생명체가 싹트기 시작할 때 환경의 영향을 가장 많이 받기 때문에 임신했을 때는 외부의 환경에 대해서 매우 민감하다. 출산 전의 원인은 다음과 같다.

(1) 풍진(風診)

이것은 1940년대 초에 발견되었는데 임신 초 3개월 내(태아기)에 임산부가 풍진에 감염되면 태아는 정신지체를 포함해서 여러 가지 선천적 결함을 가지게 된다.

오늘날에는 풍진 바이러스가 분리되어 예방약이 개발됨으로써 앞으로는 풍진에 의한 정신지체의 출현은 감소 내지는 배제될 것으로 예측된다.

(2) Rh인자

부모의 혈액형이 불일치함으로 정신지체가 출현되는 경우가 있다. 아버지가 Rh+이고 어머니가 Rh-인 경우에 태아가 Rh-이면 모체에 항체가 생겨 첫 번째 아기도 위험하지만, 특히 두 번째 임신부터는 아기에게 중증황달이 발생할 가능성이 높고 이러한 증상이 있는 아이는 저능아가 된다.

3) 출산시 원인

주로 출산시의 손상, 질식, 조산 등이 그 원인이 된다. 뇌 손상의 특수형은 가사(假死)로서 출산시 뇌의 산소 결핍으로 일어난다. 난산이나 기타 이유로 분만 시간이 길어지면 태아가 산도에 오래 머물게 되며, 이로 인해 산소 결핍증이 일어나게 된다. 산도의 압력으로 태아의 뇌에 혈액이 흘러 들어가지 못하게 되므로 자연히 산소 공급이 두절되고, 이러한 상황이 계속되면 뇌에 돌이킬 수 없는 장애가 발생하게 된다.

조산이 정신지체의 원인이 되는 경우도 있다. 조산의 경우 정상아에 비해 체중이 크게 떨어지는데, 이 경우 체중이 문제시되는 이유는 신생아의 뇌의 무게는 체중의 12% 정도가 되므로 9개월된 신생아의 체중을 2,200g 이라고 하면 뇌의 무게는 250g 정도로서 정상아의 뇌의 무게 350g 정도에 비하면 100g 가량이나 적다. 그런데 뇌의 무게가 적어지면 그만큼 대뇌 활동이 약화되기 때문에 정신지체가 될 가능성이 높아진다.

4) 출산 후의 원인

아동이 태어나면 뇌를 손상시키는 요인들에 영향을 받는다. 뇌염은 특수 바이러스에 의해 중추신경에 염증이 발생한 것인데 전염성 질환으로 치명적이라 할 수 있다. 또 뇌막염은 농 · 맹의 원인이 되기도 하지만 정신지체의 중요한 원인이 되기도 한다.

그 외에도 영아기에 영양 장애로 인한 정신지체의 발생이 가능하며 뇌 외상도 중요한 변인이 되고 있다.

라. 지적장애의 특성

지적장애 아동은 지적 기능과 적응행동 모두에서 결함이 발견되어야 하며 그 중 한 영역에서만 결함을 가진 아동은 지적장애의 범주에 들어갈 수 없다. 지적장애 아동의 일반적 특성은 다음과 같다.

- 또래에 비해 앉고 기고 걷는 것이 더 느리게 나타난다.
- 말이 늦거나 말하는 것에 어려움을 가진다.

- 사물을 기억하는 데 어려움을 가진다.
- 사회적 규범을 이해하기 어려워한다.
- 자신의 행동에 대한 결과를 이해하지 못한다.
- 문제를 해결하거나 논리적으로 사고하는데 어려움을 가진다.
- 단기기억력이 떨어져서 암기에 어려움을 겪는다.
- 주의집중에 어려움이 있다.
- 추상적 사고능력, 전이와 일반화가 어렵다.

1) 신체 운동적 특성

지적장애아동은 지적 능력의 장애가 특성이지만 신체적 발달에도 비장애아동에 비해 여러 가지 지체가 일어난다. 신체 성장의 특성은 비교적 비장애아동과 유사성을 보이나 신장, 체중, 흉위, 앉은키, 폐활량 등이 다소 뒤지고 있다. 그래도 신체 성장은 지적 능력이나 사회 생활 능력 등에 비하면 나은 편이다. 또한 이들의 신체 발달 지체는 신장, 흉위, 체중 등과 같은 형태적인 것보다 신체 기능이나 운동 기능의 열등이 현저하다. 중증(severe) 정신지체아동과는 달리 경도(mild) 정신지체아동에게는 신체 운동적 발달상의 특성이 정상아와 비교할 때 현저한 차이가 없다.

2) 지적 특성

정신지체아동은 표준화 지능 검사에 의한 지적 능력의 측정 결과에서 IQ 70 이하를 나타내고 있으며 신체 동작적인 능력이 언어적인 능력보다 더 높다. 이들은 여러 질문에 똑같은 대답을 반복하기도 하고 또 자기 비판력이 결여되어 있다. 또 단기 기억력이 정상아에 비해 크게 떨어지기 때문에 암기가 어려우며, 평범한 이야기 속에서도 불합리성을 인지하지 못한다. 인식작용에 있어서도 이들의 특성은 분화도가 낮고, 추상 능력이나 개념화가 곤란하며, 사물의 연관 관계를 생각하지 못할 뿐 아니라 주의의 범위가 매우 좁고 산만하다.

한편 지적 능력의 질적인 결함으로는, 장(field)의 구성이 어렵고 학습의 진전이 늦거나 거의 진전이 없다. 그리고 개개 요소를 모아 전체적으로 파악하는 능력이 결여되어 있고, 간단한 수업은 정신 연령의 정도에 따라 학습할 수 있으나 지적 발달에 한계가 있기 때문에 일정한 제한이 따른다.

발달 특징은 분화와 종합의 과정인데 정신지체아동은 미분화의 특성을 가지고 있는 동시에 지적 영역간의 협응이 잘 이루어지지 않으므로 고집성이 높고 미분화의 협응의 곤란은 추상성을 약하게 만들고, 한 과제에서 다음 과제로의 전이를 어렵게 한다.

3) 학습 특성

일반적으로 지적장애아동은 학습 능력이 대체로 열악하여 초등학교 6학년까지는 유치원 정도이고 학령기를 마칠 때까지는 3학년 정도의 능력을 갖는다. 또한 훈련 가능급 지적장애아동은 의사소통 능력은 기를 수 있으나 일반적 문자학습과 기술기능은 거의 배울 수 없다.

경도 지적장애아동들에게 적용되는 몇 가지 주요 발견 사항과 특징들은 다음과 같다(구본권 외, 2001).

(1) 주의집중 변인

지적장애아동들은 주의집중의 3가지 주요 구성 요소에서 심한 어려움을 가진 것 같다(Alabiso, 1977). 여기에는 주의집중 지속 시간(일에 대한 시간의 길이), 주의집중의 범위와 초점(산만하게 하는 자극의 억제), 그리고 선택적 주의(중요한 자극 특성의 변별)가 포함된다.

(2) 중재전략

지적장애 아동들은 학습 후 그 내용을 재생하기 위해 정보를 조직, 구성하는데 필요한 효과적인 기술이 없는 것 같다. 성숙한 학습자의 전형적인 기술에는 언어 시연과 반복, 명칭 붙이기, 분류, 연합, 그리고 표상이 포함된다. 연구조사에 의하면 정신지체아동들은 아마도 소극적 학습자(inactive learners)가 되려는 경향 때문에 이 같은 전략을 만들어 내는데 어려움이 있는 것으로 나타난다.

(3) 기억

일반적으로 지적장애아동들은 장기적으로 정보를 보유하지만 단기기억 분야에 어려움이 있다. 실로 그들의 장기기억은 비장애아동에 비교할 만하다. 비연속적인 과제를 포함한(단기기억) 문제는 중재 전략의 자발적인 사용의 결함에 관련되어 왔다.

(4) 전이와 일반화

새로운 일이나 문제, 자극 상황에 지식이나 기술을 적용하는 능력에 결함을 보인다. 그들은 선행 경험을 미래에 비슷한 상황이나 문제해결에 도움이 될만한 규칙을 공식화하는데 사용하지 못한다.

(5) 추상화

추상적으로 사고하는 능력이나 추상적 자료를 가지고 일하는 능력이 제한되어 있다. 예증하는 것 같은 상징적 사고는 제한되어 있다.

(6) 우발 학습

이들은 상당히 비능률적인 학습자라는 지적이 있는데 그것은 우발 정보에 더 주의를 기울이는 경향 때문이다. 정상아들은 나이가 들어감에 따라 관계없는 정보나 무관자극을 무시하고 일의 본질적인 면에 선택하여 참여할 수 있게 된다. 그러나 지적장애아동의 경우엔 그렇지 못하다.

지적장애아동의 특성을 표로 나타내면 다음의 〈표 5-1〉과 같다.

표 5-1 지적장애아동의 특성

CA	MA	특성	발달 과업
3.5~5	2~3	인지적	형태인지, 수 개념 갖기 시작(하나와 많은 것들 식별), 여러 개의 낱말을 사용, 대명사는 부정확, 의사전달 수단으로 몸짓사용, 책상을 넘길 수 있고, 뚜껑을 돌려서 열 수 있으며, 수직선과 수평선을 묘사할 수 있다.
		사회 · 정의적	따로 놀기는 하지만 나이가 비슷한 다른 아이들과 짧은 시간 놀 수 있고 다른 사람을 인지하고 좋아함을 나타낸다. 흘리기는 하지만 손가락으로 음식을 먹을 수 있고, 그릇을 들고 물을 마실 수 있으며, 도움을 받으며 옷을 입고 벗을 수 있다. 변소를 이용하고 팬츠가 적으면 이를 가리킬 수 있다.
		신체 · 운동적	혼자서 걷기, 달리기, 뛰기 등을 할 수 있고 도와 주기만 하면 층계를 오를 수 있다.
5~7	3~4	인지적	자신의 성을 식별할 수 있고 기본색깔을 인지하며 오늘, 내일, 어제 등과 같은 시간개념 및 위, 아래, 내부 등과 같은 위치개념을 갖기 시작. 몇 가지의 수 개념과 간단한 크기 개념을 가짐. 그리고 2~3개의 문자를 쓸 수 있다. 2~3개의 단어로 된 구절사용, 대명사 정확하게 사용, 첫 자음과 끝자음 정확히 발음, 자기 자신을 대명사로 가리킬 수 있다.
		사회 · 정의적	1~2명의 다른 아동과 자발적으로 어울려 놀 수 있다. 큰 집단놀이에 가담할 수 있고 아동 중에서 누구를 좋아하는 것을 나타낸다. 숟가락으로 음식을 흘리지 않고 먹을 수 있으며, 간단한 옷을 벗을 수 있고, 단추는 못 끼워도 간단한 옷입음. 도움을 받아 손을 씻거나 세수할 수 있고 대 · 소변을 보려는 의사표시와 배변의 실수를 알릴 수 있다.
		신체 · 운동적	층계를 오르내릴 수 있으며, 달리기, 뛰기, 한 발로 서기, 공받기, 물건 옮기기 등을 할 수 있다. 정교한 운동은 잘하지 못한다.

마. 지적장애의 진단과 평가

1) 지적장애 분류

(1) 손상 정도 : 지능에 따른 분류(AAMD)

① 가벼운(mild: 경증) – IQ [50–55]~70

지적장애의 85%로 추정되며 약간의 지체가 저학년 이후에 출현한다. 언어상에 약간의 지연이 있다. 10대 후반에 6학년 수준의 학업기술을 습득할 수 있다. 또한 이들은 성인기 동안 최소한의 자기지지와 적절한 사회적, 직업적 기술을 성취할 수 있다.

② 중간 정도의(moderate: 경한 중도) – IQ [35–40]~[50–55]

지적장애의 10%로 추정되며 취학 전에 지체가 확인가능하다. 입학 전 3~4세 아동과 비슷하며 다운증후군이 이에 속한다. 그러나 12세 이후 실용적인 의사소통이 가능하며 청소년기에 유머나 의상과 같은 적절한 사회적 관습을 인식할 수 있다. 성인기가 되면 감독하에 비숙련 또는 약간의 기술이 필요한 일을 수행할 수 있다.

③ 심한(servere: 중도) –IQ [20–26]~[35–40]

지적장애의 3~5%로 추정되며 대부분 하나 이상의 유기체적 지체 원인이 보인다. 발달상의 실질적 지체와 신체적 특징, 기형 등이 유아기에 확인 가능하다. 이들은 기본 발달 이정표에서 확연한 지체를 보이며 기본적인 자기돌봄 기술이 9세에 획득 가능하다. 13~15세에 4~5세 아동과 비슷한 수준이 된다. 가까이 감독하는 경우 단순과제의 수행이 가능하다.

④ 아주 심한 (profound: 최중도) – IQ 20 또는 25 이하

지적장애의 1~2%로 추정되며 발달이 지연되고 비대칭적 안면 특징으로 유아기 확인이 가능하다. 4세 무렵에 1세의 유아와 비슷하다. 기본적인 먹기와 몸가짐, 배변훈련 등이 필요하다. 이들은 대부분 선천적 결함 또는 간질문제로 야기되며 아동기나 초기 성인기에 사망할 가능성이 있다.

(2) 법적 장애등급 분류

- 지적장애 1급 : 34 이하(8%)
- 지적장애 2급 : 35 이상 49 이하(12%)
- 지적장애 3급 : 50 이상 70 이하(80%)

(3) 지원수준에 따른 분류

① 간헐적인

필요할 때마다 도움을 받을 수 있으며 도움을 항상 필요로 하지 않은 사람들이 주요대상이다.

② 한정적인

필요할 때마다 도움받는 것이 아니며 시간 제한적이다. 따라서 정해진 시간 동안에는 일관성 있게 도움을 준다. 집중적인 도움수준보다 적은 수의 직원과 비용이 필요하다.

③ 포괄적인

적어도 작업장이나 가정과 같은 몇몇 환경에서의 도움이 필요하다. 이들은 시간이 제한적이 아닌 규칙관여의 도움이 제공된다.

④ 전반적인

계속적이고 높은 강도의 도움이 필요하며 여러 환경들에서의 지원, 삶을 유지하기 위한 도움이 요구된다.

2) 특수교육

교육적인 목적에 의해 일반적으로 지능지수가 75 이하이면 정신지체로 인정하며 지능지수가 75 이하인 경우도 그 능력의 차이가 너무 크기 때문에 세 가지의 군으로 나눈다.

즉, 교육 가능급 정신지체(IQ 50, 55~75, 79 : AAMD 분류에서 경도 정신지체에 해당), 훈련 가능급 정신지체(IQ 30, 35~50, 55 : AAMD 분류에서 중도(中度) 정신지체에 해당), 완전 의존/보호급 정신지체(IQ 25, 30 이하 : AAMD 분류에서 중도(重度) 정신지체에 해당)로 분류된다.

이러한 분류에 따라 Kirk와 Gallagher는 각각의 특성을 다음과 같이 제시하고 있다.

(1) 교육 가능급 정신지체

교육 가능급 정신지체 아동은 일반학교 교육만으로는 충분한 성장 · 발달의 가능성을 예견할 수 없지만 다음과 같은 3가지 영역에서 발달 가능성을 가지고 있다.

① 최소 수준에서 이론 교과를 배울 수 있다.

② 지역사회에서 독립해서 살아갈 수 있는 사회적 적응을 배울 수 있다.

③ 성인으로서 부분적 또는 전체적으로 자활할 수 있을 정도의 직업적 능력을 배울 수 있다.

대부분의 유아기나 아동 초기에는 지체된 것이 거의 인식되지 않는다. 일반적으로 취학 전 연령에서는 아이에 대한 기대를 지적인 내용에다 크게 두지 않기 때문에 성숙이나 정신적 성장 등을 주의 깊게 살펴보아야만 지체된 것을 알 수 있다. 대체로 이들은 학습 능력이 사회적 기대의 중요한 부분이 될 때 학교에서 처음으로 판별될 수 있다. 대부분의 경우 지체의 원인을 설명할 수 있는 명백한 병리학적 상태는 없다.

(2) 훈련 가능급 정신지체

훈련 가능급 정신지체 아동은 교과의 학습이 곤란하고 성인이 되었을 때 사회에서의 독립이 어려우며 감독이나 도움없이 완전한 자활의 기초가 되는 충분한 직업적 능력을 획득할 수 없다. 그러나 다음과 같은 4가지 영역에서 학습할 수 있는 능력을 가지고 있다.

① 자립(self-helf skill : 옷 입고 벗기, 화장실 이용하기, 음식 먹기 등)

② 가정, 학교, 이웃에서 겪는 일반적인 위험으로부터 자신을 보호하는 능력

③ 가정이나 이웃에서 요구되어지는 사회적 적응(역할 분담, 소유권 존중, 가족과 이웃에 협동하기 등)

④ 가정이나 보호된 환경에서 일을 도움으로써 얻게 되는 경제적 유용성에 관한 지식

대부분의 경우들은 말하기, 걷기 등에서 현저하게 뒤지기 때문에 유아기나 아동 초기에 지체된 것을 발견할 수 있다.

(3) 완전 의존/보호급 정신지체

완전 의존/보호급 정신지체아동은 정규의 교수 방법으로는 지도가 곤란한 중도(重度) 장애 아동이다. 그들 중에는 정신지체 외에 뇌성마비와 청력 손실 등 중복장애를 수반하고 있는 경우가 많다. 이들은 중도의 정신지체 때문에 자기 보호, 사회화, 경제적 유용성 등의 능력을 배울 수 없으며 자신의 욕구를

충족시키기 위해서 계속적인 도움을 필요로 한다. 또한 다른 사람의 도움 없이는 살아갈 수 없기 때문에 일평생 완전한 보호와 관리를 필요로 한다.

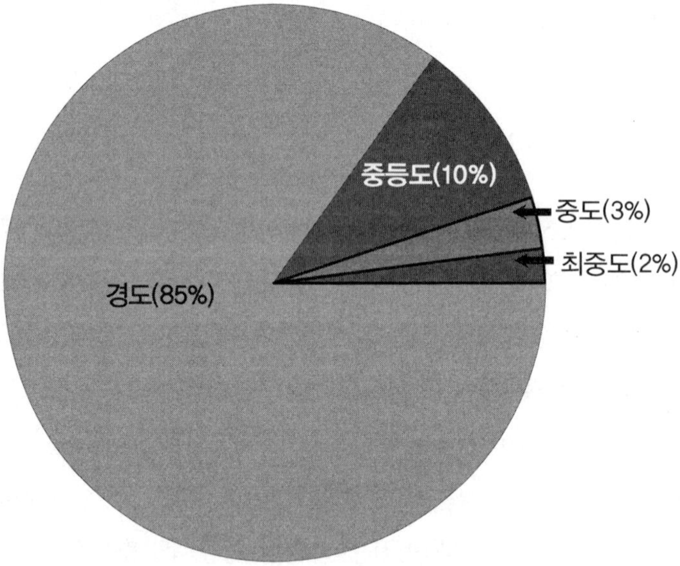

[그림 5-2] 지적장애 집단의 구성비율

2. 지적장애 상담

가. 학생과 부모의 바람

“내 아이를 안아 주거나 특별한 애정을 보여주지 마세요. 딸아이가 만나는 모든 성인이 안전하거나 친절하지 않을 거고 그 아이도 사람 간의 경계와 적절히 상호작용하는 법에 대해 배울 필요가 있으니까요."

"내 아이가 무엇을 할 수 없다고 가정하지 마세요. 그 애에게 의미있는 방법으로 해야 할 일을 천천히 보여 주세요."

나. 지원과 중재

1) 개인영역

지적장애 학생은 사회적 고립, 우울, 놀림, 괴롭힘의 위험이 있다. 학교상담자는 사회적 상호작용, 자존감 발달, 학교 차원의 학교폭력 방지 지원을 촉진하기 위하여 보다 효과적인 중재를 제공할 수 있다. 또한 아동학대와 성적학대의 위험이 크므로 학교에서는 이들을 보호하기 위한 조치를 취해야 한다.

2) 사회영역

지적장애 학생은 감정에 대한 인지와 표현, 감정이입, 사회적 경계에 대한 존종, 의사소통 기술, 순서지키기, 자기관리 기술 등에 대한 지원과 같은 지속적인 사회성 발달 중재를 필요로 한다.

3) 학업영역

지적 기능이 떨어지는 학생은 교육과정에 접근하기 위하여 서비스와 교실 조정을 필요로 한다. 이들의 이해를 돕기 위해 교수법과 교수적 수정이 필요하다. 정보를 단순히 구두로만 전달하는 것에 의존하기보다는 시각적 단서를 함께 제공하는 것과 같은 구체적인 설명이 중요하다. 또한 복잡한 절차를 작은 과제나 단계로 나누는 것도 도움이 된다.

거리표지판 읽기, 메뉴 읽기, 용돈 관리하기, 일정을 세우고 지키기 등과 같은 생활 경험 등을 다양하게 경험하도록 해야 한다.

지적장애 학생에게는 개인상담기법보다 집단상담이 더 효과적이다. 적응행동의 문제는 일차적인 어려움이기 때문에 집단상황에서 사회적 행동을 연습할 수 있는 환경을 제공하여야 한다. 집단 장면의 다른 장점은 또래와 상호작용할 수 있는 기회와 또래에게 수용을 얻을 수 있다는 것이다. 또래 상호작용을 통해서 이들은 정서적 지원을 주고받는 방법을 학습할 뿐만 아니라 문제에 대처하는 대안적인 방법도 개발할 수 있다. 또한, 상담자가 집단 속에서 아동을 관찰하는 것이 교사에게 권고를 하기 위한 진단적 도구가 되며, 보다 개별화된 상담방법이 필요한지의 여부도 결정할 수 있다.

지적장애 학생의 집단상담에 대한 많은 연구들이 비지시적 방법보다는 지시적 방법이 더 효과적임을 보여주고 있다(Humes & Suggs, 1988). 상담자의 역할은 주제를 투입하고, 과제에서 집단이 이탈하지 못하게 하고, 참여를 촉구하고, 행동적 한계를 노출하는 것이다. 많은 경우에 상담자는 자신의 문제에 대처하려는 아동의 시도에 대해 지원과 격려를 제공하는 것과 동시에, 특정 기능의 지도도 적극적으로 할 필요가 있다. 정신지체아동이 사회적 상황에서 적절하게 행동하는 방법을 학습하는 데 도움이 되는 효과적인 도구가 역할놀이이다. 언어적 기능에 크게 의존하지 않는 다른 기법으로는 가상게임, 미술교육 또는 미술치료가 있다.

다. 진로

지적 기능이 부족한 학생은 연령이 올라갈수록 복잡해지는 일상생활 과제, 생활기술 등을 지속적으로 지원해야 하며 그룹 활동에 참여하는 것도 도움이 된다.

이들은 취업을 위해 지원을 하고 인터뷰를 하는데 있어서 높은 수준의 지원을 필요로 한다. 직무코치와 실제 직업환경에서 이루어지는 직업훈련 등의 기회가 필요하다.

나는 왜 남자친구가 없나요?

M양은 1남 2녀를 둔 30대 후반의 부모에게서 태어난 막내 아이였다. 부모는 M양이 잘 웃고, 눈맞춤을 하고, 식구들과 정상적으로 상호작용을 하는 사랑스러운 아이였음을 보고하였다. 어머니는 M양이 앉고, 서고, 말하는 것이 언니보다 늦고 있음을 관찰하고 있었다. M양은 제 나이에 학교에 입학했지만 초등학교에 잘 적응하지 못했고, 학교과제를 이해하고 읽기를 학습하는 데 어려움을 보였다. M양은 교실에서 무의미한 말을 불쑥 꺼내 바보 같은 표정을 지었고 수업을 방해하곤 하였다. 선생님 말도 잘 듣지 않아 부모는 M양의 행동과 과제수행을 의논하기 위해 여러 차례 학교에 불려 간 적도 있었다. 다른 아이들이 M양을 놀리기 시작했고, M양 보고 "너 바보지"라고 불러대기도 하였다. 그래서 M양은 학급 친구들보다 자기에게 보다 잘 참아주는 나이 어린 아이들과 학교 밖에서 노는 데 더욱 많은 시간을 보내게 되었다.

M양은 10세까지 학교공부에서 친구들보다 많이 뒤쳐졌었다. 학교교사는 부모에게 M양이 4학년으로 진급할 수 없다고 말했다. 그리고 M양에게 지능검사를 실시하였는데, 지능지수(intelligence quotient ; IQ)는 65로 추정되었다. 학교교사는 발달장애를 지닌 학생들을 위한 학교로 전학시키는 것이 좋겠다고 M양 부모에게 권고하였다. 처음에 부모는 이를 거절하였고, M양의 문제는 정서적인 것으로 치료를 받으면 나을 것이라고 하면서 M양을 정신과의사에게 데려갔다. 그러나 정신과의사도 학교의 평가에 동의하였고, M양을 특수교육학교에 두는 것이 더 좋겠다고 권고하였다. 다음 학년 초에 M양은 특수학교로 전학을 가게 되었다.

5년 후 M양의 읽기, 쓰기, 그리고 산술적인 기술은 6학년 수준으로 발전하게 되었다. M양은 자신이 언니와 다르다는 것을 항상 인식하였다. 16세에 M양은 언니가 데이트하는 것을 보고 언니는 데이트할 남자친구가 있는데 왜 자기는 없냐고 하면서 부모에게 기분 나쁘다고 말한 적이 있었다. M양은 위축되었고, 체중이 줄었으며, 그리고 수면장애를 호소하였다. 부모는 M양을 정신과의사에게 데려갔고 주요 우울장애, 단순 삽화로 진단받아 치료가 시작되었다.

＊ 자료 : 김청송(2003)

제 6 장

전반적 발달장애

1. 전반적 발달장애에 대한 이해
2. 전반적 발달장애 상담

1. 전반적 발달장애에 대한 이해

가. 전반적 발달장애의 정의

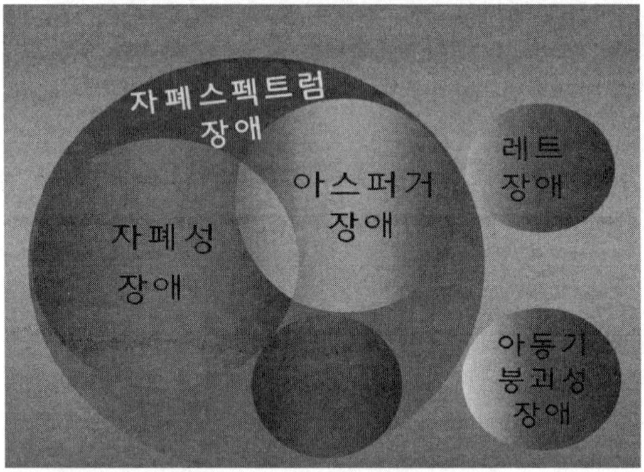

[그림 6-1] 전반적 발달장애(PDD)

전반적 발달장애(pervasive development disability: PDD)는 사회적 의사소통 능력과 사회적 상호작용 능력의 현저한 결함과 함께 틀에 박힌 정형화된 행동이나 지나친 집착 행동을 수반하는 언어, 정서, 행동 전반에 걸친 장애를 말한다(Volkmar & Rutter, 1995).

따라서, 아동의 사회적 발달과 정서발달, 언어발달과 인지발달에 영향을 미치는 여러 결함이 복합되어 3세 이전에 나타나는 발달상의 장애이다.

PDD에는 자폐증(autism), 아스퍼거증후군(Asperger syndrome). 레트증후군(Rett syndrome), 헬러증후군(Heller syndrome)이 포함된다. PDD는 뇌와 관련된 신경학적 장애이며, 성인기까지 계속되는 평생장애라고 할 수 있다.

PDD를 가지고 있는 아동은 사회적 관계의 형성이나 유지, 의사소통 기술에 있어서 심각한 문제를 가지고 있으며, 자신만의 의식(rituals)적 행동이나 반복적인 정형화된 행동(stereotypies)을 나타낸다.

나. 전반적 발달장애의 출현율

전반적 발달장애는 인종과 사회 경제적 집단에 관계없이 나타나지만 남아가 여아보다 네 배 정도 더 많다. 3세 이전에 나타나며 미국에서는 대략 150명당 한 명의 아이에게 나타나는 것으로 추정되고 있다. 이들의 학업능력은 영재성이 있는 아동부터 심한 지적장애가 있는 아동까지 매우 다양하다.

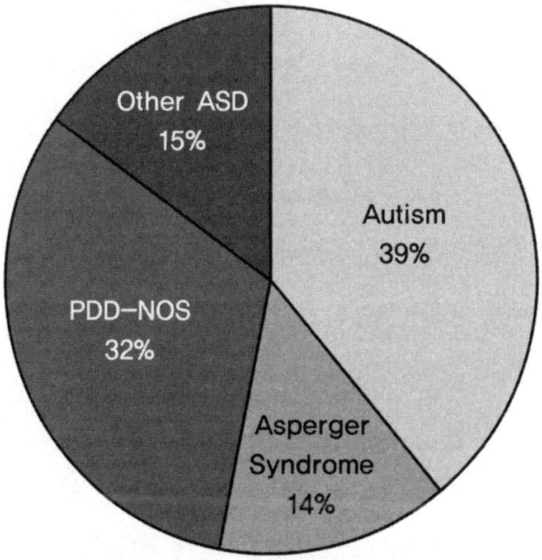

[그림 6-2] 전반적 발달장애의 유형

전반적 발달장애아동의 출현율은 10,000명당 약 22명꼴인 것으로 나타나고 있다. 이를 영역별로 세분화해서 보면 자폐증이 10,000명당 10명꼴로 레트 증후군과 헬러 증후군은 1명꼴로 나타나는 것으로 보고되고 있다. 최근에는 1,000명 중 3~4명, 2014년 미국의 경우 68명 중 1명으로 보고되었으며 우리나라의 경우는 36명 중 1명(2.64%)으로 나타났다.

레트증후군을 제외한 나머지 장애에서 남녀의 출현율 비율은 약 3~4 : 1 정도로 남자가 많은 편이다. 가계를 중심으로 한 연구들은 자폐아동을 둔 가정에서 또다른 자폐아동을 가질 재현율이 약 2~9%에 이르는 것으로 보고하고 있다. 일란성 쌍생아와 이란성 쌍생아가 각각 모두가 발달장애를 가질 확률은 일란성 쌍생아가 95%, 이란성 쌍생아가 24%로 나타나고 있는데, 이는 발달장애가 유전적 요인과 밀접한 관련이 있음을 보여 준다(Mauk, Reber, & Batshaw, 1997; 김동일 외 2003. 재인용).

다. 전반적 발달장애의 원인

PDD의 대표적 유형인 자폐증(自閉症)은 1943년 아동정신과 의사인 Leo Kanner가 쓴 "정서적 접촉에 대한 자폐적 혼돈"(Autistic Disturbance of Affective Contact)이라는 논문을 통해 처음으로 소개되었다. Kanner 박사의 기술 중 근거가 없는 것으로 밝혀진 것은 자폐증 아동을 둔 부모의 특성에 대한 기술 부분이다. 그는 자폐증이 선천적인 장애이지만 자폐증 아동을 둔 부모의 경우 대인관계가 차갑거나 형식적인 특성을 가지고 있다고 생각하였다. 하지만 1990년대에 들어 이러한 부모의 특성이 자폐를 유발하는 원인이라는 주장은 근거가 없는 것으로 밝혀졌으며, 자폐증은 아동의 기질적 요인에 의한 선천적인 생물학적 장애라는 사실이 전문가들 사이에 지지를 얻게 되었다(Mauk, Reber, & Batshaw, 1997).

라. 전반적 발달장애의 특성

자폐아동의 특성으로는 대인관계의 장애, 언어의 장애, 변화에 대한 저항 등으로 크게 나누어 살펴볼 수가 있다(Ritvo, E. R. and Freeman, B. J., 1984).

1) 대인관계의 장애

- 부모와 애착 형성이 되지 않는다. 자폐증 아동은 부모와의 눈과 눈의 접촉까지도 피하며 부모를 좋아하지 않는다.
- 타인과의 신체적인 접촉을 싫어하고 피한다.
- 타인과의 감정적 관계가 형성되지 않을 뿐더러 또래와의 놀이에도 무관심하다.
- 타인의 감정을 이해할 줄 모르고 공감을 하지 않으며, 다른 아동의 권리나 입장을 전혀 고려하지 않는다.

2) 언어의 장애

- 전반적으로 언어발달이 늦는데 특히 언어 이전 기술이 결여되어 있다. 즉, 옹알이나 모방이나 흉내내는 행위가 잘 나타나지 않는다.
- 언어의 이해력이 부족하며 자기의 의사를 표시할 때는 말보다도 상대방의 손목을 끌어서 자기가 원하는 바를 요구하는 경우가 많다.
- 언어가 시작되더라도 남이 이야기한 것을 그대로 되풀이하며 대명사의 혼동이 심해 너와 나, 그리고 우리 등의 구별이 되지 않는다.
- 말을 하더라도 문장으로 구성되기가 어려우며 억양, 발음 등이 비교적 고음으로써 괴상한 형태로 나타나는 경우가 많다.

3) 변화에 대한 저항

- 일정하고 한정된 놀이 활동만을 하려고 하며, 특정한 물건에 강렬한 애착을 느껴서 그것이 없으면 울고불고 야단을 한다.
- 자기 주위의 환경에 어떤 조그마한 변화라도 생기면 이를 참지 못하고

적응을 하려고 하지 않는다.

- 이들은 대개 심한 편식증을 가지고 있으며, 심한 고집이 있어서 이를 굽히거나 다루기가 힘이 든다.

4) 기타 특성(Erickson, M. T., 1978).

- 집중력이 부족하며 과잉 운동을 보이는 때가 많다.
- 자신의 신체 일부를 물어뜯거나 벽이나 바닥에 부딪치는 등의 자해 행위가 나타나기도 한다. 그러나 타인에 대한 공격성은 현저하게 부족하며 자기 방어조차도 못하는 경우가 많다
- 대 · 소변 가리기가 지연되며, 어떤 감각에 있어서 과잉 또는 과소 반응을 보이는 수가 많다.
- 자폐증 아동들은 대개 발달이 불규칙적이며, 반복적인 운동을 되풀이하는 경우가 많다.
- 자폐증 아동들은 주위로부터 여러 자극 중 한두 가지 자극에만 협소하게 반응을 보이는 경향(over selectivity)이 있다.

이상에서 본 바와 같이 발달장애와 관련된 증상들은 행동의 스펙트럼이나 연속성으로 볼 수 있다. 예를 들어 어휘는 많이 알고 있으나 그것을 대화에 사용하는데 어려움이 있는 아동에서부터 간단한 수화를 대안으로 사용해야 하는 경우에 이르기까지 다양하다.

5) 다른 전반적 발달장애아동의 특징 : 아스퍼거, 레트, 헬러 증후군

자폐증 외에 전반적 발달장애에 포함될 수 있는 것으로는 아스퍼거(Asperger), 레트(Rett), 헬러(Heller)증후군을 들 수 있다. 먼저, 아스퍼거증후군은 사회적 행동이나 다른 사람과의 관계 면에서 자폐아동과 같은 특성을 보이지만, 언어

발달이나 인지발달에 있어서는 문제가 없는 아동을 가리킨다(Szatmari, 1990). 자폐아동과 마찬가지로 타인과의 사회적 상호관계 형성에 심각한 문제를 가지고 있으며, 이로 인해 또래들과 정상적인 친구관계를 맺지 못한다. 제한적인 정형화된 행동 양식을 보이며, 지도, 운동선수와 관련된 통계적 사실, 열차시간표와 같은 구체적 사실의 암기에 지나친 집착을 갖는다. 구어 사용은 일반적으로 정해진 언어 틀에 의존해 이루어지며, 비언어적 의사소통에 있어서도 문제를 나타낸다. 아스퍼거 증후군을 가지고 있는 아동들은 언어와 인지기능의 문제가 심각하지 않으므로 장애에 대한 발견이 아동기가 되어서야 이루어지는 경향이 있다.

레트증후군은 진행성인 신경학적 장애로서 여자에게만 나타나는 발달장애이다(Mauk, Reber, & Batshaw, 1997). 성염색체 X와 관련된 장애로 그 원인이 구체적으로 밝혀지지 않았으며, 남성의 경우 치명적인 장애이기 때문에 여아에게만 나타나는 것으로 추정되고 있다. 생후 1년 동안은 정상적인 발달을 나타내 보이며, 그 이후 행동, 언어, 정신기능의 격한 악화를 나타내 보인다. 일시적인 자폐적 행동특성을 나타내 보이며, 다리 부분의 진행성 경련, 발작, 후천성 소두증으로 인한 정신지체, 치매 등을 수반하기도 한다. 이 증후군은 유치원 시기가 되면 분명하게 나타나기 시작하며, 증후군을 가지고 있는 여아의 경우 계속적인 도움을 필요로 하는 중도(重度)에서 최중도(最重度)의 정신지체를 나타내게 된다.

헬러증후군의 경우에도 2세까지는 모든 영역이 정상적인 발달을 나타내 보이다가, 2세 이후 언어, 사회적 기술, 동작기능 등이 퇴행하기 시작한다. 이들은 일반적으로 자폐아동이 보이는 행동과 유사한 행동특성을 나타내 보이며, 보통 정신지체를 함께 수반한다. 장애의 원인은 신진대사나 신경학적 퇴행과 관련이 있을 것으로 추정되며, 지금까지 그 원인이 알려진 신진대사나 신경학적 퇴행과 관련된 장애 이외의 모든 것을 총칭하여 가리키는 장애라고 할 수 있다(Mauk, Reber, & Batshaw, 1997; 김동일 외 2003, 재인용).

마. 전반적 발달장애의 진단과 평가

PDD의 대표적인 장애인 자폐성 장애에 대한 평가는 부모면담, 구조화된 지능검사를 통한 인지기능 평가, Bayley검사, 덴버 발달검사와 같은 자폐측정 도구를 사용하여 이루어진다. 다음은 자폐증에 대한 DSM-Ⅳ 진단기준이다.

A. (1), (2), (3)에서 총 6개(또는 그 이상) 항목, 적어도 (1)에서 2개 항목, (2)와 (3)에서 각각 1개 항목이 충족되어야 한다.

(1) 사회적 상호작용에서의 질적인 장해가 다음 항목들 가운데 적어도 2개 항목으로 표현된다.

- 사회적 상호작용을 조절하기 위한 눈맞춤, 얼굴표정, 몸자세, 몸짓과 같은 다양한 비언어적 행동을 사용함에서 현저한 장애
- 발달수준에 적합한 친구관계 발달의 실패
- 자발적으로 다른 사람들과 기쁨, 관심, 성공을 나누지 못한다(예 : 관심의 대상을 보여주거나, 가져오거나, 지적하지 못함).
- 사회적으로나 감정적으로 서로 반응을 주고받는 상호교류의 결여

(2) 질적인 의사소통장애는 다음 항목들 가운데 적어도 1개 항목으로 표현된다.

- 구두 언어발달의 지연 또는 완전한 발달결여(몸짓이나 흉내내기와 같은 의사소통의 다른 방법에 의한 보상시도가 없다)
- 적절하게 말을 하는 경우, 다른 사람과 대화를 시작하거나 지속하는 능력의 현저한 장애
- 상동증적이고 반복적인 언어나 괴상한 언어의 사용
- 발달수준에 적합한, 자발적이고 다양한 가상적 놀이나 사회적 모방놀이의 결여

(3) 제한적이고 반복적이며 상동증적인 행동이나 관심, 활동이 다음 항목들 가운데 적어도 1개 항목으로 표현된다.

- 강도나 초점에서 비정상적인, 한 가지 이상의 상동증적이고 제한적인 관심에 집착
- 특이하고 비효율적인, 틀에 박힌 일이나 의식에 고집스럽게 매달림
- 상동적 · 반복적인 동작성 매너리즘
- 대상/물체의 어떤 부분에 지속적으로 집착함

B. 다음 영역 가운데 적어도 한 가지 영역에서 기능이 지연되거나 비정상적이며, 3세 이전에 시작된다.

(1) 사회적 상호작용

(2) 사회적인 의사소통에서 사용되는 언어

(3) 상징적 또는 상상적 놀이

2. 전반적 발달장애 상담

가. 학생과 부모의 바람

"저도 관심이 있다고요. 하지만 내가 내 주변에서 일어나고 있는 일들을 이해하고 있다는 것을 일방적인 방식으로 상대방에게 알려 줄 수가 없어요."

"상대방이 어떤 일을 너무 쉽게 하거나 너무 어렵게 만들면 좌절하기도 해요. 저의 좌절감을 어떻게 보여줘야 할지 모르겠고, 그것이 사람들을 두렵게 하거나 혼란스럽게 할 수도 있어요."

"제 아들이 학교에서 어떻게 할지 걱정이에요. 일반적인 학교 경험이 우리아이에게는 고통이에요. 수업종이 울린다거나 급식실 또는 운동장에서의 소음도 극심한 짜증을 일으킬 수 있어요. 다른 아이들이 이해하지 못할까 봐 걱정이 돼요."

나. 지원과 중재

1) 개인영역

자폐성 장애가 있는 아동은 학업환경에서 많은 어려움에 직면한다. 많은 아동이 인간관계를 맺는데 있어서의 어려움 뿐 아니라 적응을 어렵게 하는 기타 건상상의 문제나 약물치료와 관련된 문제를 함께 갖고 있다.

일과의 변화는 아동에게 좌절의 요인이 될 수 있다. 학교모임, 특별수업, 소방훈련, 날씨 문제 등으로 인해 일정이 자주 변경될 때 대처 전략을 배우는 것이 중요하다. 예상되는 변경사항은 사전에 이야기해 주고 상황이야기나 그림 일정표를 사용해 아동을 준비시킬 수 있다.

자해나 신체적 공격과 같은 행동은 다루어야 하며 행동분석을 통해 바람직한 행동을 증가시키고 문제행동을 감소 또는 소거시키기 위해 행동중재가 이루어져야 한다.

2) 사회영역

비장애 또래와 가능한 한 많이 상호작용하도록 한다.

3) 학업영역

자폐성 장애 아동들은 일반적으로 자신의 감각욕구를 조정해 주는 환경에서 혜택을 보게 된다. 산만함을 줄 수 있는 것들이 없는 교실은 좀더 수행과제에 집중할 수 있도록 한다. 이들의 특별한 감각 및 학습요구는 교실에서 자리배치를 하고 교수방법을 선택하고, 과제나 지시사항을 주고, 시험방법을 설계하고, 학급일정을 개발할 때 고려되어야 한다.

자폐성 장애 아동의 학업적 조정에는 대개 시험시간 연장, 대안적 시험 형식, 환경수정, 일정조정, 특수 교수방법 사용, 쉬는 기간, 감각 치료실 등이 있다. 이들은 예측 가능한 구조를 제공하는 환경에서 더 잘 반응하는 경향이 있으므로 일정, 사람, 상호작요의 유형과 질의 일관성이 매우 중요하다. 또한 이들의 능력에 영향을 주는 약물치료의 영향이 반드시 고려되어야 한다.

낮은 기능의 아동의 경우는 위험한 행동을 하지 못하도록 강조하고 자조기술을 익히도록 하며 규칙에 따르는 등의 지원이 필요하다. 자신의 욕구를 표현할 수 있고 상호작용할 수 있는 의사소통 기술을 배워야 하며 적절한 놀이도 습득하도록 돕는다.

한편, 높은 기능을 가진 아동의 경우는 치료의 시작 시기와 강도의 정도가 중요하며 학교에서 기대되는 행동과 기술을 익히고 또래와 적합한 사회적 상호작용이 가능하도록 돕는게 중요하다. 특히 부모의 개입과 지지가 필요하다.

다. 진로

자폐성 장애가 있는 아동들간의 능력의 범위는 굉장히 크다. 어느 아이는 성공적인 과학자가 되기도 하는 반면, 어느 아이는 직무 코치나 정부, 지역사회의 지원고용이 필요할 수 있다. 이들의 진로탐색의 경우 가능한 폭넓은 직업기회를 제공하기 위해 아동의 독특한 능력과 어려움을 조정해 주어야만 한다.

영화로 만나는 특수아동 상담

말아톤

감독: 정윤철
출연: 조승우(윤초원), 김미숙(엄마 경숙), 이기영(코치 손정욱), 백성현(윤중원), 안내상(초원아빠)

초원이는 자폐증이라는 청천벽력같은 진단을 받게 되고, 엄마 경숙은 감당할 수 없는 현실 앞에 좌절한다. 그러나 경숙은 초원이가 달리기에만큼은 정상인보다도 월등한 능력을 가지고 있음을 발견하고, 달릴 때만큼은 남들과 다르지 않은 아들의 모습에 희망을 갖고 꾸준히 훈련시킨다.

시간이 흘러 어느덧 20살 청년이 된 초원. 그러나 지능은 여전히 5살 수준에 머물고 있다. 모르는 사람 앞에서 아무렇지도 않게 방귀를 뀌어대고, 동생에겐 마치 선생님 대하듯 깍듯이 존댓말을 쓰고, 음악만 나오면 아무데서나 특유의 막춤을 선보이기 일쑤이니, 어딜 가든 초원이가 있는 곳은 시끄러워지기 마련이다. 하는 짓이나 말투는 영락없는 5살 어린 애이지만 어린 시절부터 꾸준히 해온 달리기 실력만큼은 여전히 최고인 초원. 경숙은 자신의 목표를 '초원의 마라톤 서브쓰리 달성'으로 정하고 아들의 훈련에만 매달린다.

어느 날 세계대회에서 1등을 한 전력도 있는 전직 유명 마라토너 정욱이 음주운전으로 사회봉사 명령을 받고 초원의 학교로 오게 된다. 경숙은 애원하다시피 해서 기어이 정욱에게 아들의 코치 역할을 떠맡긴다. 도무지 속을 알 수 없는 초원을 성가시게만 생각했던 정욱. 하지만 초원과 함께 시간을 보낼수록 그는 아이같이 순수하고 솔직한 초원에게 조금씩 동화되어 가고, 초원도 정욱에게 마음을 열기 시작한다. 정욱은 매번 속도조절에 실패해 지쳐 쓰러지기는 하지만 지구력이 남다른 초원에게서 마라톤 서브쓰리의 가능성을 발견하고 본격적으로 훈련에 들어간다.

한편 불성실하게만 보이는 정욱이 도통 미덥지 않은 경숙은 어느 날 정욱과 말다툼을 벌이게 된다. "자식 사랑과 집착을 착각하지 말라"는 정욱의 말에 아무 대꾸도 할 수 없는 경숙. 경숙은 정욱의 말대로 이제껏 '좋다', '싫다'는 의사 표현도 할 줄 모르는 아이를 자신의 욕심 때문에 혹사시키고 있는 것이 아닌가 싶은 생각을 떨쳐버릴 수가 없다. 이제껏 쌓아온 모든 것이 무너져 내린 듯한 기분의 경숙. 그녀는 이제 마라톤도, 서브쓰리도 모두 포기하기로 마음먹는데…….

발달장애가 있는 10대 소년의 이상한 행동

J군은 세 아이 중 둘째인 16세의 소년으로 오랫동안 이상하고 지연된 발달력을 보이고 있었다. J군의 행동기능이 점점 나빠지고 있어 부모는 어쩔 수 없이 J군의 정신상태를 다시 평가해 보기 위해 병원을 찾아오게 되었다. 2년 남짓 전에도 J군에 대한 평가가 있었는데, 그 때와 비교해 볼 때 J군은 더욱 융통성이 없어졌고, 고집도 세졌고, 그리고 늘 판에 박힌 일을 고집하고 있었다. J군은 특이한 행동을 많이 해서 진정한 친구도 없었다. 텔레비전에서 들은 한 구절을 계속 반복적으로 따라했고, 실오라기와 보푸라기를 죽 늘어놓곤 하였다. 또 이상한 물건들을 꽤 많이 모아 왔고, 그것을 몸에 지니고 다닌다고 고집을 부렸다. 부모가 이런 이상한 행동을 고쳐 주려고 하면 J군은 몸을 뒤흔들고 머리를 벽에 부딪치면서 격노하였다.

정신평가를 하면서도 J군은 평가자와의 눈맞춤이 별로 없었고, 사회적 상호작용에 대해 관심이 없는 것처럼 보이는 등 이해하지 못할 사회적 관계를 보였다. 실제 J군은 사회적 의사소통의 표시로 얼굴표정을 짓거나, 몸의 자세를 취하거나, 몸짓을 하는 행동을 보이지 않았고, 정서적 교감능력도 부족하였다. 부모에 따르면, J군과는 대화를 지속하기가 매우 힘들고 특정하게 재미있었던 텔레비전 프로그램에 대해서만 이야기를 하려 하고, 실오라기를 모으는 것에만 관심이 있다고 전하였다. J군의 언어는 고정되어 있었고, 단조로운 말을 반복하였다. 또 J군이 흥분되면 전형적으로 틀에 박힌 행동을 하고, 아무 소용도 없는 일과성의 행동들, 예컨대 의자에 앉기 전 항상 의자 주변을 세 바퀴 돌고 앉는 행동 등을 한다고 부모가 전해 주었고, 정신평가 때도 그러한 행동이 관찰되었다. J군의 정서 범위는 매우 협소하였고, 통찰력과 판단력이 부족했지만 망상이나 환청 등과 같은 다른 정신과적 증상은 관찰되지 않았다.

J군은 하류계층의 가정에서 태어났으나 임신과 진통 및 출산과정은 모두 정상적이었다. 어머니에 의하면, 유아기에 J군은 요구하는 것이 없었고, 비교적 조용했고, 생의 첫 몇 주 때는 정상적인 발달과는 좀 다른 양상을 보인 것 같다고 설명하였다. 다른 두 형제들과는 달리 J군은 사회적 상호작용에 거의 관심이 없었다. 운동기능은 시기에 맞게 잘 발달했지만 언어적 발달은 눈에 띄게 지연되었다. J군이 귀가 먹은 게 아닌가 하고 걱정했으나, 청력검사는 정상이었다. 소아과의사는 J군의 말이 늦은 것이라고 말했으나 부모는 계속 걱정을 했고, J군이 세 살이 되었을 때 추가적인 평가를 실시하였다. 검사 결과 J군은 언어와 언어를 중재하는 인지기술의 발달이 심하게 지연되어 있었다. 반면에 운동기술과 비언어적 인지능력의 발달은 나이 또래의 수준을 유지하였다. J군은 사회적 접촉을 위한 것보다는 음식 등을 요구하기 위해 말을 했고, 그것도 단지 한두 개의 단어를 사용할 뿐이었다. 또 J군은 간단한 요구사항들을 따르지 못했고, 모방과 관련된 과제를 수행하는 데 어려움을 보였다. 특히 J군은 변화를 감내하지 못했다. 예를 들어, J군은 부모가 일과성 행동을 매일 밤 취침시간에 정확하게 똑같이 해 주기를 바랬고, 일상적인 유형에서 어떤 변화가 오면 극도로 동요하였다. 또한 J군은 단순한 물건에 대해 매우 민감해서 흔히 엄마의 목소리를 잊어버리고, 진공청소기 소리에 공포감을 보이곤 하였다. J군은 반복적으로 장난감을 단순하게 조작하는 놀이를 매우 즐겨하였다. 전반적인 의학적 평가에서 뇌전도(electroencephalogram)와 컴퓨터 단층촬영은 정상이었다. 유전자 검색과 염색체 분석도 정상이었다. 가족력에서는 J군의 형이 구어발달에 상당한 지연이 있었던 것으로 나타났다.

이러한 평가 결과 J군은 3세 때 유아기의 자폐증으로 진단을 받았다. 그래서 J군은 조기 집중 치료 프로그램에 등록되었고, 그 곳에서 표현성 단어를 중심으로 언어교육을 받았다. 그러나 J군의 언어는 반향어를 보였고, 지나치게 문자 그대로 이야기를 했으며, 그리고 매우 단조로운 음성으로 말하는 특징을 보였다. 특히 J군은 사회적 상황에서 언어를 사용하는 데 어려움을 보였다.

학교에 입학할 나이까지 J군은 보다 분화된 사회적 기술을 발달시켰지만, 한편으로는 몸 흔들기, 머리를 부딪히기, 그리고 보푸라기 수집에 관심 갖기와 같은 다양한 자기 – 자극적인 행동도 발달시켰다. J군은 환경적 변화에 매우 민감했고 저항을 했지만, 서서히 나아지는 것이 관찰되었다. 11세에 실시한 정신평가에서 전체 지능지수는 소검사 영역별로 큰 점수 차이를 보이며 중간 정도의 지체 범주를 보여 주었다. 12세였을 때는 이상한 관심과 변화를 다루는 어려움이 다소 경감되었고, 하루에 몇 시간 정도는 공립학교에서 수업을 받게 되었다.

그러나 청소년기가 시작되면서 14세 때에 간질 발작을 보인 후 J의 행동은 더욱 악화되었다. J군의 행동은 더욱 굳어졌고, 아동기에 이상한 물건을 수집하는 데 보이던 관심을 다시 보이며, 학업적, 직업적 활동에 어려움을 보이고 있었다.

* 자료 : 김청송(2003)

제 7장

정서 · 행동장애

1. 정서 · 행동장애에 대한 이해
2. 정서 · 행동장애 상담

1. 정서 · 행동장애에 대한 이해

가. 정서 · 행동장애의 정의

미국 장애아동 교육법에서는 심각한 정서라는 용어를 사용하였으나 많은 전문가들은 행동장애 용어를 더 선호한다. 왜냐하면 행동장애로 규정하는 것이 보다 장애영역을 적절하게 표현하며 상대적으로 덜 심각한 낙인이라고 여겨지기 때문이다. 우리나라에서는 특수교육진흥법에서 제시한 "정서장애"라는 용어를 사용하고 있으나 개인이나 기관에 따라서 정서장애, 행동장애, 사회부적응, 정서 부적응 등의 다양한 언어를 사용하고 있다(김동일, 2003).

우리나라 특수교육진흥법에서는 정서장애아동을 "정서적, 감정적인 혼란으로 인하여 이상행동을 하는 자로서 특수교육을 필요로 하는 자"로 규정하고 있다. 그리고, 정서 · 행동장애아동의 기준을 다음 6가지 특성 중 한 가지 이상의 증상을 지니며, 장기간 심하게 그 증상을 나타내는 자로 규정하고 있다. 여기에서는 자폐성 장애를 정서 · 행동장애에 포함시키고 있다.

① 지적, 신체적, 또는 지각적인 면에 이상이 없음에도 학습성이 극히 부진한 자

② 친구와 교사들과의 대인관계에서 부정적 문제를 지닌 자

③ 정상적인 환경 아래에서 부적절한 행동이나 감정을 나타내는 자

④ 늘 불안해하고 우울한 기분으로 생활하는 자

⑤ 학교나 개인문제에 관련된 정서적인 장애로 인해 신체적인 통증이나 공포를 느끼는 자

⑥ 지적 능력과 상관없이 생후 30개월 이전에 나타나는 발달장애 증후군에 속하는 자로서 감각적 자극에 대한 반응, 언어, 인지능력, 대인관계 그리고

사물이나 사건 처리능력에 결함이나 자폐성 경향을 나타내는 자

나. 정서 · 행동장애의 출현율

1980년대 이전까지 미국 교육부 특수교육국에서 발표한 정서 및 행동장애아 출현율은 학령기 아동의 약 2%이며, 그 이후 여러 학자들이 보고한 실제 인구 조사에 근거한 출현율은 3~6%이다. 특수교육진흥법에서 정서장애의 진단기준으로 제시된 정의의 기초가 된 Bower(1981)의 정의를 근거로 산출한 출현율에 의하면 학령기 아동의 약 10%가 정서 및 행동장애를 보이는 것으로 나타났다. 어떤 장기 추적조사에 의하면 학령기 아동의 약 7.4%가 그 아동을 담당한 모든 교사에 의해서 정서 및 행동장애아로 진단되었으며, 적어도 한 명 이상의 교사에 의해서 정서 및 행동장애로 의뢰된 아동은 약 20~30%에 이르는 것으로 보고되었다.

다. 정서 · 행동장애의 원인

정서 · 행동장애의 원인은 크게 다음과 같이 생물학적 장애 및 질병, 병리학적 가족관계, 학교에서의 바람직하지 못한 경험으로 구분할 수 있다(장선철, 2002).

1) 생물학적 요인

정서 · 행동장애를 일으키는 생물학적 요인에 대해서 대부분의 전문가들은 유전이나 기타 체질상의 요인들(예 : 출산 전의 상태)이 특정 행동 패턴을 발달시키는 상황을 조성한다는 사실에 동의하고 있다. 사람에게는 기질(temperament)이라고 불리우는 출생시부터 지니고 태어나는 행동특성이 있으며(예 : 다루기 쉬운

아동, 다루기 어려운 아동), 두 아동이 동일한 상황에 처했을 때 각각의 독특한 생물학적인 요소에 의해서 같은 상황에 대해서 서로 다르게 반응할 가능성이 있다는 것이다. 이와 같은 맥락에서 일부 전문가들은 난기질(difficult temperament)을 보이는 아동이 정서 및 행동장애를 일으키는 성향을 지닌 것으로 주장하기도 한다.

기질 외에도 질병, 영양부족, 뇌손상 등의 요인들이 정서 및 행동장애에 대한 성향을 일으킬 수도 있으며, 특히 약물 등의 독극물 남용 역시 심각한 정서 및 행동장애의 발생에 기여할 수 있다. 특히 정신분열증의 경우에는 유전적인 요소의 원인이 입증되고 있으며(Gottesman, 1991; Plomin, 1989), 자폐는 일반적으로 신경학적 손상으로 인한 장애인 것으로 받아들여지고 있으나 신경학적인 결함의 성격이나 원인은 아직 알려져 있지 않다.

2) 가족 요인

정신건강 전문가들이나 과거의 정신분석학적 접근은 부모 – 자녀 관계가 행동장애를 일으킨다고 주장하였다.

부모의 양육방법이 자녀의 행동에 영향을 미치는 것은 사실이다(Gotteman, 1991). 대체로 아동의 필요에 민감하게 반응하고, 잘못된 행동에 대해서는 사랑이 담긴 방법으로 대처하며, 적절한 행동에 대해서는 관심과 칭찬을 아끼지 않는 태도의 양육방법은 아동의 바람직한 행동을 발달시킨다. 반면에 훈육은 거의 하지 않으면서 적대적이고 거부적이고 잔인하고 비일관적인 태도로 양육하는 부모 밑에서는 공격적이고 비행을 저지르는 아동이 양육된다. 그러나 여기에서 가장 중요한 것은 가정 환경이 가족 단위로 모든 자녀들에게 동일한 영향을 미치는 것은 아니며, 각 자녀들은 개별적으로 자기 나름대로의 방법으로 가족관계를 경험하고 반응하기 때문에 상호적인 영향에 의해서 행동적인 특성이 결정된다는 것이다.

3) 학교 요인

입학한 후에 학교에서의 부정적인 경험으로 인해서 정서 및 행동장애를 일으키는 아동들도 있다. 학교 생활이 정서 및 행동 문제를 일으키는 데 기여하는 몇 가지 특정 요인들을 살펴보면 다음과 같다.

① 아동의 개별성에 대한 교사의 무감각
② 아동의 성취나 품행에 대한 교사 및 부모의 너무 높거나 낮은 기대
③ 방종적이거나, 너무 완고하거나, 비일관적인 학교 훈육방법
④ 잘못된 행동이 관심을 받고 바람직한 행동은 무시되는 학교 환경
⑤ 교사나 또래들의 잘못된 행동을 모방할 수 있는 기회

이러한 요소들이 아동의 정서나 행동상의 문제를 일으킬 수도 있다는 인식을 통해서 상담자들은 자신의 교수방법, 아동을 향한 기대 수준, 훈육방법 등을 검토해 볼 필요가 있으며, 문제를 보이는 아동 개인에게만 문제의 근원이 있다고 생각해서는 안 된다.

라. 정서 · 행동장애의 특성

- 낮은 학업성취를 보인다.
- 교실에서의 학업활동에 어려움을 겪는다.
- 다양한 사회 정서적 특성을 보인다.
- 공격적이고, 겉으로 드러나는 행동을 보이면서, 미성숙하면서도 내부적으로 위축된 행동을 보인다.
- 때리고 싸우며 소리지르고 반항하며 기물 파괴하고, 강탈하는 행동을 한다(품행장애).
- 사회적으로 고립되거나 사회적 기술이 부족하다.
- 환상이나 백일몽에 빠지기도 하며 신체적인 고통을 호소하기도 한다.

• 과다행동, 산만함, 충동성이 자주 보인다.

1) 지능 및 학업성취

정서 · 행동장애아들의 평균 지능은 일반아동의 하위 평균인 약 90% 정도이며, 상위 평균 이상의 지능을 보이는 아동은 비교적 적은 것으로 보고되고 있다. 특히 자폐아동의 경우 지능상의 결함이 매우 심한 것으로 여겨져 왔으나, 최근의 연구들에 의하면 그 분포가 다양한 것으로 나타나고 있다. [그림 4-3]은 일반아동과 정서 및 행동장애아, 자폐아동의 가상적인 지능분포 곡선을 보여주고 있다.

정서 · 행동장애아들이 보이는 중요한 특성 중의 하나는 낮은 학업 성취이다. 대부분의 정서 · 행동장애아들은 교실에서의 학업활동에 어려움을 겪는다. 이들은 읽기를 잘못하고 산수 문제를 푸는데 문제를 보일 뿐만 아니라 기타 과목들의 학습에도 문제를 보이곤 한다.

2) 사회 정서적 특성

정서 · 행동장애아들은 공격적이고, 겉으로 드러나는 행동을 보이거나, 미성숙하면서도 내부적으로 위축된 행동을 보이는 등의 다양한 사회 · 정서적 특성을 보인다. 정서 · 행동장애의 가장 보편적인 문제 중의 하나로 품행장애(conduct disorder)를 들 수 있다. 때리기, 싸우기, 친구 놀리기, 소리 지르기, 반항하기, 울기, 기물 파괴하기, 강탈하기 등의 행동이 이에 속한다. 이러한 행동은 비장애아들에게서도 흔히 관찰되는 행동이지만, 행동의 발생이 지나치게 충동적이거나 잦으면 문제로 여겨져야 한다.

사회적으로 미성숙하고 위축된 행동을 보이는 아동들은 아동기 발달에 심각한 영향을 미칠 뿐만 아니라, 성인이 된 후에도 정신 건강상 좋지 않은 예후를 보이곤 한다. 특히 이들은 만족스러운 인간관계를 발달시키지 못하기 때문에 사회적으로 고립되어 친구가 거의 없고, 놀이 기술 등과 같은 사회적 기술의 결핍을 보이며, 환상이나 백일몽에 빠지기도 하고, 신체적인 고통을 호소하기도 한다. 초기 발달단계로 퇴보하여 끊임없는 도움과 관심을 요구하기도 하고, 아무런 이유도 없이 우울증 증세를 보이기도 한다. 사회적 위축은 나이에 따라 일시적으로 새로운 관계를 형성해야 하는 상황을 회피하고 싶어하는 등의 가벼운 증세(장애로 판별되지 않음)로부터 소아정신분열증, 자폐증과 같이 다른 사람과의 상호작용에 대해서 전혀 관심을 보이지 않는 등의 심각한 증세에 이르기까지 그 정도에 있어서도 다양하게 나타날 수 있다. 중요한 것은 사회적 위축 행동은 겉으로 드러나는 공격행동과는 달리 잘 발견되지 않는 경우가 많기 때문에 조기 발견을 위해서 교사들의 각별한 관심이 필요하다는 것이다.

3) 과다행동, 충동성, 산만함

정서 · 행동장애아들이 보이는 특성들 중 보편적으로 가장 자주 언급되는 행동은 과다행동(hyperactivity), 산만함(distractability), 충동성(impul-sivity)이다. 과다행동은 활동의 양이 지나치게 과도하게 나타날 때 사용되는 용어로, 쉬임없이 움직이거나 연령 및 주어진 과제에 비해서 움직임의 양이 부적절한 경우를 뜻한다. 만 2세 아동의 경우 매우 활동적이며 끊임없이 움직이는 것이 사실이다. 그러나 이런 활동은 환경에 대한 탐구 작업이며 이 연령층에 있어서는 적절한 행동이다. 만일 10세 아동이 학급 토론 시간에 이와 동일한 행동을 보인다면 이것은 적절한 행동으로 평가되지는 않을 것이다.

산만함이란 과제에 대한 주의집중과 관련된 용어로, 학교활동으로부터 쉽게 방해를 받거나 특정 과제에 주의를 기울일 수 없는 경우를 의미한다. 그러나 과다행동과 마찬가지로 산만함을 평가하기 위해서는 아동이나 환경과 관련된 변인들을 반드시 고려해야 한다. 아침 식사를 하지 못하고 등교하여 매우 배가

고픈 상태에서는 점심 시간 이전의 과목 학습이 매우 산만해질 수도 있기 때문이다.

충동성은 주의 깊은 생각이나 목적 없이 발생하는 행동을 말한다. 충동성을 보이는 아동들은 반응하기 전에 생각하지 않고 충동적으로 행동하기 때문에 이들의 행동은 부적절한 경우가 많다. 특히 수업 시간 중 부정확한 반응을 많이 보인다. 교사의 질문이 끝나기도 전에 큰 소리로 답을 말하거나 과제를 수행함에 있어서 머리에 떠오르는 대로 마구 적어 나가는 아동은 충동적이라고 말할 수 있다.

사실상 과다행동을 보이는 아동들이 쉽게 충동적이고 산만한 행동을 보이는 것과 같이 위의 세 가지 행동특성들은 서로 관계가 깊다. 또한 이러한 특성들은 학습장애나 경도 정신지체 등의 기타 장애아들에게서도 흔히 발견되는 행동들이다. 이러한 행동특성들을 지니는 아동들이 학교에서 보이는 문제들은 그 원인이 뇌손상과 같은 아동의 개인 내적인 일탈현상에 있는 것으로 진단됨으로써 교사들의 수동적인 태도를 야기하기도 하지만, 중요한 것은 체계적인 교수와 행동 통제 전략에 의해서 행동이 향상될 수 있다는 사실이다. 특히 의학적인 약물 치료를 받고 있는 아동의 경우 약물 치료 자체가 학업문제를 해결해 주거나 새로운 행동을 가르치는 것이 아님을 인식하여야 한다. 특히 약물 복용으로 인한 부작용이나 행동 변화를 관찰하여 담당 의사나 학부모와 밀접하게 정보를 교환하여야 한다.

표 7-1 정서 · 행동장애의 주된 유형

(단위 : 명, %)

구분	전체	불안장애	기분장애	품행장애	ADHD	기타
전체	2,579 (100.0)	432 (16.8)	286 (11.1)	66 (2.6)	1,789 (69.4)	6 (0.2)
남	2,085 (100.0)	324 (15.5)	198 (9.5)	41 (2.0)	1,517 (72.8)	6 (0.3)
여	494 (100.0)	109 (22.1)	88 (17.8)	25 (5.1)	273 (55.3)	0 (0.0)

출처: 국립특수교육원, 2014.

4) 정서 · 행동장애의 진단과 평가

정서, 행동장애 중 하나인 품행장애의 DSM-Ⅳ 진단기준은 다음과 같다.

A. 다른 사람의 기본권리나 나이에 적합한 사회규준이나 규율을 위해하는 행동양상이 반복적이고 지속적으로 있으며, 다음 항목 중 3개(또는 그 이상)가 지난 12개월간 있으면서 최소한 한 항목은 지난 6개월 동안에 나타난다.

(1) 사람과 동물에 대한 공격
- 자주 다른 사람을 못살게 굴거나, 협박하거나, 겁먹게 한다.
- 자주 싸움을 건다.
- 다른 사람에게 심한 신체손상을 줄 수 있는 무기를 사용한다.
- 사람에게 신체적으로 잔인하게 대한다.
- 피해자와 맞서서 도둑질한다.
- 다른 사람에게 강제로 성행위를 하게 한다.

(2) 재산 파괴
- 심각한 파괴를 일으킬 작정으로 고의로 불을 지른다.
- 다른 사람의 재산을 고의로 파괴한다(방화 제외).

(3) 사기 또는 절도
- 다른 사람의 집, 건물 또는 자동차를 파괴한다.
- 물품이나 호의를 취득하거나 의무를 피하려고 자주 거짓말을 한다.
- 피해자와 마주치지 않고 사소한 것이 아닌 물건을 훔친다.

(4) 중대한 규칙 위반

• 부모가 금지하는 데도 자주 외박을 하며, 이는 13세 이전부터 시작되었다.
• 부모나 대리부모와 집에서 같이 살면서 최소한 두 번 이상 가출, 외박을 한다.
• 무단결석을 자주하며, 이는 13세 이전부터 시작하였다.

B. 행동장애가 사회, 학업 또는 작업기능에 중대한 지장을 초래한다.
C. 18세 이상이면 반사회적 인격장애의 진단기준에 맞지 않아야 한다.

2. 정서 · 행동장애 상담

가. 학생과 부모의 바람

"제대로 된 무언가를 할 수 없을 때 무척 화가나요. 모든 사람이 나를 싫어하는 것 같고 떼지어 나를 괴롭힐 것 같아요. 그러면 더 돌아버릴 것 같아요."

"내 아이가 실제 장애를 가지고 있지만 나는 나쁜 부모는 아니에요."

"내가 무얼 느끼는지 사람들에게 말할 수 없을 때 정말 좌절감을 경험해요. 비명지르고 싶을 만큼 미쳐버릴 것 같아요."

나. 지원과 중재

1) 개인영역

반항성 장애나 품행장애아동들은 화가 나거나 슬프거나 좌절하였을 때 침착하게 정서를 안정시키기 어려운 것과 같은 정서조절 문제를 지닌다. 정서적으로 지원적인 교실, 타임아웃을 위한 공간, 반성의 공간 등은 교사들이 학생을 지도할 때 도움이 된다.

2) 사회영역

반항성 장애나 품행장애아동은 또래들과 어울려 놀거나 친구를 사귀는데 어려움을 가진다. 그들은 자신의 책임을 느낄 필요가 있다. 많은 또래는 이러한 친구를 좋아하지 않고 반항성 장애나 품행장애아동과의 교제를 싫어한다. 따라서 교사나 학교상담자는 반항성 장애나 품행장애아동들이 원하는 것을 파악하여 학급의 또래와 더 잘 통합되고 긍정적인 성인의 관심을 받을 수 있도록 해야 한다.

3) 학업영역

(1) 제한 두기

반항성 장애나 품행장애아동은 어느 곳에서나 선을 넘으려는 경향이 있다. 그들에게는 반드시 최소한 두 가지의 선택이 주어져야 한다. 두 가지 선택을 제공할 수없을 때에도 첫 번째 선택을 약간 변경하여 두 번째 선택으로 제공할 수 있다. 그들은 전적으로 자신이 선택하기를 원하지만 반드시 성인에 의해서 선택이 주어져야 한다. 만약 아동이 선택하기를 거부한다면 두 가지 선택에 대해 생각해 볼 시간을 준다. 선택이 이루어질 때까지 아동은 활동으로 돌아가거나 참여할 수 없다.

(2) 긍정강화

반항성 장애나 품행장애아동은 긍정적인 칭찬에 매우 잘 반응하므로 크건 작건 겉으로 드러나는 칭찬과 언급을 해 주어야 한다.

다. 진로

반항성 장애나 품행장애가 있는 사람들은 고용이 되지 않거나 더 낮은 비율로 고용되거나 자주 직업을 바꾸기 쉽다. 그래서 반항성 장애나 품행장애로 진단받은 학생은 자신의 능력을 판별하고 동료들과 어울리기 위한 기술을 개발하며 감독관 및 상사에게 지시를 받는데 있어서 안내와 지도가 필요하다.

부모와 다른 아이들

앤드루 솔로몬 지음 | 고기탁 옮김 | 열린책들
872쪽 · 760쪽 | 전 2권 | 각권 2만2000원

게이, 청각장애인, 소인, 다운증후군, 자폐증, 정신분열증, 신동, 강간으로 잉태된 아이, 범죄자가 된 아이, 트렌스젠더. 우리들 대다수는 이러한 특징들을 마주하는 순간 나와는 '다른' 존재, 심지어 '비정상'이라는 생각을 바로 떠올릴 것이다. 여기, 이러한 이분법적 사고에 의문을 제기하며 흔히 '비정상'으로 치부되는 특징들이 하나의 '정체성'으로 분류되어야 한다고 제안하는 사람이 있다. 바로 전미비

평가협회상을 수상한 바 있는 앤드루 솔로몬이다.

수많은 언론으로부터 '혁명적'인 책으로 찬사를 받고 있는 책 『부모와 다른 아이들』로 돌아온 솔로몬은 이 책에서 예외적인 정체성을 가진 자녀를 둔 부모들의 이야기를 들려준다. 그대로 방치했다면 짐승에 가까웠을 수 있었을 중증 정신질환자 아이에게 보호와 치료 그리고 사랑을 줌으로써 아이가 비교적 독립적인 생활을 가능케 한 부모들도 있었고, 장애가 있는 아이를 보호시설에 차마 보낼 수 없어 아이에게 죽음을 선사하는 부모도 있었다.

이러한 부모들의 사례는 우리가 '장애'와 '이상', '차이'와 '다름'을 더 깊이 이해할 수 있도록 이끈다. 극단적으로 '다른' 이들도 극도의 인간성을 발휘할 수 있다. 따라서 우리와 이 사회는 '인간'을 '인간'으로 바라보고 대하겠다는 책임감을 지녀야 한다. 이는 우리가 인류를 보는 관점 자체를 바꾸게 만들 것이다. 결국 솔로몬의 선언처럼 '다양성'은 결과적으로 우리를 하나로 묶어 주어 좀더 '인간적'인 세상을 만들 것이다.

* 출처: 교보문고

제 8 장

시각장애

1. 시각장애에 대한 이해
2. 시각장애 상담

1. 시각장애에 대한 이해

가. 시각장애의 정의

시각은 아동이 세상으로부터 정보를 얻을 수 있는 주요한 감각이자 교육환경에서 학생이 주로 의존하는 중요한 감각능력이다. 시각장애아동의 경우 세상으로의 접근성은 아주 가까운 환경 내에서 접할 수 있는 것으로 제한되어 결과적으로 사회, 정서, 학업 및 진로발달에 영향을 미치는 지연된 개념발달을 경험할 수도 있다. 따라서 학생의 시각장애의 본질이 무엇인지 이해하는 것은 상담자와 교사에게 매우 중요하다.

IDEA(미국의 장애인교육법)에서는 시각장애란 "교정을 해서 시력이 아동의 교육적 수행에 불리한 영향을 주는 것"으로 정의하고 있으며, 시각장애아동도 시각적 능력은 전맹에서부터 잔존시력이 좀 있는 경우까지 광범위한 범주를 나타낸다. 교육자들은 학습을 위해 시각 및 촉각적 수단을 사용하는 정도에 근거하여 시각장애를 분류한다(Bishop, 1996).

① 전맹인 아동은 시각으로는 유용한 정보를 얻을 수 없고 학습을 위해 촉각과 청각을 활용해야만 한다.

② 시력이 거의 없는 기능적 맹은 다른 감각으로 주로 학습을 한다. 그러나 특수한 과제를 위해서는 제한된 시각을 보조적으로 활용할 수도 있다(예 : 교실을 옮겨 다니는 것). 대부분의 맹 아동은 읽고, 쓰기 위해 브레일(braille)을 이용한다.

③ 약시의 아동들은 학습의 주된 수단으로 시각을 사용하고 일반적으로 인쇄물을 읽고 배운다. 학령기 시각장애아동의 75~80%가 약시 아동이다.

맹의 법률적 정의는 시력과 시야에 근거를 둔다. 시력(visual acuity : 형태를 분명하게 구별하거나 특정 거리에서 작은 사물을 변별하는 능력)은 Snellen chart의 문자,

수, 다른 상징을 읽는 선에 의해 측정된다.

또한 시야(field of vision)가 극히 제한되면 법적 맹으로 간주될 수 있다. 정면을 똑바로 응시할 때, 정상적 눈은 약 180° 범주 내의 사물을 볼 수 있다. 시야손상이 중심 혹은 말초이든지 간에 정상의 180°로부터 20° 혹은 그 이하로 제한된다면 법적 맹으로 간주된다.

표 8-1 시각장애 범주

시각장애 범주	시각장애 범주
전맹 : LP(−), 시력 0.02 미만(300m 이상) 준맹 : 0.02~0.04 미만(교정) 저시력(약시) : 0.04~0.3 미만	☞ 전맹 : 촉각과 청각 활용 ① F/C(Finger Count, 손가락 세기 : 지수) ② H/M(Hand Movement, 손의 움직임 : 수동) ③ LP(Light Perception, 빛의 인식여부 : 광각) ☞ 약시 : 학습 주된 수단으로 시각 사용 (75~80%)

나. 시각장애의 출현율

시각장애는 다른 장애 영역에 비해 출현율이 낮다. 학자에 따라 약간씩 다른 출현율을 보고하고 있는데, Tuttle & Ferrell(1995)은 학령 인구 1,000명당 약 5명이 시각장애를 가지고 있다고 보고하고 있다. 이는 미국 교육부가 1990년 의회 보고서로 제출한 자료에 나타난 시각장애 출현율과 거의 비슷하다. 이 보고서에 1,000명당 약 4명의 아동이 시각장애를 가지고 있다는 것으로 나타났다. 하지만, 보통 중도(重度)의 시각장애를 가지고 있는 아동의 50% 이상이 다른 장애를 추가적으로 가지고 있으며, 이 경우 이들 아동들은 일반적으로 중복장애로 분류되어 출현율이 계산된다. 그렇기 때문에 시각장애의 출현율은

0.4%보다 높을 것으로 생각할 수 있다.

2008년 한국보건사회연구원의 보고에 의하면 전체 시각장애인수가 20여 만 명에 이르며 후천적 시각장애 발생 비율이 93.2%로 나타났다. 시각장애인의 48%가 65세 이상이며 96.6%가 점자 해독이 불가능하다고 보고하고 있다.

다. 시각장애의 원인

시각기관을 중심으로 볼 때 시각장애는 크게 눈 근육의 이상, 각막, 홍채, 수정체, 망막, 시신경 세포, 중앙신경체제의 이상으로 나누어 볼 수 있다.

1) 눈근육의 이상

(1) 사시(strabismus)

사시는 두 눈에 있는 근육들이 동일하게 움직이지 않아 같은 방향으로 동일 대상을 바라보는 데 어려움이 있는 것을 말한다. 두 눈이 서로 다른 상을 형성하고 있는 것을 두뇌가 융화(통합)하지 못하는 경우, 두뇌는 어느 한쪽 눈에 의해 형성된 상을 억제한다. 이때 이 같은 억제 현상이 오랫동안 지속되는 경우 한쪽 눈을 사용하지 않는 결과를 가져와 사용하지 않는 눈의 실명이 일어날 수 있다. 그러므로, 이 같은 경우 시각 정보가 두뇌에 의해 처리되는 부분의 눈을 가림으로써 다른 눈을 통해 들어오는 시각 정보를 두뇌가 처리하도록 의도적으로 훈련을 하거나 심한 경우 수술을 할 필요가 있다.

(2) 안구진탕(nystagmus)

안구진탕은 불수의적으로 눈의 움직임이 급속하게 일어나는 것으로 눈의 초점을 맞추는데 어려움을 겪는다. 따라서, 읽기 활동시 읽는 속도가 상대적으로 느리며, 시각 과제 수행시 피로함을 자주 느끼게 된다.

2) 각막, 홍채, 수정체의 이상

(1) 각막 손상

각막 손상은 빠른 시일 내에 치료하지 않으면 물체가 흐리게 보이거나 심한 경우 실명을 초래할 수도 있다.

(2) 녹내장(glaucoma)

녹내장은 안구 내에 있는 액체의 유출이 제한됨으로써 안구 내 압력이 증가하여 발생하며, 회복 불가능한 시력 손실을 초래할 수 있다. 그러므로, 이상이 발견되었을 때에 눈약이나 수술을 통해 조속히 치료를 해야 한다.

(3) 광선 공포증(photophobia)

광선 공포증은 홍채가 완전히 발달하지 않았거나 눈의 색소가 부족한 경우 발생한다. 이 경우 빛에 대해 지나치게 민감한 반응을 보이며, 백내장이 이차적 문제로 수반될 수 있다.

(4) 백내장(cataract)

백내장은 수정체가 불투명하게 되는 상황을 말하며, 시상이 흐리게 맺히거나 심한 경우 실명을 초래할 수 있다.

3) 망막의 이상

(1) 망막 이상증(diabetic retinopathy)

망막 이상증은 당뇨병으로 인해 발생하며, 안구 혈관에 변화를 초래하게 된다. 출혈이 있거나 망막 박리가 일어날 경우 실명 가능성도 존재한다. 현재 악화되는 과정이 천천히 일어나도록 지연시키는 치료법은 개발되었으나 상당히 진행되었을 경우에는 치료가 어렵다.

(2) 황반 퇴화증(degeneration of the macula)

황반 퇴화증은 황반이 세부적인 사항에 대한 지각을 담당하기 때문에 이 부분의 손상은 중심 시력(central vision)의 손상을 초래한다.

(3) 조숙으로 인한 망막 이상증(retinopathy of prematurity : ROP)

조숙으로 인한 망막 이상증은 조산이나 저체중아와 관련이 있으며, 이로 인해 경도의 시각장애를 초래하거나 망막의 완전한 박리를 초래할 수 있다.

(4) 망막 박리증(retinal detachment)

망막 박리증은 망막이 이를 받쳐 주는 안구 부분으로부터 분리된 상태로서, 분리된 부분에 맺힌 상을 해석할 수 없기 때문에 이 부분에 부분적 실명이 생기는 것을 말한다. 이 경우 레이저를 이용한 치료법이나 수술을 통해 실명된 부분의 시력을 회복할 수 있다.

(5) 망막 색소 변성증(retinits pigmentosa)

망막 색소 변성증은 유전에 의한 퇴행성 망막염으로, 야간 시력의 상실, 주변 시력의 저하, 완전한 시력 상실을 초래할 수 있다. 초기의 자기 진단 증후로는 야간에 아무것도 보이지 않는 현상을 들 수 있으며, 현재까지는 치료법이 개발되어 있지 않다.

(6) 망막 종양(retinoblastma)

망막 종양은 망막에 종양이 생기는 유전병으로, 생긴 종양은 시신경을 따라 뇌로 퍼진다. 그러므로, 발견 즉시 수술로 문제가 생긴 안구 전체를 제거해야 한다.

4) 시신경 세포와 중앙신경체제의 이상

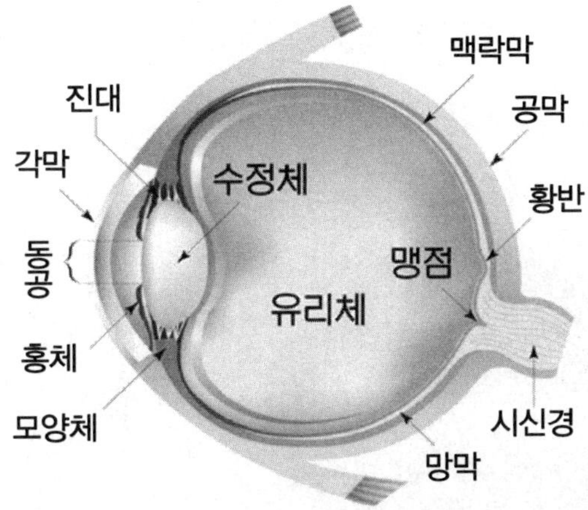

각막 : 동공과 함께 시각 정보수용 전달
홍채 : 동공을 통과하는 빛의 양을 조절기능
수정체 : 빛을 굴절시켜 망막에 상이 맺힘
망막 : 원추체, 간상체 구성
- 원추체 : 세부적인 사항들 변별, 인식
- 간상체 : 움직임 지각

[그림 8-1] 안구의 구조

시신경 세포와 중앙신경체제의 이상으로 인한 시각장애에는 발달상의 장애로서 시신경 위축증(optic nerve atrophy)과 시신경 발달 미숙(optic nerve hypoplasia)이 있다. 이 밖에도 망막과 후두엽을 연결하는 시각 통로(visual pathway)가 손상되었거나 시각 정보를 해석하는 대뇌 후두엽 자체가 손상된 경우를 생각해 볼 수 있다. 이처럼 시신경이나 대뇌에 이상이 있는 경우 시각 정보를 해석할 수 있는 기본 통로나 기제가 손실된 것이기 때문에 회복 불가능한 완전한 실명을 초래하게 된다.

시각의 메커니즘

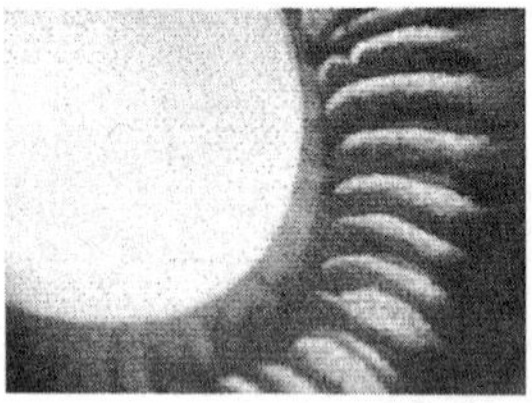

빛
눈 안에 들어온 광선은 섬세한 섬유로 이루어진 수정체에 의해 뒤집어진다.

눈이 작동하는 방식은 카메라와 유사하다. 앞에는 투명한 창인 각막이 있어서 시야에 있는 모든 물체로부터 반사된 빛을 모으고 굴절시킨다. 각막 뒤에는 투명하고 탄력 있는 수정체가 있어서 자동적으로 모양을 바꾸어 빛의 초점을 정확하게 맞춰 준다. 빛은 안구의 내부에서 교차하여 망막에 도달한 다음 거꾸로 뒤집어진 상을 만든다. 망막에는 1억 2600만 개 이상의 신경 세포가 있다. 이 세포들은 빛에 즉각적으로 반응하여 망막에 맺힌 상을 신경 충격으로 전환한다. 신경 충격은 안구의 뒤쪽으로 빠져 나가는 신경을 따라 뇌로 전달된다. 뇌에서 시각 정보를 처리하는 곳은 빛과 색깔 감각을 형성하며 뒤집어진 상을 똑바로 세워 볼 수 있게 해 준다.

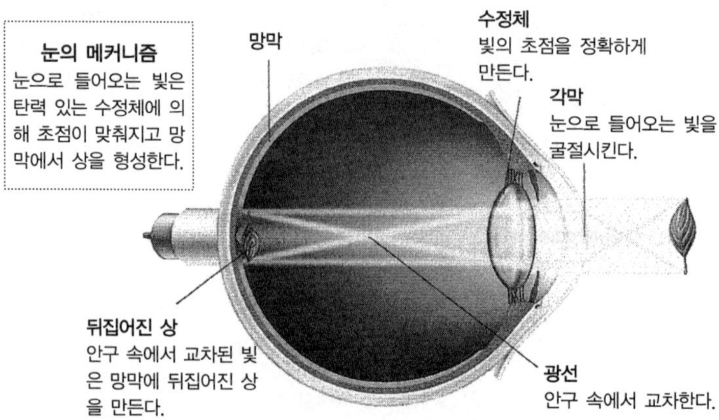

라. 시각장애의 특성

- 시각장애아동은 비장애아동의 지능과 큰 차이가 없다.
- 장애가 1차적 요인이 되어 왜곡된 성격특성을 보인다.
- 자제심이 결여되어 화를 잘 낸다.
- 의존성이 높거나 매사에 소극적이다.
- 교우관계 형성의 능력이 떨어진다.
- 비장애아동과의 놀이 활동에 잘 참여하지 못하며 고립되어 있기도 한다.
- 촉각이 매우 발달되어 있다.

시각장애아동의 지능은 비장애아동에 비해 행동반경과 경험의 영역이 좁아 지적인 우수아는 적고 보통 이하인 경우가 많다. 또한 이들은 시각장애를 가지고 있는 대신에 촉각이 매우 발달되어 있어서 이를 통해 거리, 넓이, 수량, 온도 등을 지각한다. 그런데 이런 촉각의 발달은 선천적이기보다는 끊임없는 훈련의 결과이기 때문에 시각장애아동들의 교육과 상담에서는 이런 감각을 길러주기 위한 훈련이 집중적으로 이루어져야 한다.

또한, 시각장애 아동들은 색채와 관련된 표상이 비장애아동과는 다르기 때문에 곧잘 언어장애를 수반한다. 즉, 폭포의 소리를 듣고 비장애아동들은 흰 물줄기를 연상하지만 이들은 검은색을 연상한다고 한다. 왜냐하면 이들은 자기가 분명히 모르는 것은 전부가 다 검다고 지각하기 때문이다.

마. 시각장애의 진단과 평가

1) 시각장애의 분류

시각장애는 시력과 시야가 기록된 장애진단서, 망막검사와 시신경검사 사진 등 객관적 검사자료, 6개월 이상의 진료기록지 등을 평가하여 진단한다.

표 8-3 시각장애 판정기준-법적 정의

장애등급	장애정도
1급	좋은 눈의 시력이 0.02 이하인 사람
2급	좋은 눈의 시력이 0.04 이하인 사람
3급 1호 3급 2호	좋은 눈의 시력이 0.08 이하인 사람 두 눈의 시야가 각각 주지점에서 5도 이하
4급 1호 4급 2호	좋은 눈의 시력이 0.1 이하인 사람 두 눈의 시야가 각각 주지점에서 10도 이하
5급 1호 5급 2호	좋은 눈의 시력이 0.2 이하인 사람 두 눈에 의한 시야의 2분의 1을 잃은 사람
6급	나쁜 눈의 시력이 0.02 이하인 사람

2) 특수교육

시각장애아동의 통합교육을 위한 일반적 지침은 다음과 같다. 학습환경이 적절하게 조성되어야 한다. 점자 타자기 등을 위해 책상이 충분히 넓어야 하며 자세를 위해 각도 조절이 가능한 책상, 조명이 반사되지 않는 위치여야 한다. 또한 확대 복사된 학습자료가 필요하며 장애물로부터 안전한 이동성의 확보가 중요하다. 또하나, 교수방법에 있어서도 점자나 녹음자료를 사용하여 교육적 효과뿐 아니라 사회적 상호작용 증진의 효과를 도모해야 한다.

2. 시각장애 상담

가. 학생과 부모의 바람

"잘 볼 수 있도록 사용하는 많은 기기가 있지만 수업이 지루해요."
"난 내친구들만큼 똑똑해요."
"난 많은 것을 할 수 있어요."
"난 내아이가 가능한 한 독립적이 되기를 원해요."

나. 지원과 중재

1) 개인영역

자신이 가지고 있는 장애 때문에 또는 또래로부터 경험하는 고립이나 거부로 인해 불안과 우울을 경험한다. 이러한 정서적 반응에 적절하게 중재해야 한다.

자신을 보조할 수 있는 테크놀로지, 기기, 도구의 사용에 대한 수용을 돕는게 필요하며 낮은 자존감과 낮은 성취로 인한 무력감에 대해 중재해야 한다.

2) 사회영역

또래로부터의 거부나 사회적 고립을 경험할 수 있고 비공식적인 활동을 인식하지 못하거나 또래들에게 어떻게 보여야 하는지 잘 몰라서 또래들과 잘 어울리지 못할 수도 있다. 이러한 시각장애아동의 요구에 맞게 상담자,

교사의 지원활동이 필요하다.

3) 학업영역

이상적인 학습을 위해 교실에서의 자리배치를 고려해야 하며 또래들과 상호작용을 증진할 수 있도록 상호적인 교수전략을 활용해야 한다.

문자언어는 시각장애 학생에게 어려운 과제이므로 다양한 방법으로 노트필기를 지원할 수 있다. 시험은 구두시험을 보고나 컴퓨터를 사용할 수 있는 선택을 제공하는 것이 필요하다.

표 8-3 **시각장애 특성에 따른 교육 방향**

발달영역	교육방향
운동발달	촉진, 시각자극 대신할 다양한 유형의 자극 활용 - 운동발달 자연스런 자세와 걸음걸이
개념발달	청각 및 촉각단서에 더 많이 주의 기울이는 학습
말과 언어	환경 탐색 가능하도록 꾸준한 자극제공, 꾸준한 상호작용 가능하도록 배려
학업성취	지도방법, 특히 수학, 과학의 경우
사회-정서적 발달	시각적 관찰과 모방으로 인한 사회적 기술들-구체적으로 교육, 상동행동 수정

다. 진로

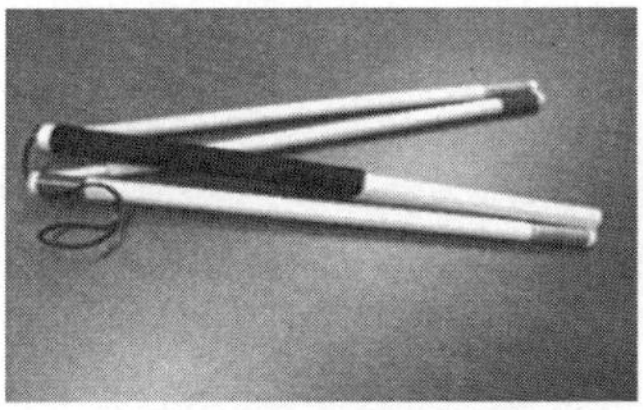
흰 지팡이

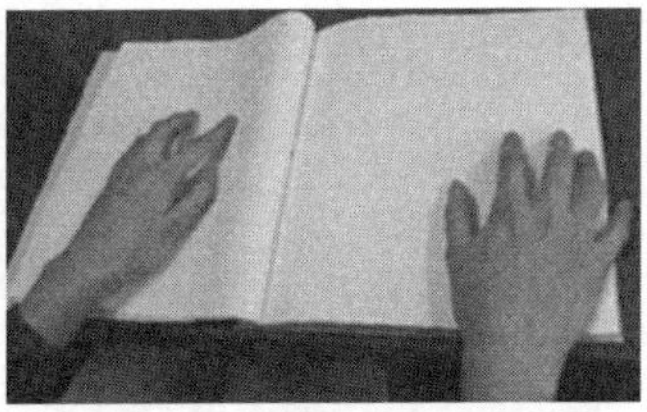
점자도서

점판

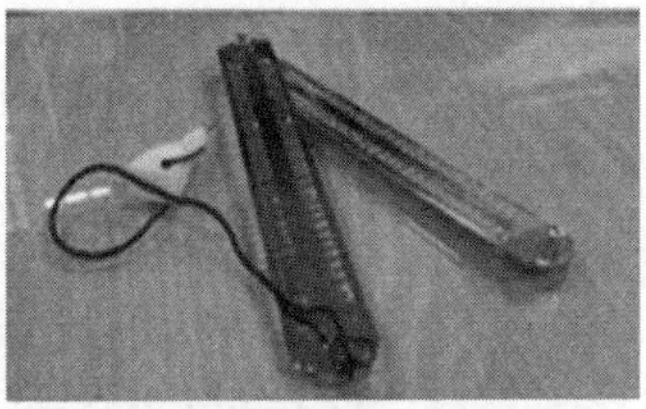
점필

점자정보 단말기
(시각장애인용 노트북)

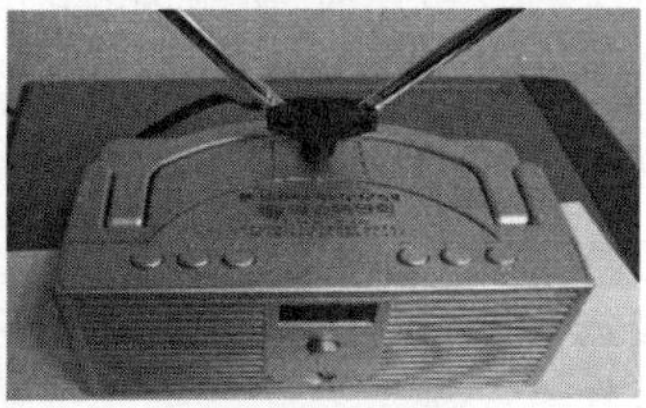
화면해설 수신기

확대 독서기

휴대용 확대기

[그림 8-2] 시각장애의 보조도구

시각장애 학생의 교육목표는 사회에서의 독립성과 생산성을 키우는 것이다. 중등 이후 교육이나 훈련에서도 지속적으로 제공될 수 있는 보조공학을 함께 사용할 수 있도록 지지하는 것은 이러한 목표를 달성하기 위한 하나의 방법이다.

시각장애가 학생의 고용 기회를 제한하고 있지만 학교-직업 현장 연계실습, 도제실습, 지역사회 파트너십 등 다양한 직업에 대한 현실적인 진로탐색이 필요하다.

시각장애인에 관한 인식과 예절

시각장애인에게 인사할 때는 먼저 말을 걸고 인사해 주는 것이 좋다.

방향과 장소를 알려줄 때는 전후 좌우와 몇 발자국, 몇 미터 등 정확한 위치를 말해 줘야 한다.

안내할 때는 흰 지팡이 반대쪽에 서서 자기 팔을 빌려 주고(대개 오른팔을 잡도록 해 준다) 시각장애인의 반보 앞에서 걸어간다. 흰 지팡이는 시각장애인의 눈이므로 그것을 잡고 있는 손을 붙잡는다거나 당기거나 하는 것은 금물이다.

식사할 때는 먼저 각 그릇의 위치와 음식 내용을 확실히 설명해 줘야 한다. 반찬을 일일이 집어 주는 것보다는 젓가락을 쥔 맹인의 손을 잡고 시계방향으로 반찬접시의 위치를 알려주는 것이 좋다.

• 취미 생활

앞을 보지 못하더라도 비장애인과 마찬가지로 다양한 취미생활을 할 수 있다.

• 독서

주로 점자와 녹음도서를 이용한다. 녹음도서란 일반도서를 낭독, 녹음 제작한 도서를 의미한다. 최근에는 음성카드나 점자프린터를 컴퓨터에 연결하여 디스켓 도서를 음성이나 점자로 출력하여 읽기도 한다.

• 윷놀이나 장기

윷놀이의 경우 윷가락을 던져서 하는 방식이 아니라 머리 속에 말판을 그리고 1에서 10까지 새겨진 10개의 젓가락을 뽑는 방식으로 놀이를 즐긴다. 장기는 비장애인들과 같은데 단지 말과 판이 손으로 만져 알 수 있도록 오목 또는 볼록선으로 구분되어 있을 뿐이다.

• 기타

그 외에 낚시, 등산, 문학활동, 음악감상 등이 있다.

• 스포츠 생활

시각장애인들도 다양한 스포츠를 즐기고 있다. 골볼, 키퍼볼 등의 시각장애인 전용 경기에서부터 축구, 야구, 탁구, 볼링처럼 일반경기를 조금 변형한 것에 이르기까지 종목도 매우 다양하다.

그 중 시각장애라는 상황에 맞게 변형시킨 야구에 대해 간단히 설명하면 다음과 같다.

• 야구

작은 야구공 대신 축구공을 사용한다. 축구공을 의자에 앉아 있는 포수를 향해 투수가 굴리면 타자는 공이 굴러오는 소리를 듣고 타격을 한다. 타자가 안타를 쳤을 경우에는 각 베이스 맨들이 치는 박수소리를 듣고 주루를 하는데 이 때 수비수들은 공이 구르는 소리와 바운드되는 소리를 듣고 수비를 한다.

• **버스나 택시를 이용할 때**

맹인이 버스를 이용할 때 가장 난처한 일은 정류장에 도착하는 버스의 번호를 알 수 없다는 것이다. 버스 번호를 물어 보는 것을 버스노선을 묻는다고 생각하여 길게 설명하다가 버스를 놓치는 경우가 종종 발생하므로 맹인이 묻는 것이 버스 번호인지 버스 노선인지 잘 파악해서 알려주어야 한다. 맹인이 택시나 승용차를 이용하는 경우에는 오른손은 차의 문에, 왼손은 차의 지붕에 얹어 주면 혼자서 차를 탈 수 있다.

* 출처 : 손으로 보는 세상(한국맹인복지연합회)

제 9 장

청각장애

1. 청각장애에 대한 이해
2. 청각장애 상담

1. 청각장애에 대한 이해

가. 청각장애의 정의

청각장애는 청각기관의 어느 부위에 여러 가지 원인으로 이상이 생겨서 청력이 저하되어 있는 상태를 말한다. 청각장애는 농과 난청으로 구분할 수 있다. 농은 보청기를 착용하든 하지 않든간에 청각을 통한 언어적 정보의 성공적인 수용이 불가능한 상태이고 난청은 일반적으로 청각을 통한 언어적 정보의 활용이 가능한 상태를 말한다.

표 9-1 청각장애의 분류

순음평균치	장애도	언어이해능력
0~25	정상	작은말에도 지장이 없다.
26~40	경도	조그마한 소리인지 어렵다.
41~55	중도	의사소통이 어려움(그룹토의도)
56~70	중고도	큰 소리는 이해한다.
71~90	고도난청	보청기 착용해도 이해 어려움

나. 청각장애의 출현율

우리나라의 경우 전체 학령기 아동을 놓고 볼 때 약 0.14~0.17%가 청각장애를 가지고 있는 것으로 알려져 있다. 2005년 국립특수교육원 보고에 의하면 특수교육 대상 아동 중 4.4%가 청각장애아동이다. 중도 이상의 청각장애를 가지고 있는 경우 다른 장애를 가지고 있을 확률이 높으며 실제 청각장애를 가지고 있는 아동 중 약 20%가 중복장애를 가지고 있다.

최근에는 출현율이 평균 3%씩 감소하고 있는 것으로 보고되는데 이는 풍진 백신이나 수술 기술의 발전, 청각 보조기구의 발달과 관련이 있다.

다. 청각장애의 원인

1) 외이의 원인

귀지나 이물 등이 외이도를 막았을 경우에도 청각장애를 유발할 수 있으나 비교적 경미하다. 그러나 선천적 기형에 의해 외이도가 생기지 않은 경우에는 전도성 청각장애를 초래할 수 있다. 선천적 기형은 임신 초기 태아에게 영향을 주는 바이러스성 감염(풍진, 인플루엔자)에 의한 경우가 많다.

2) 중이의 원인

(1) 고막천공

타박이나 중이의 과도한 압박, 기타의 염증에 의해 생긴다. 이소골 연쇄가 건전하다면 20~30dB의 청력손실이 온다.

(2) 급성 중이염

일반적으로 감염에 의하며, 중이에 액이 차서 중이의 증폭 기능이 장애를 입게 된다. 약 30dB 정도의 청력손실이 오나 의료적인 치료로 치유가 가능하다.

(3) 삼출성 중이염

고막 안의 중이강 속에 끈적끈적한 진물이 차서 잘 안들리는 질환으로 30dB 정도의 청력 손실이 온다. 원인도 잘 모르며 만성으로 진행되는 경우가 대부분이다.

(4) 알레르기성 중이염

최근에 와서 보다 많은 주의를 끌고 있는 중이염으로 유스타키우스관이 부어서 중이 내에 음기압(negative air pressure)을 일으키며, 이 음기압이 중이 내막(lining)의 혈청(blood serum)을 중이강 속으로 빨려 들게 하여 청각 손실을 일으킨다.

(5) 이경화증

중이염에 비해 드물게 발생하는 것으로서 등골이 난원창에 비정상적으로 붙어 있는 질병이다. 이경화증(otosclerosis)은 일반적으로 유전되는 것으로 알려져 있다.

3) 내이의 원인

내이의 장애는 대부분 심한 청력 손실을 일으키며 소리의 왜곡, 평형의 문제, 현기증 등을 일으킬 수 있다.

(1) 유전성

유전성 원인에는 여러 가지가 있는데 주요 증후군으로는 Waardenberg증후군, Ushers증후군, Treacher Collins증후군 등이 있다. 유전성 농은 우성 유전형질(14%), 열성 유전형질(84%), 성(sex) 관련 장애(2%)로써 유전된다(Lewenbraun & Thompson, 1986). 현재 청각 손실을 일으킬 수 있는 유전적 증후군(genetic syndromes)이 50개 이상 확인되고 있다. 또한 아동기 농의 약 50%가 유전성 원인에 의한 것이다(Nance, 1976).

(2) 뇌막염

출생 후 또는 외인성 원인 중에서 가장 많이 나타나는 것으로 청각 손실의 4.9%가 뇌막염에 의한 것이다(Ries, 1973).

(3) 풍진

임신부가 임신 3개월 이내에 풍진에 감염되면 농아동을 출산할 수 있다.

(4) 모자혈액 부적합

어머니와 태아가 각각 다른 Rh형을 갖게 되는 경우로 청각장애뿐만 아니라 다른 여러 장애를 유발할 수 있고 태아가 사망할 수도 있다.

(5) 미숙

미숙은 농의 원인일 뿐만 아니라 정신지체 또는 맹의 원인이 되기도 한다.

(6) 사이토메갈로 바이러스(Cytomegalo virus : CMV)

최근에 확인된 바이러스로 아직 백신이 없으며 선천적으로 감염된다. 이

CMV는 새로 태어난 아이들 중에 가장 흔한 바이러스성 감염으로(Williams et al., 1982) 감염된 아동의 1/3이 청각장애를 일으킨다.

(7) 기타

이 밖에도 전신질환성, 약물중독성, 직업성, 외상성, 노인성 난청 등의 원인군에 의해 내이가 손상되고 따라서 청각 손실을 유발한다. 내이가 원인이 된 청각장애는 정도가 대체로 심하다.

4) 청각중추의 원인

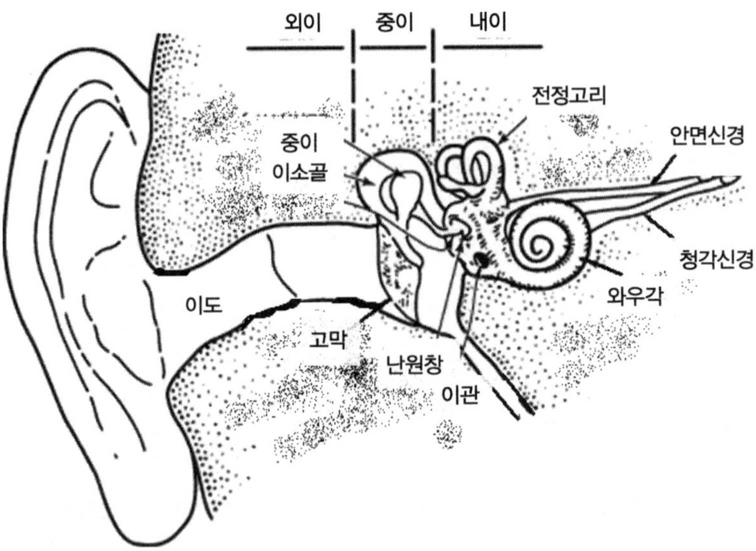

[그림 9-1] 귀의 구조

청각중추는 상위의 부위로 올라갈수록 고도의 기능을 가진 다른 작용, 즉 언어 · 판단 · 기억 · 학습 등과 같은 작용을 하는 중추들과 상호의존하고 보완

하고 견제하는 기능을 가지고 있어 청각장애만 오는 경우는 드물고 학습장애, 뇌성마비 또는 정신과 문제 등을 동반한다. 이러한 장애의 원인은 뇌중추의 발육부진이나 손상이 있는 기질적인 경우와 기능적으로 정신과 문제들이 동반되는 경우가 많다.

라. 청각장애의 특성

청각장애 아동은 의사소통의 주 방법으로 수화를 사용하기 때문에 본질적으로 듣기, 말하기와 같은 언어행동에 큰 장애를 수반한다.

- 정상범위의 지적 능력을 가지고 있으나 지시를 따르고 구어 정보를 듣는 데 어려움이 있다.
- 학교에서의 빈약한 듣기 기술, 낮은 성적, 행동문제, 언어상 어려움이 자주 나타난다.
- 지연된 의사소통 기술과 지연된 학업성취를 보인다.
- 사회적으로 고립되기 쉽다.

1) 인지적 특징

청각장애아동은 의사소통의 주 방법으로 수화를 사용하기 때문에 본질적으로 듣기, 말하기와 같은 언어행동에 큰 장애를 수반한다(Hallahan & Kauffman, 1988). 청각장애아동의 옹알이 유형은 일반아동에 비해 단조로운 특징을 갖는다. 약 8개월이 되면 옹알이가 급격하게 감소하는데, 이는 언어행동에 대한 강화가 적기 때문이다. 청각장애아동의 구어 능력은 발음, 목소리, 수용 및 표현 어휘의 수, 적합한 문법의 적용 등에 있어서 결함 또는 지체를 나타내 보인다. 그 이유로는 자신이 말한 것에 대한 청각 피드백을 받는 데 어려움이 존재하고 성인으로부터 적절한 언어적 강화를 받지 못하며, 언어 모델인 성인이 하는 언어행동을 모방하는 데 어려움이 따르기 때문이다.

청각장애아동의 지적 능력에 대한 최근의 관점은 언어경험에 의존하는 경우에 있어서도 청각장애아동과 일반아동 간에 본질적인 차이가 없다는 것이다. 이 관점에 의하면 수화 자체도 한글이나 영어와 같이 독립된 단어와 문법체계를 갖추고 있어 그 자체가 완전한 언어체제라는 것이다. 그러므로, 언어 개념과 관련된 과제에서 청각장애아동이 어려움을 겪는 것은 일반아동이 사용하는 언어와 자신들의 언어(수화) 간에 차이가 존재하기 때문이며, 언어 능력 그 자체에 있어서는 아무런 기능적 결함을 가지고 있지 않다는 것이다. 결론적으로 볼 때, 기존의 지능검사에서 청각장애아동이 차이를 나타내는 것은 일반인들이 사용하는 언어에 대한 경험이 부족하기 때문이며, 청각장애와 지능 간에는 어떠한 인과관계도 존재하지 않는다(Sistenhen & Rotatori, 1986).

학업성취와 관련하여 청각장애아동은 읽기에서 많은 어려움을 경험한다. 고등학교를 졸업할 때 약 50% 가량의 청각장애 학생들이 초등학교 4학년 수준의 읽기 능력을 나타내며, 이는 기능적으로 간신히 신문을 읽을 수 있는 수준이다(Hallahan & Kauffman, 1988). 읽기는 학습을 위한 도구로서 다른 교과목의 학습에도 중요한 영향을 미치기 때문에 청각장애아동은 다른 내용 교과(과학, 사회, 역사 등)에서도 학습의 어려움과 저성취(低成就)를 나타낸다. 수학에 있어서도 청각장애아동은 상대적으로 낮은 성취를 나타낸다. 청각장애 학생들은 고등학교를 졸업할 때 약 50% 가량이 중학교 2학년 수준의 수학 능력을 가지고 있는 것으로 나타난다. 하지만, 이 같은 연구결과는 청각장애아동이 더 나은 학업성취를 할 수 있는 기본 능력을 가지고 있지 못하다는 의미보다는 더 집중된 체계적인 교육 프로그램이 필요하다는 의미로 해석하여야 한다(김동일 외, 2003).

2) 심리행동적 특징

타인과의 관계 형성을 위해 중요한 역할을 하는 것이 바로 언어이다. 서로 간에 생각하고 느끼는 것을 공유할 수 있을 때 비로소 상호적인 사회적 관계가 형성되기 때문이다. 청각장애아동은 그들만의 다른 언어 체제를 가지고 있기 때문에 비장애아동과 대화를 나눌 수 있는 기회가 부족할 수밖에 없다. 그러므로, 한 가지 생각해 볼 수 있는 것은 청각장애아동의 수화를 통역해 줄 수 있는 친구를 활용하는 것인데, 그것도 현실적인 요인을 고려하면 쉬운 일이 아니다.

이처럼 다른 언어를 사용하기 때문에 사회적인 관계 형성이 쉽지 않고, 시간이 흐름에 따라 청각장애아동들은 스스로가 사회적으로 소외되고 고립된 존재라는 생각을 한다. 이러한 소외와 고립을 반영하는 움직임이 바로 일부 청각장애인들을 중심으로 제기되고 있는 공동체 형성이다. 자신들만의 공동체를 형성하여 생활할 수 있다면, 구어라는 언어장애를 더 이상 경험하지 않고 완전한 개체로서 살아갈 수 있기 때문이다. 그렇기 때문에 자신들의 공동체 형성을 주장하는 사람들은 통합교육보다는 기존의 분리된 특수학교 체제를 더 선호한다. 자신들이 느끼는 불편과 차별은 일반사회에서 구어를 사용하는 비장애아동과 만날 경우에만 일어나는 사회적 장애라는 것이 그들의 인식이다. 일반적으로 청각장애아동들은 비장애아동으로부터의 소외와 차별에 대한 경험으로 인해 상대적으로 빈번한 문제행동을 표출해 보인다(김동일 외, 2003).

귀는 어떻게 소리를 감지하는가?

귀에서 겉으로 드러난 부분, 즉 귓바퀴는 음파를 모아 귓속으로 넣어 주는 역할을 하지만 소리를 감지하는 데 그리 중요한 부분은 아니다. 귓바퀴가 없는 사람도 똑같이 잘 들을 수 있다. 귓속에는 귓구멍이 있고 그 끝에 얇은 고막이 있다. 음파는 귓구멍을 통해 전달되어 고막을 진동시킨다. 고막 다음에는 공기가 채워져 있는 가운데귀가 있으며 그 속에는 망치뼈(추골), 모루뼈(침골), 등자뼈(등골)라는 3개의 작은 뼈가 있다. 이 뼈들은 고막의 진동을 림프액이 차 있는 속귀, 즉 달팽이관(와우관)에 전달한다. 나선형 달팽이관(와우관) 속에는 코르티 기관이 있다. 이것은 감각모를 가진 수백만 개의 청세포로 이루어진 청각 수용기이다. 달팽이관(와우관)속의 액체가 진동하면 감각모가 움직이고, 이때 발생한 전기

신호가 청각 신경을 자극하여 소리에 대한 정보를 뇌에 전달하게 만든다.

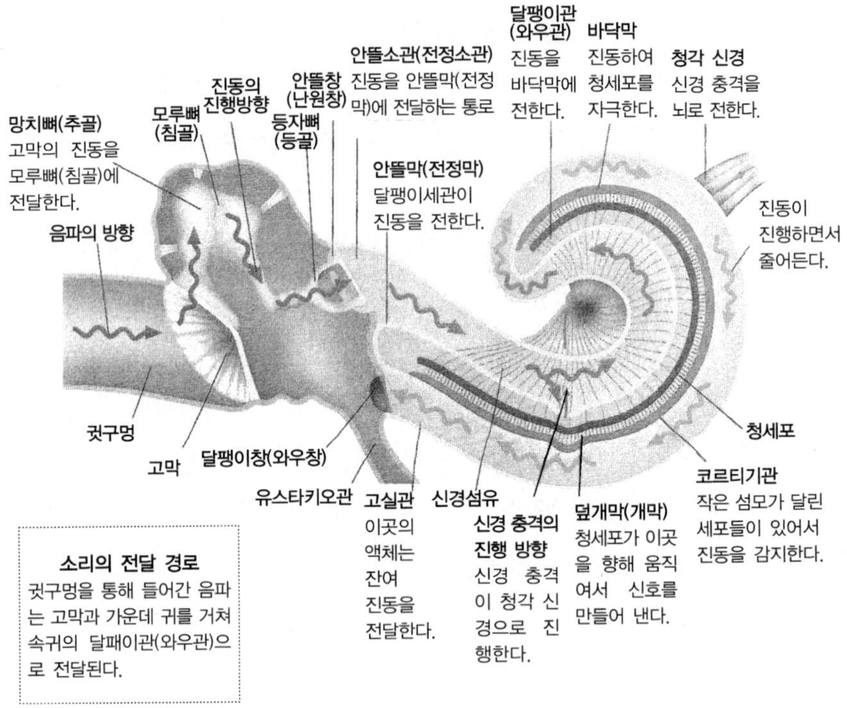

마. 청각장애의 진단과 평가

청각장애는 청력검사 3번, 뇌간유발반응검사 1번, 총 4번의 검사를 실시하여 진단한다.

표 9-2 청각장애의 법적 분류

장애등급	장애정도
6급	한쪽 귀의 청력 손실이 80dB 이상 다른 귀의 청력 손실이 40dB 이상일 경우
5급	두 귀의 청력 손실이 각각 60dB 이상일 경우
4급(2호)	두 귀의 들리는 보통 말소리의 최대의 명료도가 50% 이하일 경우
4급(1호)	두 귀의 청력 손실이 각각 70dB 이상일 경우
3급	두 귀의 청력 손실이 각각 80dB 이상일 경우
2급	두 귀의 청력 손실이 각각 90dB 이상일 경우

2. 청각장애 상담

가. 학생과 부모의 바람

"학생과 부모의 바람 전 다른 사람과 같은 방법으로 배울 수 있어요. 제 지적 수준은 정상이에요."

"때때로 제 아이는 두 개의 세계에서 기능하는 것처럼 생각돼요. 그 애의 교육은 일반인의 세계에서 실시되지만, 아이는 청각장애인의 세계에서 가장 잘 의사소통해요."

나. 지원과 중재

1) 개인영역

읽기와 수학은 청각장애아동이 전형적으로 가장 어려움을 겪는 과목으로 적절한 중재가 없으면 이들은 3~4학년 수준의 학업수준을 넘어서기가 어렵다. 학생의 성공은 부모참여와 제공받는 서비스의 질에 달려 있다.

2) 사회영역

자주 사회적으로 고립되고 학교에서 행복해하지 않는다. 개인 또는 집단상담을 통해 도움을 제공해야 한다. 음성의 질을 통해 사회적 뉘앙스를 가르치는 것도 필요하다.

3) 학업영역

언어치료를 통해 의사소통 기술을 훈련한다. 교사가 말할 때 학생의 얼굴을 바라보면 학생이 시각적인 피드백을 얻을 수 있다. 교사와 학생이 함께 청각훈련 도구를 적극 활용한다.

다. 진로

청각장애인들은 듣고 해야 하는 일을 제외하면 거의 대부분 비장애인과 같은 수준으로 직무를 수행할 수 있다. 다만 청각장애가 없는 직장동료들과의 의사소통이 문제가 될 뿐이다. 이러한 경우는 이메일로 의사소통하거나 직장동료들이 수화를 배워서 의사소통할 수도 있다. 따라서 작업조건과 대중의식만 어느 정도 보완된다면 청각장애인들은 어디에서나 일을 할 수 있을 것이다.

전화증폭 장치

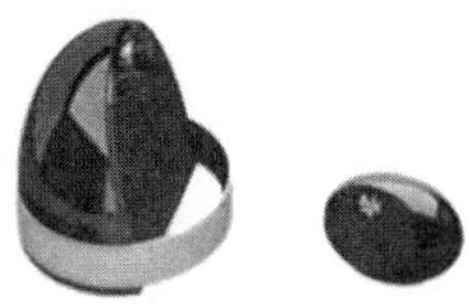
TV확성 장치

골도 헤드셋

화상전화기

진동알람시계

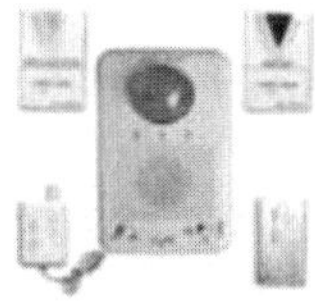
휴대용 무선신호기

[그림 9-2] 청각장애인을 위한 보조도구

제10장

신체장애

1. 신체장애에 대한 이해
2. 신체장애 상담

1. 신체장애에 대한 이해

가. 신체장애의 정의

신체장애는 비감각적 신체 부분의 결손 또는 건강상의 문제로 특수한 시설, 장비, 자료, 서비스와 같은 것이 제공되지 않으면 학교 생활이나 학습이 심각하게 어려운 상태를 의미한다(Hallahan & Kauffman, 1988; Sirvis & Caldwell, 1995). 이러한 신체장애는 보통 이차적 장애로 감각장애, 정신지체, 정서/행동장애, 의사소통장애를 수반하기도 한다.

미국특수아동교육법(Individuals with Disbilities Act)은 신체장애를 정형외과장애(orthopedic disabilityes)와 건강관련장애(other health impairments)로 나누고, 이에 대해 각각의 정의를 제공하고 있다. 이들 정의들을 살펴보면 다음과 같다.

1) 정형외과장애

아동의 학업수행에 부정적인 영향을 미치는 신체 구조적 문제를 말한다. 이러한 장애는 만곡족(clubfoot, 彎曲足)이나 신체기관 중 어느 부분이 없는 것과 같은 선천적인 이상, 척수성 소아마비(poliomyelitis), 골결핵(bone tuberculosis)과 같은 질병으로 인한 이상, 뇌성마비(cerebral palsy), 신체 절단(amputation)과 같은 것을 포함한다.

2) 건강관련장애

심장의 문제, 결핵, 류마티즘열(rheumatic fever), 신장염(nephritis), 천식(asthma),

겸상 적혈구성 빈혈(sickle cell anemia), 혈우병(hemophilia), 간질(epilepsy), 납중독(lead poisoning), 백혈병(leukemia), 당뇨병(diabetes)과 같은 만성적 또는 심각한 건강의 문제로 인해 아동의 학업수행이 어려운 상태를 의미한다.

우리나라 신체장애 학생 10,814명을 대상으로 한 유형에 대한 분석결과는 다음 〈표 10-1〉과 같다.

표 10-1 신체장애 유형

(단위 : 명, %)

구분	전체	뇌성마비	근이양증	이분척추	경련장애	척추손상	기타
전체	10,814 (100.0)	8,491 (78.5)	623 (5.8)	101 (0.9)	229 (2.1)	345 (3.2)	1,025 (9.5)
남	6,368 (100.0)	4,851 (76.2)	515 (8.1)	16 (0.3)	167 (2.6)	213 (3.3)	606 (9.5)
여	4,446	3,640	108	85	62	132	419

출처: 국립특수교육원, 2014.

나. 신체장애의 출현율

특수교육을 받고 있는 전체 장애아동 중 약 1%가 정형외과장애, 약 1.2%가 건강관련장애를 가지고 있다. 신체장애를 가지고 있는 아동 중 다른 장애 요인들을 추가적으로 가진 중복장애의 출현율은 약 1.6%이다. 그 외, 이분척추의 출현율은 0.1%, 간질은 0.5%, 뇌성마비는 0.15%이다.

신체장애를 가지고 있는 아동의 약 반이 뇌성마비나 소아마비를 가지고 있는 것으로 추정되며, 나머지 반은 만성적인 건강상의 문제나 질병으로 신체장애를 가지게 된 경우다.

다. 신체장애의 원인

신경학적 이상으로 인한 장애는 대뇌나 척추와 같은 중앙신경체제의 손상을 나타내며 이로 인해 자세, 동작, 움직임에 어려움을 갖게 된다. 여기에는 뇌성마비, 간질, 이분척추 등이 속한다. 또한, 근육과 골조직 이상으로 인한 장애가 있으며 여기에는 근위축증과 관절염이 있다.

1) 뇌성마비

뇌성마비는 두뇌가 발달하는 동안에 생긴 뇌손상으로 근육의 마비, 약화, 불균형 등이 초래된 상태를 가리킨다. 뇌성마비의 출산 전 원인으로 산모의 독성물질 , 방사선의 노출, 영양실조, 약물복용 등이 있으며 출산 중 원인으로는 조산, 난산, 산소부족, 뇌손상 등이 있다.

뇌성마비는 크게 마비가 일어나는 신체 부분에 따라 편측 마비(hemiplegia), 양측 마비(diplegia), 전체 마비(quadriplegia), 하지 마비(paraplegia)로 나누어진다. 편측 마비는 뇌성마비의 35~40%를 차지한다. 양측 마비는 다리 부분이 팔보다 더 심한 마비 현상을 보이는데 전체 사례의 약 10~20%를 차지한다. 전체 마비는 용어가 의미하는 대로 목 밑 부분부터 몸 전체에 걸쳐 마비 현상을 나타내 보이는 것으로 전체 사례의 약 15~20%를 차지한다. 하지 마비는 양측 하지 부분만 마비 현상을 보이는 것으로 전체 사례의 약 10~20%를 차지한다.

2) 뇌전증

뇌전증은 두뇌 세포에서 전기 에너지가 비정상적으로 방전됨으로써 발생하는 신경학적 신체장애이다. 방전이 되면 전기 에너지가 주위의 여러 신경 세포에 영향을 미치고, 이로 인해 의식불명, 불수의적 움직임, 비정상적인 감각

현상 등이 발생하는 것이다. 발작의 정도와 유형은 어느 부분에서 방전이 일어났는가, 어느 정도로 다른 세포로 확산되었는가에 의해 결정된다.

3) 이분척추

이분척추는 발생기에 태아의 척추가 완전히 닫히지 않아서 생기는 척추 부분의 선천적 결함을 말한다. 척추가 완전히 닫히지 않았기 때문에 신경 섬유가 튀어나올 수 있으며, 이로 인해 신경 손상을 가져와 신체 마비를 가져올 수가 있다.

4) 소아마비

신경학적 이상으로 생기는 소아마비는 폴리오균(polio virus)이 척추나 두뇌의 신경 세포를 공격함으로써 발생하는 것으로서, 다리의 부자연스러운 움직임을 가져온다. 최근 면역 백신이 개발되어 소아마비의 출현율은 급격하게 낮아진 상태이다. 다발성 경화증은 주로 청소년들이나 성인들에게서 발견되는 질병으로, 신경 세포의 축색돌기를 덮고 있는 수초(myelin sheath) 부분이 서서히 굳어가는 만성적인 진행성 질병이다. 구체적 증상으로는 시각 혼란과 같은 지각문제, 몸의 떨림, 근육 약화, 경직성 발작, 말하기의 어려움, 어지럼증, 걷는 데 어려움 등을 들 수 있으며, 아직까지는 그 원인과 치료법이 밝혀지지 않았다.

5) 근위축증

근위축증은 근육 섬유의 퇴행으로 발생하는 진행성 유전병으로 근육이 점차적으로 약화되는 장애이다. 아직까지 근육의 위축을 가져오는 원인과 이에 대한 치료법이 밝혀지지 않았다. 근위축증은 가성 비대증(pseudohypertrophy)과

상체근육 위축증(facioscapulohueral form)으로 나누어 볼 수 있다. 가성 비대증은 어깨, 팔, 다리 부분이 외형적인 측면에서 정상적으로 발달하고 있는 것처럼 보이나, 실제는 외형적 발달을 보이게 된 이유가 근육이 발달해서가 아니라 지방 세포가 많아졌기 때문이다. 이 병은 남아에게서만 발견되며, 성인 초기가 되면 거의 사망한다. 상체근육 위축증은 청소년기에 시작되며, 남아와 여아 모두에게 발견된다. 다리보다는 어깨나 팔의 근육이 더 약화되며, 얼굴 부분도 영향을 받는다. 진행이 아주 천천히 일어나기 때문에 어떤 사람들은 문제에 대한 증상을 나타내지 않고 오래 살기도 하지만, 심한 경우에는 완전한 신체 불구를 가져온다. 근위축증은 정신기능에 부정적인 영향을 미치지는 않지만, 가성 비대증을 가진 아동의 경우 언어지능이 일반아동보다 낮다.

우리나라 2014년 신체장애 학생 10,814명의 장애 원인에 대한 분석결과를 보면(국립특수교육원, 2014), 선천적 원인이 31.7%, 출생시 원인이 27.9%, 후천적 원인이 17.7% 원인불명의 경우가 22.6%로 나타났다.

라. 신체장애의 특성

뇌성마비는 감각장애, 정신지체, 언어장애, 행동장애 등 다른 장애를 수반한다. 일부 뇌성마비 아동 가운데는 평균보다 높은 지능을 나타내고, 그 중 일부는 상위 1% 이내에 드는 뛰어난 능력을 가지고 있기도 하지만, 전체적인 지능 점수 평균은 일반아동보다 낮다.

뇌전증을 가지고 있는 아동의 반 이상은 평균 이상의 지능을 가지고 있다. 특이한 사실은 뇌전증을 가지고 있는 학생들 중에 학습장애로 판정되어 특수교육을 받는 학생들이 의외로 많다는 것이다. 그 이유로는 뇌의 기질적 이상과 학교 학습에서의 부적응 문제를 들 수 있을 것이다. 또한, 뇌전증을 가지고 있는 아동들은 일반아동보다 정서 · 행동장애를 수반하는 경우가 많다.

1) 뇌성마비

- 감각, 인지, 의사소통, 행동에 문제를 보이거나 발작을 경험할 수 있다.
- 진행성으로 악화되지는 않는다.
- 통증, 근골격계 문제, 피곤, 방광 및 대장 문제, 골밀도 감소, 발작, 경련, 구강운동 기능 손상, 시청각 문제와 같은 다른 문제도 일어난다.
- 처치는 사례별로 결정되는데 뇌성마비의 증상을 다루는데 가능한 방법 - 물리치료, 교정도구, 작업치료, 언어치료, 청력지원, 안경 혹은 눈수술, 보툴린 독소 주입, 바클로펜, 수술, 전기 자극, 바디수트 등이다.

2) 경련장애-뇌전증

- 경련 혹은 발작은 자각과 인식과 신체활동에서의 변화를 포함하며 짧은 순간에 일어나는 것이다. 경련장애 대부분은 뇌에서의 전기적 방해 혹은 비정상적인 변화로 인해서 발생하는 간질성 경련이다. 경련장애는 신체적 · 인지적 · 행동적 증상이 다르게 나타날 수있으며 의식을 잃을 수도 아닐 수도 있다. 경련은 짧게는 몇 초, 길게는 몇 분에 걸쳐 지속되는데 5분 이상 지속되거나 잇따라 발생하는 경련장애는 신속한 의료적 대응이 요구된다.
- 손발수축, 일시적 경직, 만곡증상
- 흉부근육수축, 숨을 제대로 쉬지 못하거나, 울면서 시작된다.
- 전반적인 경련은 혼동, 혼미, 극심한 피로, 정서적인 혼란 등을 포함하는 상태에 뒤따른다.
- 발작과 지능지수간 상관관계는 없지만 경련으로 인하여 이지적 기능의 이상, 주의집중의 어려움, 학습장애, 사회적 고립과 낙인, 불안, 기분장애, 자살사고 등에 영향을 준다.

마. 신체장애의 진단과 평가

신체장애는 대부분 신경학적 이상과 근육, 골조직 이상 등으로 인한 장애이기 때문에 의료기관에서 의학적 평가와 진단이 이루어진다.

		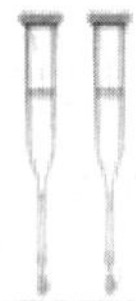
의수, 의족	헤드포인터	목발(크러치)

펜슬 그립	휠체어	전자말 보조기

[그림 10-1] 신체장애인에게 필요한 보조공학기기

2. 신체장애 상담

가. 학생과 부모의 바람

1) 뇌성마비

“나는 삼기키에 문제가 있고 때론 침을 흘리기도 해요. 그래서 친구를 사귀기가 참 힘들어요. 나를 잘 모르는 사람들은 날 보고 웃거나 흘깃거리지요."

"내가 다르기 때문에 다른 친구들이 날 놀릴까 봐 두려워요. 그래서 난 다른 아이들과 다르지 않은 것처럼 행동하려고 노력해요."

2) 뇌전증

"경련장애가 있다고 해서 내가 생각을 할 수 없거나 정신지체를 가지고 있는 것은 아니에요. 경련장애가 있는 대부분의 사람은 대부분의 시간을 다른 사람들이 하는 것을 하면서 지내요."

나. 지원과 중재

1) 뇌성마비

(1) 개인영역

전반적으로 뇌성마비 학생은 일반학생에 비교하여 낮은 자기효능감을 갖고 있다. 따라서 상담자와 교사는 학생의 독립성과 자율성을 개발하고 자기효능감을 높일수 있도록 돕는다. 또한 학생의 자존감을 향상시키는 것이 중요하다.

(2) 사회영역

뇌성마비 학생은 사회적으로 덜 활동적이고 적은 수의 친구를 갖는 경향이 있으며 친구들과 보내는 시간이 적다. 그러므로 이들과 다른 학생간 상호작용을 촉진하는 것은 중요하다. 다른 학생들에게 뇌성마비에 대해 교육시키고 운동기능의 장애가 있다는 것이 곧 지적장애가 있다거나 그들이 친구 사귀는 것을 원하지 않는다는 것을 의미하는 것이 아님을 설명하는 것이 도움이 된다.

뇌성마비 학생들은 괴롭힘 또는 또래 거부로부터 스스로를 보호하기 위하여 행동을 숨기거나 비참여를 선택할 수 있으며 자신의 신체상, 제한적인 자율성으로 괴로워할지도 모르기 때문에 상담자와 교사는 이를 적극적으로 지원할 필요학 있다.

(3) 학업영역

장애학생만으로 구성된 교실에서는 인생의 다양한 상황에서 역경을 딛고 독립적인 역할을 하는데 어려움을 경험할 수 있다. 그러므로 뇌성마비 학생은 일반학생과 같은 교실에 통합될 필요가 있다. 학생이 교실에서 과제도 완성하고 다른 사람들과 소통하기 위해 다양한 보조도구를 활용하도록 돕고 독립적이 될 수 있도록 지원해야 한다.

2) 뇌전증

(1) 개인영역

경련을 경험한 아동들은 부끄러움, 격리, 좌절, 불안, 우울 등의 감정을 견뎌내기 위한 도움이 필요하다. 아동과 그 가족에게 지원을 제공하는 것은 이러한 부정적인 경험을 완화하도록 도울 수 있다. 약물을 복용하고 경련장애 행동계획을 조정하는데 있어서 보건교사의 도움이 필요하다.

(2) 사회영역

경련장애가 있는 아동을 개별적이고 직접으로 돕는 것은 매우 중요한 첫 단계이다. 놀림과 낙인으로 고립되기 쉬우므로 또래들과 교직원을 위한 교육

프로그램을 실시하는 것이 중요하다. 이를 통해 경련장애에 대한 지식을 넓히고 두려움을 줄이며 수용을 증진시킬 수 있다.

(3) 학업영역

일반적으로 정상적인 지적 능력을 가진다. 그러나 일부는 경련장애의 직접적인 영향, 잠재적인 원인, 약물의 영향 등으로 학업적인 조정이 필요하다. 예를 들어 잦은 발작은 기억력 손실을 야기하므로 지시사항이나 숙제는 항상 글로 써서 제공한다. 주의집중이 어려우므로 과제수행이나 시험시 시간을 더 줄 필요가 있다. 규칙적인 일과는 아동에게 안정감을 줄 수 있다. 특별한 자리에 앉게 하여 발작 행동이 보이는지 교사가 감독할 수 있도록 한다.

(4) 신체영역

신체장애를 가지고 있는 아동들은 초기에 정상적인 신체를 가지고 싶어하는 심리적 갈망을 가지고 있으며, 자신의 현재 장애가 곧 사라질 것이라고 믿는다. 이 같은 믿음은 일반아동처럼 모든 일을 똑같이 하고 싶어하는 희망에서 나온 것으로, 이러한 심리적 갈망은 지극히 정상적인 것으로 생각할 수 있다. 그러므로 상담자와 교사는 아동과의 상담을 통해 아동 자신이 가지고 있는 신체장애로 인해 기인되는 한계를 인정할 수 있도록 하며, 신체장애에도 불구하고 아동이 가지고 있는 장점과 능력을 찾을 수 있도록 조력해야 한다(김동일, 2003).

다. 진로

- 경련을 잘 조절할 수 있는 사람은 취업 및 직업참여에 있어서 큰 제한을 가지지 않는다.

- 경련조절이 문제가 되면 운전이 필요한 직업은 피하는 것이 좋다.
- 만약 불안, 기분장애와 같이 동반되는 문제가 있다면 상대적으로 스트레스 덜 받고 탄력적인 일정조정이 가능한 직업이 도움이 된다.

영화로 만나는 특수아동 상담

로렌조 오일

감독: 조지 밀러
출연: 닉 놀티, 수잔 서랜든, 폴 라자르, 로라 리니, 캐슬린 윌호이트, 콜린 와드, 제니퍼 던대스, 마고 마틴달

오돈 부부는 로렌조라는 다섯 살 난 아들이 있다. 하지만 어느 날 불행이 닥쳐오는데, 원인도 치료법도 모르는 ALD라는 진단을 받게 되고 곧 죽게 된다는 비보였다. 그러나 이 치명적인 죽음 앞에 오돈 부부는 굴복하지 않고 오직 지식과 논리를 바탕으로 아들의 병마와 싸우게 되고 마침내는 승리에 도달하게 된다. 오돈 부부는 ALD에 대해 연구하기 시작한다. 그러나 관련된 서적도 적고 전문의들은 조직화되어 있지 않다고 느껴 그들은 ALD 심포지엄을 조직하기에 이른다.

어느 날 우연히 폴란드 의학지에서 로렌조의 병과 비슷한 증세를 쥐에다 실험한 기사를 발견해 의사에게 자문을 구한다. 오돈 부부는 ALD가 나쁜 지방산이 생기면서 생기는 병이므로 나쁜 지방산을 제거해 주면 되지 않겠냐는 논리에서 한 발자국 해결책 가까이 나가게 된다.

마침내 1984년, 역사적인 "로렌조의 경주"는 시작이 된다. 여러 어려움이 닥치게 되나 그들은 포기하지 않고 새로운 도전을 계속한다. 1984년 4월 로렌조 아버지는 식용이 가능한 불포화 지방산을 발견해야겠다는 생각이 떠오르게 되고 생화학자에게 의뢰하여 하루도 쉬지 않고 연구한 끝에 1kg의 소중한 기름을 발견하여 오돈 가족에게 보낸다. 그 이후로 이 기름은 '로렌조 오일'이라 불리게 되는데…….

제11장

의사소통장애

1. 의사소통장애에 대한 이해

가. 의사소통장애의 정의

정교한 의사소통 능력은 인간을 다른 종들과 구분한다. 인간은 고도로 전문화된 발음기관을 가지고 있다. 목구멍에는 성대가 있는데, 이것이 움직여서 그 사이를 지나가는 공기 흐름을 변화시킨다. 인간은 또한 잘 움직이는 얼굴 근육을 가지고 있어서 정확한 소리들을 만들어 낼 수 있다. 그러나 언어를 만드는 실제 핵심은 발음기관을 제어하고, 언어의 뜻을 해석하며, 상징을 단어와 연관시키는 복잡한 뇌이다. 인간의 뇌는 무엇을 말할지 생각한 다음 그것을 단어로 번역한다. 그리고 다른 동물이 만드는 소리의 조합은 어느 것도 인간의 언어만큼 복잡하지는 않다. 단지 하나의 단어를 듣고, 말하고, 읽는 것에도 신경 세포 약 100만 개의 전기적 활성이 수반된다. 좌뇌에 있는 2개의 언어 영역들은 19세기에 폴 브로카(Paul Broca)와 카를 베르니케(Carl Wernicke)가 각 영역을 손상당한 사람들의 언어 결함을 연구한 결과로 발견되었다. 베르니케 영역은 들은 말과 읽은 단어를 이해한다. 브로카 영역은 말하기와 쓰기를 처리한다.

의사소통장애(communication disorder)란 의사소통 수단(언어, 구어, 몸의 움직임 등)을 이용해 메시지를 서로 주고받는 과정에서 메시지에 담겨 있는 내용을 수용, 처리, 전달하는 능력에 현저한 결함을 가지고 있는 상태를 의미한다(American Speech-Lanaguage-Hearing Association, 1993). 의사소통장애는 다시 언어장애(lanaguage disorder)와 구어장애(speech disorder)로 구분해 볼 수 있다.

언어장애는 언어의 형식(음운, 형태, 구문), 언어의 내용(의미), 언어의 화용(기능)의 측면에서의 현저한 결함으로 이해할 수 있다. 형식장애(disorder of form)는 의미 단위 형성을 위한 각 음소의 분석 및 연결, 문법에 맞게 구성요인들을 배열하는 능력의 결함을 의미한다. 내용장애(disorder of content)는 제한된 어휘, 단어의 잘못된 사용, 속담이나 은유법에 대한 이해의 어려움 등의 문제가 심각한 경우를 나타낸다. 마지막으로, 화용장애(disorder of use)는 언어를 목적, 상황, 대상에 맞지 않게 사용하는 정도가 일상 생활에 어려움을 줄 정도로 심각한 경우를 말한다.

구어장애는 목소리장애, 조음장애, 유창성 장애를 포함하며 말하기의 기능적 결함을 의미한다. 목소리장애는 소리 지르기 등과 같은 목소리의 남용으로 듣기 싫은 거친 목소리가 나오는 경우다. 조음장애는 각 음소의 발음을 정확하게 하지 못하는 것을 말하며, 유창성 장애는 말하는 속도가 지나치게 느린 경우를 가리킨다. 특히 유창성 장애는 바르지 않은 순서로 말하거나 말의 속도, 음소나 음절의 반복 등 말의 흐름에 단절이 자주 지속적으로 일어나 의사소통을 방해하는 경우다. 문장에 오류가 많고 말의 속도가 빠른 횡설수설(cluttering), 비정상적인 반복, 말 막힘 현상을 보이는 말더듬이(stuttering)가 포함된다.

실어증에는 Broca 실어증과 Wernicke 실어증이 있다. Broca 실어증은 표현실어증으로 의사표현의 문제이다. 말이 느리고 말하기 힘들어 하며 발음이 부정확하다. 전보식 문장을 사용하거나 내용은 있지만 기능어가 부족한 모습을 보인다. Wernicke 실어증은 말의 내용이 없어 언어 이해능력의 결함을 보인다. 억양이나 발음 측면에서는 유창한 편으로 문법의 규칙도 가지고 있으나 의미없는 말을 많이 사용하기 때문에 말의 뜻을 이해하기 어렵다. 또한 다른 사람의 말을 잘 이해하지 못하는 측면을 보인다.

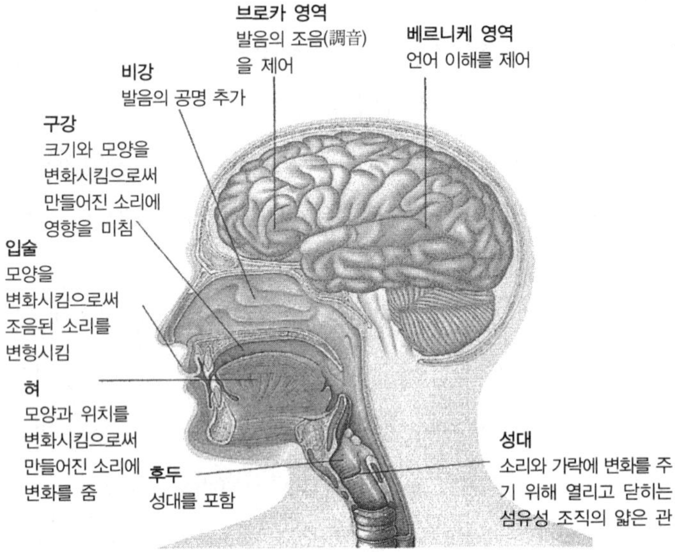

[그림 11-1] 언어의 해부학

나. 의사소통장애의 출현율

의사소통장애의 출현율은 전체 인구의 약 6%이며, 학령기에 있는 아동만을 대상으로 했을 때 약 1~2%인 것으로 보고되고 있다(Castrogiovanni, 1999). 의사소통장애에서 가장 큰 비중을 차지하는 것이 조음장애이다. 조음장애를 유발하는 원인 중의 하나인 구개/구순파열은 750명 중 1명 꼴로 발생하는 것으로 나타났다(Bradley, 1997). 구순파열(cleft lips)의 경우는 남자가 여자보다 2 : 1의 비율로 더 많이 발생하며, 구개파열(cldft palate)은 반대로 여자에게서 더 많이 발생하는 것으로 나타났다.

유창성 장애의 경우 심각한 말더듬을 경험한 성인의 비율은 약 5%이다. 일반적으로 아동기의 유창성 장애는 출현 3~5년 이내에 자발적 회복을 보인다. 자발적 회복을 보이는 아동의 비율이 전체의 85%를 차지한다. 이러한 자발적 회복률을 감안할 경우 계속해서 유창성 장애를 가지고 사는 사람의 비율은 전체의 약 1%이내이다.

유창성 장애는 남자 대 여자의 비율이 약 2.3 : 1에서 3.0 : 1로 남자가 더 많다. 또한, 유창성 장애를 가진 가족구성원이 집안에 있는 경우 상대적으로 높은 가족 재현율을 보인다. 유창성 장애를 가지고 있는 아동의 50%가 유창성 장애를 경험한 친척을 가지고 있으며, 직계 가족 중 15%가 현재 또는 과거에 유창성 문제를 경험하였다. 쌍둥이의 경우 한 사람이 유창성 문제가 있을 경우 다른 사람도 유창성 문제를 가지고 있을 확률이 높다.

다. 의사소통장애의 원인

조음장애는 청각장애, 열악한 언어 환경, 낮은 지능, 불안정한 아동의 정서 등이 원인이 되기도 하나 가장 큰 원인은 발어기관에 장애가 있는 경우다. 즉, 입술, 혀, 구개, 코, 인후 등에 장애가 있으면 조음이상을 가져오는 직접적인 원인이 된다. 또한 치열의 이상, 코의 질환, 구개의 마비, 구개파열 등도 조음장애 원인이 된다.

말더듬 현상인 유창성 장애의 원인에 대해서는 여러 가지 설이 있으나 최근에는 선천적이라기보다는 성장과정에서 환경으로부터 받는 영향으로 인하여 발달적인 과정에서 결정되어 나타나는 장애라고 보고 있다. 유창성 장애의 원인은 다음과 같다.

① 미숙한 말을 주위의 사람이 듣고, 더듬는다고 지속적으로 하는 부정적 강화

② 가족이나 이웃에 말더듬이가 있어 모방하는 것

③ 빠른 말버릇

④ 공포, 초조, 불안을 가질 때

⑤ 심리적인 갈등이나 충격

⑥ 사회적인 부적응

2014년 국립특수교육원의 의사소통장애 원인에 대한 통계자료에 의하면 전체 의사소통장애 학생 1,953명 중 선천적 원인이 23.0%, 출생시 원인 5.0%, 후천적 원인 24.0%, 원인불명이 48.0%로 나타났다.

목소리 만들기

허파는 온몸에 산소를 공급하기 위해 진화했지만, 그 과정에서 공기가 지나가는 경로인 목은 소리를 내는 부수적인 기능을 갖게 되었다. 이것은 후두에 있는 성대 덕분인데 성대는 점막으로 이루어진 2개의 주름이다. 말을 할 때에는 후두의 근육이 수축하여 성대의 주름이 가깝게 붙으며, 공기는 허파에서 밀려 나간다. 공기는 성대의 좁은 틈으로 빠져 나가면서 얇은 막을 진동시키며, 이렇게 해서 말할 때 나는 목소리가 만들어진다. 근육이 이완되면, 성대는 양쪽으로 벌어지고 소리는 나지 않는다. 성대의 길이와 탄성이 목소리의 음정을 변화시킨다. 남자의 성대가 더 길고 느리게 진동하기 때문에 여자보다 굵은 목소리가 난다. 소리의 크기는 성대를 지나가는 공기가 얼마나 힘차게 밀고 가느냐와 관계가 있다.

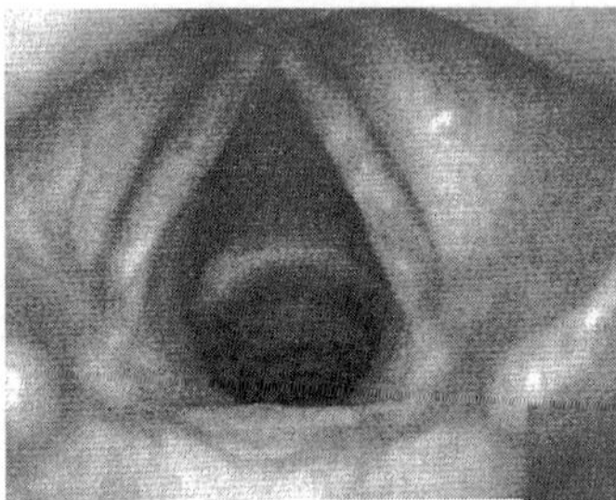

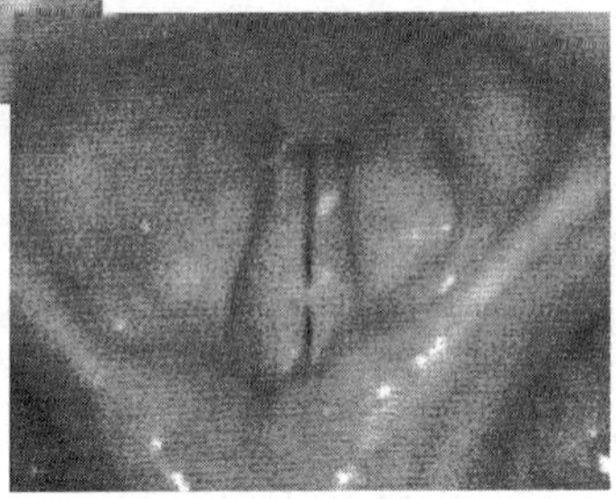

성대
성대가 열리면(위) 아무 소리도 나지 않는다. 성대가 닫히면(오른쪽) 성대를 지나는 공기가 진동하여 목소리가 만들어진다.

라. 의사소통장애의 특성

- 말소리를 내는데 어려움을 가지거나 적절한 높이, 크기의 목소리를 내기 힘들어 한다.
- 말을 유창하게 하는데 어려움이 있다.
- 지시사항을 이해하거나 따르는데 어려움이 있다.

- 말로 전달되는 수업내용을 이해하는데 어려움을 겪는다.
- 생각을 표현할 수 없거나 다른 사람들과 의사소통하는데 문제가 있다.
- 조기중재가 매우 중요하며 3세 이전에 장애로 조기 판별되는 것은 성공적인 발달의 가능성이 높다.

의사소통장애아동이 보이는 특성으로는 언어의 형식적 측면에서 시제 또는 복수 표현을 부적절하게 사용한다. 문장 자체가 아주 길거나 짧은 패턴을 보이며 문법적으로 문장을 구성하는데 있어서도 오류를 많이 범한다. 내용적 측면에서는 어휘가 제한되어 있으며, 구체적으로 대상을 지칭하기보다는 이것, 저것과 같은 포괄적인 지시어를 자주 사용한다. 또한 화용적 측면에서는 상대나 상황에 따라 적절한 언어를 구사하지 못하며, 적절한 목소리 톤을 유지하는데 어려움을 보인다.

표 11-1 **의사소통장애의 유형**

(단위 : 명, %)

구분	전체	조음장애	유창성 장애	음성장애	언어발달 장애	기타
전체	1,953 (100.0)	659 (33.7)	198 (10.1)	74 (3.8)	1,014 (51.9)	8 (0.4)
남	1,423 (100.0)	476 (33.5)	179 (12.6)	54 (3.8)	706 (49.6)	8 (0.6)
여	530 (100.0)	182 (34.3)	19 (3.6)	21 (4.0)	308 (58.1)	0 (0.0)

출처: 국립특수교육원, 2014.

마. 의사소통장애의 진단과 평가

표 11-2 의사소통장애의 법적 분류

장애등급	장애정도
3급 1호	발성이 불가능하거나 특수한 방법(식도발성, 인공후두기)으로 간단한 대화가 가능한 음성장애
3급 2호	말의 흐름이 97% 이상 방해를 받는 말더듬
3급 3호	자음 정확도가 30% 미만인 조음장애
3급 4호	의미있는 말을 거의 못하는 표현언어지수가 25 미만인 경우로서 지적장애 또는 자폐성 장애로 판정되지 아니하는 경우
3급 5호	간단한 말이나 질문도 거의 이해하지 못하는 수용언어지수가 25 미만인 경우로서 지적장애 또는 자폐성 장애로 판정되지 아니하는 경우
4급 1호	발성(음도, 강도, 음질)이 부분적으로 가능한 음성장애
4급 2호	말의 흐름이 방해받는 말더듬(아동 41–96%, 성인 24–96%)
4급 3호	자음 정확도가 30–75% 정도의 부정확한 말을 사용하는 조음장애
4급 4호	매우 제한된 표현만을 할 수 있는 표현언어지수가 25–65%인 경우로서 지적장애 또는 자폐성 장애로 판정되지 않는 경우
4급 5호	매우 제한된 이해만을 할 수 있는 수용언어지수가 25–65%인 경우로서 지적장애 또는 자폐성 장애로 판정되지 않는 경우

2. 의사소통장애 상담

가. 학생과 부모의 바람

“나는 그냥 평범한 아이에요.”

“내가 교실에서 이야기할 때 아이들이 놀릴까 봐 걱정돼요.”

"난 쟤네들이 무슨말을 하는 건지 모르겠어요."

나. 지원과 중재

1) 개인영역

아이들은 다른 사람과 이야기하고 연습함으로써 언어를 더 잘 사용하는 법을 배울 수 있다. 교사는 아이에게 잘못을 지적하거나 흠잡는 사람이 없는 소그룹같은 편안한 환경에서 이야기할 수 있는 기회를 제공함으로써 이를 촉진시킬 수 있다.

2) 학업영역

교실에서의 긴장을 완화하기 위하여 소그룹 활동을 사용하도록 권장된다. 발달적으로 적절하다면 학생에게 이해하지 못하는 단어를 쓰거나 대화 중에 새로운 단어를 사용하는 연습을 할 수 있도록 장려한다. 일대일 과제로 학생을 개별적으로 지도하는 것이 필요하다.

의사소통장애 중 조음장애아동의 경우 듣고 존중해 주는 수용적인 언어 환경이 중요하며 말을 통한 의사소통 기술을 연습할 수 있도록 아동에게 참여 기회를 많이 제공하는 것이 필요하다. 또한 시범자가 좋은 모델이 되는 것이 중요하다. 음소를 명확하게 인식하게 하거나 발음을 훈련하고 강화하는 단일 음운치료적 방법이 효과적이다. 한편, 유창성 장애는 말하기 속도를 조절하고, 연장하여 말하게 하고 정지를 구분하여 말하는 연습을 하는 것이 효과적이다.

표현을 잘 하지 못하는 아이

L양은 7세된 여자 아이로 말하는 것에 문제가 있었다. 어머니는 L양이 언니보다 매우 늦게 말을 시작했다고 하였다. 18개월이 될 때까지 L양은 부모와 정상적인 관계를 맺었음에도 불구하고 엄마라는 단순한 단어조차 말하지 못하였다. 그리고 L양은 4살이 되면서 점차 한 단어나 단순한 문장을 사용하기 시작했지만, 조음(또렷한 발음)상에 문제가 있었고 어휘도 눈에 띄게 감소하였다.

6살이 되면서 L양의 장애는 더욱 두드러졌다. 자기가 전에 알고 있었던 단어들도 자주 잊어버렸고, 사물의 정확한 이름을 알아내는 데도 어려움이 있었다. 그럴 때면 L양은 틀리기는 했지만 관련된 단어들을 대치하여 사용하였다. 예를 들면, '신문'이라는 단어를 기억하지 못할 때는 '신발'이라는 단어와 '신사'라는 단어를 사용하였다. 문법의 사용에도 장애가 있었는데, 잘못된 단어의 배열을 흔히 사용하였다(예 : 음식, 영희 먹는다). 그러나 L양은 이런 문제를 가지고 있었지만, 이해력에는 별 문제가 없었다. L양은 다양한 단순 과제를 해 보라고 하면 이를 적절하게 잘 수행하였다.

L양이 6세 6개월 되었을 때 부모는 L양의 능력을 평가하기 위하여 정식 검사를 의뢰하였다. 그 결과 L양의 표현성 언어(expressive language)에서는 심각한 손상을 보였지만, 수용성 언어(receptive language)는 손상되지 않았고 나이에 적절한 것으로 판명되었다.

* 자료 : 김청송(2003)

제3부

특수아동 교육 및 진로개발

제12장

특수아동의 진단과 평가

1. 진단 및 평가에 대한 이해
2. 국내에서 사용되는 특수교육대상자의 진단 및 평가도구
3. 교육진단검사(Psycho-Educational Profile : PEP)
4. 기초학습 기능검사
5. 학습준비도검사
6. 시지각 발달검사
7. 지각운동 발달검사

1. 진단 및 평가에 대한 이해

가. 진단 및 평가의 목적

특수교육에서 진단과 평가는 한 아동에게 특정 장애가 있는지 여부, 회복 가능한 영역, 동원할 수 있는 자원 등에 대해 포괄적인 판단을 내리는 것을 목적으로 한다. 이 목적을 달성하기 위한 절차로는 아동을 특수교육의 대상자로 포함시킬 것인지 여부 결정, 아동이 과거나 현재의 수행수준이 미약함에도 앞으로 더 높은 성취를 할 수 있는지에 대한 판단, 손상된 기능 영역 중에서 회복이 가능한 영역의 변별, 아동의 회복을 위해 동원할 수 있는 강점의 확인 등을 포함한다. 한편 Cross와 Goin(1975)은 진단과 평가단계를 선정(locating) · 선별(screening) · 진단(diagnosis) · 평가(evaluation)로 구분하고 각 단계의 목적과 참여자를 다음과 같이 정리하였다(김동일 외, 2003에서 재인용).

표 12-1 진단서 평가의 단계

	선정	선별	진단	평가
목적	지역사회에서 특수교육을 필요로 하는 아동과 접촉 시도: 서비스에 대한 대중적 인식 제고	심도있는 조사를 필요로 하는 아동을 선별	의학적 발달적 교육적 손상의 범위 판정 처치 프로그램 배치결정	특별 프로그램의 실시 및 종결 기준 결정: 프로그램 잔류 아동 결정: 목표달성 프로그램 설정
참여자	프로그램 요원 자원봉사자 지역사회 구성원	전문가 보조전문가 자원봉사자	다학문 간 전문가 집단	다학문 간 전문가 집단

* 출처: Gross, L. & Goin, L.(Eds.). (1975). *Identifying Handicapped Children*. NY: Walker & Co. p. 75.

나. 진단 및 평가의 기능

진단과 평가는 순기능과 역기능을 동시에 가지고 있다. 진단과 평가의 순기능으로는 아동이 경험하고 있는 장애의 특성을 간략하게 요약하고, 전문가들 간에 의사소통을 원활히 하도록 도와 주며, 때로는 개입방법에 대해서도 시사점을 준다는 점 등이 있다(김창대 등, 1994; Hoghughi, 1992; Johnson, 1984).

그러나 진단과 평가는 평가대상이 되는 아동에게 꼬리표(labeling)를 붙임으로써 진단이 아동에 대한 이해를 증진하기보다는 오히려 그 아동에 대한 몰이해를 초래할 수 있다는 역기능을 가지고 있다. 또한 아동이 특정 유형으로 진단될 경우 그 유형 내에서는 각 개인의 개인차가 무시될 수도 있으며, 아동에 대해 낙인을 찍고는 편견이나 부정적인 기대를 가질 수 있다.

따라서 특수아동의 장애를 진단 · 평가할 때 평가자는 우리는 아직 인간 내면세계에 대해 충분히 모르고 있다는 점을 기억해야 한다. 즉, 지능을 평가함으로써 우리가 알 수 있는 것은 '지능의 수준'일 뿐이며 실제 정보가 두뇌 속에서 처리, 저장, 인출되는 '방식', 환경이 학습에 영향을 미치는 '과정', 지능을 발달시킬 수 있는 '교육방법'에 대해서는 아직 잘 모른다. 따라서 아동의 지능을 평가하여 점수를 기준으로 분류하여 동일한 집단으로 분류, 진단된다고 하더라고 상담자는 그들이 동일한 방식으로 정보를 처리, 저장, 인출하거나 같은 교육방법을 통해 그들의 문제를 개선할 것으로 생각할 수 없다. 또한 동일하게 정신지체아로 명명되었다고 하더라도 그들의 지적인 능력이나 학습하는 방식, 그리고 기질이 서로 다르다. 따라서, 아동에 대해 명명이나 분류하는 것이 매우 중요하긴 하지만 그러한 명명과 분류 때문에 실제 상담자가 아동을 관찰하거나 그들을 교육시키는 방식을 제한해서는 안 된다는 점을 기억해야 한다(김동일 외, 2003).

다. 진단 및 평가의 유형

특수아동의 진단과 평가에는 아동의 장애 유형에 따라 다양한 방법이 도입되어야 하며, 수집한 자료를 기초로 통합적인 판단을 내려야 한다. 특수아동의 진단 및 평가의 유형은 크게 표준화 검사, 면접, 관찰로 살펴볼 수 있다.

1) 표준화 검사

표준화 검사란 검사의 규준이 마련되어 있는 검사를 의미한다. 표준화 검사는 규준집단(norm)이라고 하는 나이나 성별이 분명하게 규정된 대표적인 집단을 기준으로 검사의 척도를 만들어 둠으로써 평가대상이 되는 각 개인의 점수를 원래 기준이 되었던 규준집단 내에서의 서열점수로 재해석할 수 있도록 제작된 검사이다.

2) 면접

면접 역시 다른 진단 및 평가방법과 마찬가지로 대상에 대해 적합하고 신뢰할 수 있으며 타당한 정보를 얻고자 하는 목적을 가지고 있다. 그러나 면접을 통한 평가는 다른 방식의 평가보다 유연성이 있어서 평가자가 평가 중에 방향을 바꾸어 가면서 아동에 대해 유용한 정보를 얻을 수 있을 뿐만 아니라 내담자의 행동을 관찰할 수 있다는 이점이 있다. 반면 면접을 통한 평가는 신뢰도나 타당도를 확보하기 어렵다는 단점이 있다.

3) 관찰

아동의 일상생활을 관찰하면 귀중한 정보를 얻을 수 있다. 평가자는 아동이 학교나 가정, 그리고 동네에서 보여주는 행동을 관찰할 수도 있고, 교사가 그 아동에게 특별히 대하는 방식, 친구들의 반응 등을 관찰할 수도 있다. 관찰을 통한 평가는 다른 객관적인 검사와 함께 사용할 때 훨씬 풍부한 평가를 내릴 수 있으며, 이러한 정보를 토대로 상담자는 아동을 위한 치료 프로그램을 구성하거나 선정할 수 있다. 일상생활의 관찰을 통한 평가는 다음과 같은 특징이 있다.

- 아동의 자연스럽고 자발적인 행동을 평가할 수 있다.
- 아동의 대인관계나 학습 양식을 평가하기 용이하다.
- 아동의 행동뿐 아니라 다른 사람의 반응도 동시에 평가할 수 있다.
- 아동의 행동에 대해 부모나 교사가 보고한 내용을 확인할 수 있다.
- 아동의 행동을 평가상황과 자연스런 상황에서 서로 비교할 수 있다.
- 다른 방식으로는 평가하기 어려울 정도로 어리거나 발달적 장애가 있는 아동을 평가할 수 있다.

라. 특수교육대상자 판별

[그림 12-1]은 「장애인 등에 대한 특수교육법 시행령」에 제시되어 있는 특수교육 대상자의 진단 · 평가 처리절차이다. 보호자나 각급 학교의 장이 교육감 혹은 교육장에게 신청하기 이전에 이루어지는 평가 과정의 첫 단계가 선별이다. 선별은 임시적인 집단을 결정하고 후속 검사가 필요한 아동을 판별하는 데 목적이 있다. 따라서 선별의 본질적인 요소는 신속성에 있으며, 이를 위해서는 검사문항을 주의 깊게 선택하여야 한다.

선별과정을 거친 아동들 가운데 대부분은 후속검사를 받지 않기 때문에, 선별절차에서는 후속평가가 필요한 아동들이 적절히 판별될 수 있도록 유의하여야 한다(한현민, 2003). 장애가 있는 것으로 잘못 판별되는 '거짓 긍정'(false positive)과 학습문제가 있는 아동이 선별과정에서 누락되는 '거짓 부정'(false negative), 두 가지 모두 심각한 문제가 된다. 일반적으로 거짓 부정이 더 심각한 결과를 낳는데, 거짓 긍정은 개인용 검사에 의뢰함으로써 교정이 가능하지만, 거짓 부정은 그러한 기회조차 갖지 못하기 때문이다.

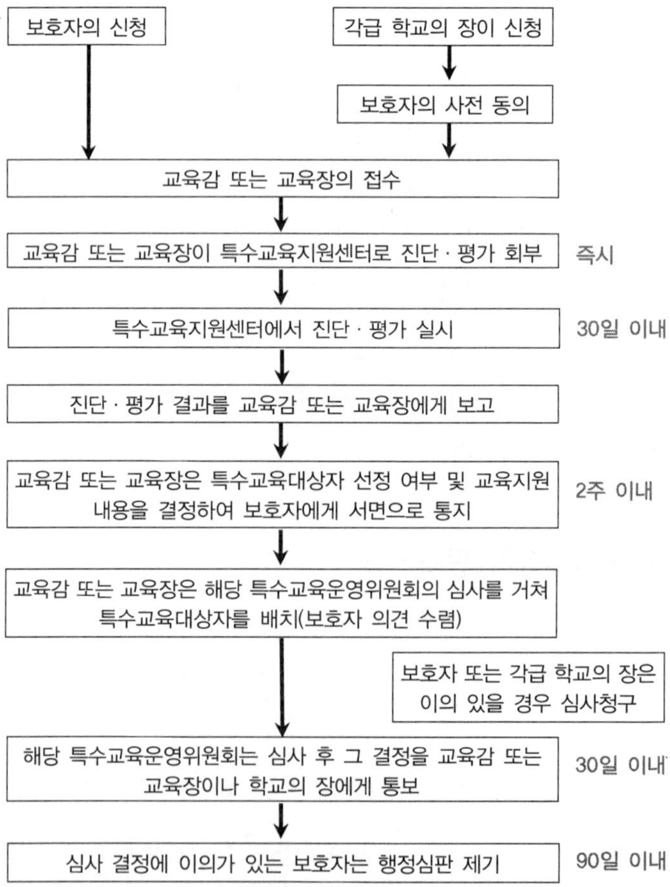

[그림 12-1] 특수교육대상자 진단 · 평가 처리절차

2. 국내에서 사용되는 특수교육대상자의 진단 및 평가도구

국내에서는 장애 영역별로 주로 다음과 같은 진단도구들을 사용한다. 그러나 반드시 이 도구들을 사용해야 하는 것은 아니고 전문가에 따라서 실제 사용하는 도구들은 서로 달라질 수 있다(김동일 외, 2003).

표 12-2 특수교육대상자의 진단 및 평가도구

장애영역	진단 및 평가의 도구
시각장애 청각장애 지체부자유	1. 기초학습기능검사 또는 학습준비도검사 2. 시기능검사 및 촉기능검사(시각장애의 경우에 한함) 3. 청력검사(청각장애의 경우에 한함)
정신지체	1. 웩슬러 아동용지능검사 2. 고대-비네검사 3. 인물화에 의한 간편 지능검사 4. 사회성숙도검사 5. 적응행동검사 6. 기초학습기능검사 7. 교육진단검사 8. 한국판 오세레츠키 운동검사
정서장애	1. 적응행도검사 2. 성격진단검사 3. 이화-자폐아동행동발달평가 4. 학습준비도검사
언어장애	1. 한국-노스웨스턴구문선별검사 2. 청력검사

학습장애	1. 웩슬러 아동용지능검사 2. 기초학습기능검사 3. 교육진단검사 4. 산수능력검사 5. 학습준비도검사 6. 시지각발달검사 7. 지각-운동발달검사 8. 시각-운동통합발달검사

출처: 김동일(2003).

3. 교육진단검사(Psycho-Educational Profile : PEP)

가. 목적

① 발달지체 아동, 자폐증 아동, 정신증 아동들의 행동과 능력을 평가하기 위한 것이다.

② 아동들의 개인용 특수교육 프로그램의 구성을 위한 것이다.

③ 아동의 기능별 현재 발달수준을 발견하여 가장 알맞은 방법으로 교육 프로그램에 적용시키기 위한 것이다.

④ 개인의 전체적 발달단계나 지능지수를 내는 것보다는 개인에게 맞는 교육 계획의 수립을 위한 것이다(김정권, 1994).

나. 내용

1) 기능영역

- 7개의 하위영역으로 구성되어 있으나, 항목의 내용은 중복되어 있기도 하다.
- 연구가 복잡하며, 기능의 획득을 포함한 다면적인 학습과정을 정확히 알 수 있다.

(1) 모방 – 척도 : 동작성, 언어성, 모방능력을 측정(10항목)

- 언어와 모방은 깊은 관계가 있다.
- 모방은 말의 발달뿐만 아니라 사회성 발달에도 크게 영향을 미친다.
- 큰근육 운동의 모방, 음성 모방, 짧은 단어 모방 등

(2) 지각 – 척도 : 시각, 청각의 기능을 평가(11항목)

- 아동에게서 나타나는 감각 정보의 통합 능력에 문제가 있음을 고려할 때 중요하다.
- 비눗방울을 눈으로 따라 쫓기, 색깔의 구별 등

(3) 작은근육 운동과 큰근육 운동

- 척도 : 작은근육 운동(10항목), 큰근육 운동(11항목)
- 대부분의 정상 아동이 출생 초기 수년 간에 획득하는 수준의 능력
- 성취감 발달에 필수적이다.
- 작은근육 운동 : 병마개 따기, 가위질하기

• 큰근육 운동 : 혼자 걷기, 계단 오르기, 공 던지기

(4) 눈 · 손의 협응

• 척도 : 14항목(눈 · 손 협응과 작은근육 운동 영역 포함)
• 글씨, 그림 그리기의 능력의 발달과 관련
• 종이에 낙서하기, 네모나 세모의 모사, 적목놀이 등

(5) 언어 이해능력과 언어 표현능력

• 척도 : 언어 이해능력(20항목), 언어 표현능력(19항목)
• 인지와 언어영역은 밀접한 관련으로 많은 부분이 중복됨
• 언어 이해능력 : 과제 도달 능력을 평가
• 언어 표현능력 : 언어반응이 요구
• 소리내어 세기, 색이나 모양으로 카드 분류하기 등

2) 병리영역

• 5개의 하위영역과 44항목으로 구성된다.
• 자폐아나 발달장애아를 진단하기 위한 목적으로 작성된다.

(1) 대인감정

거울에 비친 자기 모습에 대한 반응, 감정의 표현반응이다.

(2) 사람과의 사귐

놀이 중 신체 접촉에 대한 반응, 시선을 맞추는 방법 등이다.

(3) 물건과의 관계

부적절한 태도로 혼자 놀기, 과제가 주어졌을 때의 반응 등이다.

(4) 감각

3개 적목을 알맞게 다루기, 종소리에 대한 반응, 더 잘 쓰는 손 등이다.

(5) 말

말의 억양, 옹알이, 조리 없는 말, 발음의 혼란 등이다.

다. 검사방법

① 적당한 온도에 밝고, 충분히 넓은 방에서 실시한다.
② 전 항목은 139항목이다.
③ 실시와 채점에 약 45~75분이 소요된다.
④ 검시 실시 순서 및 계열로 항목이 배열되어 있으므로 번호순대로 하는 것이 좋다. 그러나 반드시 지킬 필요는 없다.
⑤ 검사자는 실시에 있어서 융통성이 있는 것이 좋다.
⑥ 절차

• 아동에게 언어 지시를 한다.
• 말을 하지 않고, 몸짓으로 과제를 이해시킨다.
• 과제를 어떻게 풀기 시작하면 되는지를 실제로 해 보인다.
• 아동의 손을 잡고 같이 동작하고 어떻게 하는지를 이해시킨다.

⑦ 모든 항목을 다 할 필요는 없으며, 아동의 연령을 고려하여 선택한다.

⑧ 인간관계, 아동 행동에 대응 방법과 보상을 주는 방법

• 의사소통이 극히 어려운 아동과의 관계를 유지해야 한다.
• 아동의 마음에 드는 도구를 특별히 선정한다.
• 아동에게 안정감을 주어야 하며, 불안한 아동에게는 부모를 입실시킬 수도 있다.
  - 아동이 좋아하는 것을 보상으로 사용할 수 있다.

⑨ 심리교육 프로파일을 확대 이용하여 검사의 범위를 넓힐 수 있다.

• 아동의 사용 언어 관찰방법이다.
  - 검사기간 중 아동의 자발적인 언어 반응을 평가할 수 있다.
• 욕구 불만을 참는 방법이다.
  - 아동의 좌절 장면에서 반응이나 불쾌한 자극의 반응을 보고자 할 때 결과를 아동의 교육 프로그램에 기록한다.
• 검사 장면을 학습 장면으로 바꾸는 방법이다.
  - 검사의 일부를 훈련 목적으로 사용할 수 있다(전체 학습 능력의 평가자료로 이용).
  - 사회성 측정 방법과 동기유발 방법이 있다.

4. 기초학습 기능검사

가. 목적

① 아동의 학습 수준이 정상과 어느 정도 떨어지는가를 알아보기 위한 것이다.

② 학습집단의 배치에서 어느 정도 수준의 아동집단에 들어가야 하는지를 결정하기 위한 것이다.

③ 구체적인 개별화 교수안을 짜기 위한 것이다(한국교육개발원, 1989).

나. 내용

1) 정보처리

- 관찰능력 : 정보에 대한 학습자의 지각과정, 자극에 반응하는 운동 과정
  - 시각적 기억과 양, 길이, 무게, 크기 등
- 조직능력 : 묶기, 분류하기, 공간적 특성과 시간에 따라 순서짓기
- 관계능력 : 학습자의 추론 및 적용 능력, 유추, 부조화된 관계 알기

2) 셈하기

- 셈하기의 기초 개념(숫자 변별, 수 읽기)부터 실생활에 필요한 수학적 지식과 개념(사칙연산과 계산 및 응용 문제)
- 사지선다형 문항

3) 읽기 I (문자와 낱말의 재인)

• 문자(낱자와 낱자군)를 변별, 다른 사람이 이해할 수 있는 언어로 읽는(발음) 문항으로 구성
• 문항 : 사물, 숫자, 기호, 문자를 변별하는 사지선다형 문항
  - 낱자를 제시하고, 그 명칭을 말하도록 하는 문항
  - 일련의 낱말들을 제시하고 큰 소리로 읽도록(발음하도록 하는 낱말 읽기 문항)

4) 읽기 II (독해력)

하나의 문장을 제시하여 묵독하게 하고, 그 문장의 의미를 기억하여 재생하여 그 의미를 잘 나타낸 예시문을 고르도록 하는 문항으로 구성

5) 쓰기(철자의 재인)

• 얼마나 낱말의 철자를 잘 알고 있는가를 측정하는 검사
• 내용 : 사물, 숫자, 기호, 문자를 변별하는 능력
  - 낱자의 정확한 철자를 아는 능력
  - 낱말의 정확한 철자를 아는 능력

다. 검사방법

① 조명과 환기가 잘 되고, 소음이 적으며, 다른 사람의 방해가 없는 조용한 곳에서 실시한다.

② 불편함이 없고 편안함을 느낄 수 있는 장소에서 실시한다.

③ 시간은 되도록 오전에 실시하며, 피검사자가 피로하거나 불안정한 상태

는 피하는 것이 좋다.

④ 시간의 제한이 없으므로 충분한 시간을 주도록 한다(셈하기는 30초, 다른 검사는 5초 정도가 적당하다).

⑤ 검사실시 순서는 다음과 같다.

- 정보처리
- 셈하기
- 읽기 Ⅰ(문자와 낱말의 재인)
- 읽기 Ⅱ(독해력)
- 쓰기(철자의 재인)

⑥ 검사자는 검사를 실시하기 전에 각 소검사의 실시와 채점에 대한 지시사항을 충분히 파악하고 검사를 실시하도록 한다.

⑦ 검사를 실시하기 전에 검사자와 피검사자 간의 우호적인 관계 형성은 매우 중요하다.

⑧ 피검사자를 편안하게 해 주고, 부드럽고 자연스런 태도로 대하여 친밀감을 형성하도록 한다.

⑨ 검사실시 도중에도 피험자가 최선을 다하도록 격려해 준다.

⑩ 피검사자가 대답의 맞고 틀림에 대해 물으면 모호하게 답하거나 자연스럽게 다음 문항으로 넘어가도록 한다.

⑪ 각 소검사의 지시와 문항은 적혀 있는 대로 정확하게 읽어 주되, 말하듯이 읽어 주는 것이 좋다.

⑫ 피검사가 문항이나 지시 사항을 분명하게 이해하지 못한 경우, 다시 말해 주어도 좋다. 그러나 다시 말할 때는 있는 그대로 말해 주며, 그 밖의 도움을 주어서는 안 된다.

⑬ 검사자는 피검사자의 대답이 불분명하거나 상세하지 않은 경우, 좀더 명확하고 상세한 대답을 요구할 수 있다.

⑭ 피검사자가 너무 빨리 대답하는 경우, 대답 전에 주의 깊게 읽고, 잘

생각해서 천천히 대답하도록 요구한다.

⑮ 피검사자가 직접 시범을 보이는 문항을 제외한 나머지 문항에 대해서는 손가락으로 문항 번호를 가리키거나 말로 대답하도록 요구한다.

- 검사를 실시하기 전에 먼저 답안지에 피검사자의 인적 사항을 기록한 다음 검사를 시작한다.
- 피험자가 검사 도중 화장실에 가거나 물을 마시는 등의 요구가 있을 경우에는 실시하고 있는 소검사를 마친 후 허용해 준다. 기초학습 기능검사의 특징은 다음 〈표 12-3〉과 같다.

표 12-3 **기초학습 기능검사(유-초 6 대상)**

- 하위검사 영역: 정보처리, 읽기 I, II, 쓰기, 셈하기
- 신뢰도(반분: .84-.99)
- 타당도(내용: 교육과정의 변화가 몇 차례 된 것을 고려한나면 타딩도가 격하)
- 표준화 학력 검사와의 상관: .51-.81
- 시작점, 중지

라. 해석

① 학년 규준 점수 프로파일 : 학년배치 수준을 기준으로 전체 검사의 규준 점수 합계를 비교

② 학년 규준 백분위 점수 프로파일 : 학년배치 수준에서 몇 %에 해당하는가를 나타냄. 중앙치는 50

③ 연령 규준 점수 프로파일 : 학력의 기대치

④ 연령 규준 백분위 점수 프로파일 : 연령 수준에서 몇 %인가를 나타냄. 중앙치 수준은 50

마. 가능한 문제점

① 조정된 정신연령 산출은 생활연령을 반올림하지 않았다.

② 연령 규준 프로파일에서 5년 12개월은 6년 0개월

③ 검사량이 너무 많고 지루하다. 읽기에 같은 질문의 계속 및 반복

④ 학습장애 판별기준이 모호하다.

⑤ 학년배치(생활연령)와 조정된 정신연령간의 불일치 요인에 대한 언급 필요

5. 학습준비도검사

가. 목적

① 초등학교 1학년 아동에게 학교 생활의 경험이 성공적이고 이익이 되도록 조력하기 위하여 특별히 주의를 요하는 아동을 미리 선별하기 위한 것이다.

② 특별한 교육적 요구를 가진 아동의 그 독특한 요구를 충족시키기 위해 개발된 것이다.

③ 지적장애나 정서적 장애 때문에 학업 성취가 어려운 아동을 발견하기 위한 선별검사다.

④ 정신지체아나 지진아의 선별을 위한 1차적인 예비 선별에 중점을 둔다(김정권·여광응, 1995).

나. 내용

이 검사는 8개의 하위 요인과 27개의 문항으로 구성되어 있다. 각 문항은 발달 이론에 기초를 두고 임상 경험으로부터 귀납적으로 도출된 것이다. 하위 구성 요인은 다음과 같다.

- **축적된 지식** : 10개 문항, 일반적이고 친숙한 개념과 같은 지식 이해 정도를 측정한다.
- **신체 개념의 발달** : 사람 전체를 그리게 하여 인물화에 나타난 개념적 표출 중, 3개의 개념에 한정하여 평가한다.
- **정서적 성숙에 대한 지각** : 정서적 감정 표현을 나타내고 있는 얼굴 표정에 대한 지각도를 알아보는 것이다.
- **부모상에 대한 지각의 정확성** : 부모의 일과 역할에 대한 올바른 지각능력이 있는지 측정한다.
- **적절한 놀이에 대한 지각** : 현재 자신의 자기 개념에 대한 평가와 자기 자신의 놀이 태도나 행동 수준에 대한 지각 상태를 평가한다.
- **시각-운동 협응** : 학습의 가장 기초적인 준비기능으로서의 지각-운동 발달 이론에 근거한 문항이다.
- **지시순종 능력** : 지시하는 말의 의미를 바르게 이해하는 능력과 실천하는 능력이다.
- **기억** : 검사용지의 그림을 어느 정도 기억하고 있는지를 평가하는 것으로 마지막 문항으로 구성된다.

다. 검사방법

① 검사는 아동 각자의 검사지를 사용한다.

② 남녀 모두 지시 방법이 동일하다.

③ 주의 산만한 문항 누락을 방지하기 위해 한 문항이 한 페이지로 되어 있다.

④ 집단검사의 적정수는 25~30명이며, 이보다 큰 집단에서는 보조자가 필요하다.

⑤ 검사시간에 제한을 두지 않는다(유치원 아동은 약 50분, 1학년은 약 40분 정도 소요됨).

⑥ 검사 도중에 유치원 아동은 10분간의 휴식을 두고(문항 9를 마치고) 1학년은 휴식시간이 필요 없다.

⑦ 검사자는 검사실시 전에 실시요령과 문항을 숙지해야 하고, 각 아동의 검사용지 표면의 기재사항을 빠짐없이 기록해야 한다.

⑧ 각 문항에 대한 지시는 반드시 지시요령에 정확히 따라야만 한다.

⑨ 각 문항에 대한 질문은 받지 않는다.

⑩ 아동 좌석 배치는 검사자가 모두 잘 보이도록 하고, 서로 옆사람의 것을 볼 수 없도록 충분한 거리를 두어야 한다.

⑪ 각 아동에게 검사용지를 배부하고, 반드시 지우개와 연필이 준비되었는지 확인한다.

⑫ 지시가 있을 때까지 검사지에 손을 대지 않도록 한다.

⑬ 검사 도중에 학급을 순회하면서 지시된 페이지가 맞는지 혹은 옆사람의 것을 보는지 관심을 두어야 한다.

⑭ 각 문항의 페이지를 바르게 펴고 있는지 확인한 후 지시한다.

⑮ 한 문항씩만 보이도록 하여 실시하며 지나친 설명은 삼간다.

라. 도구의 문제점

- **5쪽** : "큰 막대기 위쪽 끝에서 아래쪽 끝으로 줄을 이어 보세요." 작은 막대기의 아래쪽

• 9쪽 : 바늘의 사용처－손, 옷
• 15쪽 : 가지고 놀 수 있는 것－개, 고양이?
• 17쪽 : 실로폰인지 사다리인지 구분이 안됨. 학습준비도검사의 특징은 다음 〈표 12-4〉와 같다.

표 12-4 First Grade Screening Test(1966)

• 하위영역: 지식, 신체 개념, 정서 지각, 부모상 지각, 놀이 지각, 기억, 시각-운동 협응 지시 다르기
• 신뢰도- 채점자간: .97
 - 재검사: .86, .83
• 타당도- 학력검사와의 상관: .70
• 검사요령: 지필식 집단검사
 집단이 25~30명 이상인 경우 보조자 필요

6. 시지각 발달검사

가. 목적

① 유아, 유치원, 아동, 초등학교 1학년 아동의 문자학습 준비 기능의 유무를 선별하기 위한 도구다.

② 학습에 곤란을 가지고 있는 나이가 많은 아동들도 임상적으로 평가하기 위한 도구다.

③ 뇌일혈이나 뇌손상을 당한 성인 환자의 시자각 능력을 평가하기 위한 도구이다(여광응, 1993).

나. 내용

학습 준비 기능과 관련성이 높은 영역으로 구성되어 있으며, 임상적인 경험과 관찰에 의한 내용을 토대로 선택, 구성되어 있다. 5개의 하위검사 내용은 다음과 같다.

1) 하위검사 I (시각-운동 협응 : VM)

눈과 손의 협응능력을 재는 검사이다(폭이 넓은 길과 좁은 길을 따라 다양한 선을 긋기).

2) 하위검사 II (도형-소지변별 : FG)

복잡해지는 배경(소지) 속에 들어 있는 특정한 형태(도형)를 지각하여 찾아내는 능력이다.

3) 하위검사 III (형의 항상성 지각 : PC)

크기, 모양, 위치가 다른 여러 가지 도형 중, 특정한 도형의 기본 속성을 바르게 인지하여 비슷한 도형과의 차이를 변별할 수 있는 능력을 재는 검사이다.

4) 하위검사 IV (공간위치 지각 : PS)

제시한 그림들 중, 거꾸로 된 그림과 회전되어 있는 그림들을 변별해 내는 위치 지각능력을 재는 검사이다.

5) 하위검사Ⅴ(공간관계 지각 : SR)

제시한 형태를 보고 그와 같도록 점과 점을 연결하여 간단한 형태를 분석할 수 있는 능력을 재는 검사이다.

다. 검사방법

먼저 집단 검사방법은 다음과 같다.

① 소요시간－약 1시간 미만

② 초등학교 아동의 경우 수련된 검사자는 30명까지 동시에 실시할 수 있으나 소집단 검사가 더 바람직하다.

③ 검사에 익숙한 1명 이상의 보조자가 필요하다.

④ 유치원이나 학교 생활 시작한 후 적어도 2주 이상 지난 후 실시한다.

⑤ 검사요강에 제시된 대로 각 문항에 대하여 정확하게 말해 주어야 한다.

⑥ 같은 지시의 반복은 무방하지만, 있는 그대로 말해 주어야 하고, 지나치게 말을 바꾸거나 너무 상세하게 설명하지 않는다.

⑦ 주의산만한 아동이나 지루해하는 아동에게는 하위검사 Ⅲ를 마친 후 5~10분간 휴식을 주어도 된다.

⑧ 성급하게 검사지를 넘기지 않도록 한다.

⑨ 검사 도중, 가끔 칭찬이나 격려를 해 주는 것이 좋다.

⑩ 다른 아동의 것을 그대로 모방하지 않도록 주의한다.

개별 검사방법은 다음과 같다.

① 아동 개개인의 특성에 맞게 더 유통성 있는 지시를 해 줄 수 있다.

② 아동의 이해 정도를 쉽게 알 수 있고, 반복 지시나 충분한 시범을 보여줄 수 있다.

③ 지나치게 상세한 지시나 부가적 설명과 조력을 해 주어서는 안 된다.

④ 소요시간은 30~40분이다.

⑤ 집단검사와 같은 요령으로 한다.

장애아동을 위한 검사방법은 다음과 같다.

① 신체장애나 행동장애인 사람에게는 반드시 개별검사를 실시한다.

② 가급적 언어 지시를 줄이고 구체적인 예시와 시범을 통해 이해시킨다(작은 칠판이나 백지 활용).

③ 청각장애나 난청 아동—수화를 통해 지시한다.

④ 장애아동의 검사에서는 사전에 검사 실시에 숙달되어 있어야 하고, 장애아동에 대한 검사경험이 매우 중요하다.

⑤ 뇌성마비 아동—검사자의 임상적 경험에 비추어 하위검사 Ⅰ의 실시여부를 판단, 결정한다.

⑥ 정서장애나 행동장애 아동—검사자의 임상적 판단에 따라 각 문항의 실시 여부를 결정한다.

⑦ 지시 요령의 원칙과 채점 기준을 잘 지켜야 한다.

⑧ 장애아동 검사실시 유의점은 다음과 같다.

- 검사에 대한 동기유발과 래포 형성에 힘쓴다.
- 검사 도중 여러 가지 강화를 적절히 활용하여 검사행동의 지속성을 유지한다.
- 실시 방법을 확실히 이해하도록 충분한 시범을 보여주고, 이해 여부를 확인한다.
- 해당 문항에 집중할 수 있도록 유도해야 한다.
- 검사지와 유색 연필 이외의 다른 물건은 모두 치운다.
- 검사 도중, 필요에 따라 휴식시간을 적절히 허용한다.

⑨ 여러 가지 장애아동에 폭넓게 적용될 수 있다.

⑩ 언어적 · 문화적 요소 배제 – 탈문화적인 검사는 제한성이 적다.

검사시 유의사항은 다음과 같다.

① 검사 실시 전 아동이 문제의 해결 방법을 명확히 알고 있는지 확인해야 한다.

② 한번 실시한 문항은 다시 고칠 수 없음을 기억하도록 한다(지우개 달린 연필은 사용하지 않음).

③ 검사지는 접어서 한 페이지씩 계속 제시한다.

④ 반드시 끝이 가는 유색연필을 사용한다.

⑤ 모든 문제는 반드시 왼쪽에서 오른쪽으로 실시한다.

⑥ 나이 어린 유아에게는 난이도 높은 문항을 실시하지 않는다.

라. 가능한 문제점

평가점 8점 이하인 경우, 평균에서 상당히 떨어지는 능력을 의미한다. 여기서 끊는 선인 8점은 어떤 기준에 의해 제시되었나가 언급되어 있지 않았다. 그리고 아세테이지 채점판의 문제도 들 수 있다. 시지각발달검사의 특징은 〈표 12-5〉와 같다.

표 12-5 **시지각발달 검사의 특징(1966, 일본표준 사용)**

- 하위영역: 시각-운동 협응, 도형-소지 변별, 형의 항상성 지각, 공간위치지각, 공간관계 지각
- 읽기와의 상관(타당도): .40~.50(1학년)
  2~3학년은 매우 낮다

검사요령: 실시 요강에 따라 직접 반응-채점, 실습
연령별 집단 크기가 다르게

7. 지각운동 발달검사

가. 목적

지각－운동 통합 행동에 있어서 시지각, 운동, 시각－운동 통합능력의 발달에 대해 총합적, 분석적으로 진단하고 평가하기 위한 것이다(박화문 · 구본권, 1995).

나. 내용

먼저 지각검사(P)로서 입문기의 문자 읽기, 쓰기 등에서 필요한 시지각의 발달을 평가하는 것이다.

- **영역** Ⅰ－변별에 관한 능력 평가(10항목)
- **영역** Ⅱ－분석에 관한 능력 평가(10항목)
- **영역** Ⅲ－종합에 관한 능력 평가(7항목)

둘째, 운동검사(M)로서 선을 긋거나 문자를 쓰기 위해 필요한 상지의 운동능력 발달을 평가하는 것이다.

- **영역** Ⅰ－선을 긋는 상지의 운동 능력 평가(28항목)
- **영역** Ⅱ－상지를 민첩하게 반복 운동시키는 능력 평가(4항목)

셋째, 동시에 실시되는 시각－운동 통합 발달검사(VMI)이다.

- 입문기의 문자 읽기, 쓰기, 쓰기에 필요한 도형, 기호, 문자 등의 모사에 사용되는 능력 추정(24항목)
- 시각－운동 통합능력 발달 평가를 위한 것.

다. 검사방법

① 검사자는 실시하기 전에 검사 지침서를 읽어 보고 검사법을 숙지해야 한다.

② 정해진 검사방법에 따라 실시한다.

③ 지우개가 달려 있지 않은 연필을 사용한다.

④ 10명 이상의 집단검사에서는 검사자 외의 보조자가 한두 명 더 필요하다.

⑤ 검사에 집중할 수 있는 조용한 곳에서 실시하며, 적당한 넓이의 방을 준비하고, 산만한 아동을 위해 주위를 정리해 준다.

⑥ 검사 용지를 움직이지 않도록 하며, 바른 자세로 볼 수 있도록 한다.

⑦ 운동 검사 중의 점찍기 과제만 시간 제한이 있으며, 그 외의 과제는 시간 제한이 없다.

⑧ 검사 도중 격려를 해도 된다.

⑨ 과제 해결을 위한 힌트가 되는 말을 해서는 안 된다.

⑩ 지체부자유아－의사 표시 가능하고, 연필을 잡을 수 있으면 검사 가능

⑪ 청각장애아－지시사항을 종이에 적어 준다.

⑫ 자폐아－친숙한 검사자가 실시한다.

⑬ 장애아의 검사는 반드시 개별검사를 실시한다.

⑭ 장애아의 검사는 피검사자의 이해 정도를 잘 파악하면서 진행시켜 나간다.

제13장

특수아동의 교육적 조치

1. 특수아동 교육의 의의 및 동향
2. 특수아동 교육기관 및 모형
3. 통합교육
4. 장애학생을 돕는 기술

1. 특수아동 교육의 의의 및 동향

가. 특수아동 교육의 의의

교육의 궁극적인 목적이 인간으로 하여금 제각기 타고난 능력과 소질을 계발하여 자기실현을 이루도록 돕는데 있다는 것을 부정할 사람은 아무도 없다. 이런 교육의 궁극적인 목적은 특수아동라고 해서 예외가 되는 것은 아니다. 민주교육은 바로 평등(平等)한 교육이 아닌 균등(均等)한 교육을 실시하는 데 있다고 하는 민주교육의 원리가 이러한 사실을 잘 뒷받침해 준다. 따라서 특수아동에 대한 교육도 비장애아동의 교육처럼 그들의 타고난 능력과 소질을 계발시켜야 한다.

그러나 특수아동을 교육하기 위해서는 이런 일반적인 목직과 더불어 그들로 하여금 심신의 장애나 부적응 행동의 소인이 되는 요소를 스스로 극복하여 가정, 학교, 사회 생활에 잘 적응할 수 있는 능력을 키워줌과 동시에, 더 나아가 미래의 자립인으로서의 생활 능력까지도 길러 주어야 한다는 교육적 목적이 하나 더 첨부되어야 한다. 즉, 특수아동에 대한 교육이 올바르게 이루어지기 위해서는 일반 아동교육의 목표 위에 장애 종별과 정도에 적합한 보상적, 구체적 목표가 하나 더 마련되어야 한다는 것이다.

특수아동 교육은 다음과 같은 의의를 지닌다.

① 아동기가 인간의 성장 · 발달에 있어 결정적 시기(critical period)가 됨은 이미 심리학이나 교육학에서 여러 형태로 입증이 되었다. 이러한 이론은 비장애아동 못지않게 특수아동에 대한 교육이 계획적 · 의도적으로 이루어져야 된다는 것을 시사해 준다. 아동이 지닌 여러 형태의 장애가 더 큰 문제로 확대되거나 회복될 수 없을 정도로 고착이 되기 전에 그들에 대한 요육이 이루어져

야 한다는 것이다. 즉, 가소성(plasticity)이 풍부한 아동기에 요육이 이루어지도록 함으로써 특수아동에 대한 교육이 보다 바람직하게 이루어질 수 있다는 것이다.

② 아무리 심한 장애를 지닌 아동이라 할지라도 조기에 그 장애의 유형과 증상을 정확히 파악하여 요육을 받게 하면 적어도 자기의 신변에 관한 자립 능력은 물론, 그들이 지닌 장애를 스스로 극복해 나가면서 교우 관계 및 가정과 학교, 또는 사회생활에 잘 적응할 수 있는 능력이 키워지게 된다. 따라서 평생 타인에게 의존해 사는 기생 인간이 아닌 자립인으로서의 기초를 닦아 주기 위해서라도 특수아동에 대한 교육은 아동교육이나 그 이전의 교육에서부터 이루어져야 한다.

③ 특수아동에게 있어 장애를 입지 않은 부위의 잠재적 능력은 물론, 비록 장애를 입은 부위라 할지라도 잔존 능력을 충분히 계발시켜 주기 위해서는 그들에 대한 치료와 교육이 조기에 이루어지면 질수록 좋다.

이렇게 볼 때 특수아동에 대한 교육은 '마이너스(−)의 인간'을 '플러스(+)의 인간'으로 바꾸어 놓는 효율성 있는 교육 행위라고 볼 수가 있다(김동극, 1994). 따라서 무엇보다 특수아동의 조기교육의 행정적 · 제도적인 재원 확보를 위한 국가적 시책이 뒤따라야겠다.

나. 특수아동 교육의 동향

특수아동 교육에 대한 동향은 한 마디로 양적 팽창에 못지않은 질적 심화를 꾀하는 것이다. 또한 사적, 사회 사업적인 측면에서 '보호'만을 강조해 왔던 것이 현대에 들어와서는 국가의 책임 아래 공교육화 · 의무교육화라는 측면에서 '교육'을 강조하고 있는 것이 가장 큰 특징이다.

특수아동 교육에 대한 현대적 동향은 다음과 같다.

① 권리로서의 특수아동에 대한 교육이 강조되고 있다. 과거에는 동정이나

구제 사업의 일환으로 특수아동에 대한 교육이 이뤄져 왔는데 이제는 자기의 능력에 알맞고, 잠재된 능력이나 잔존 능력을 계발할 수 있도록 교육받아야 한다는 교육권이 강조되고 있다. 나아가 특수아동에 대한 의무교육도 강조되고 있다. 헌법 제27조와 교육법 제4조에는 장애아에게 균등한 교육의 기회를 제공해야 한다는 조항이 있는데, 이 조항이 권리로서의 특수아동에 대한 교육이 실시되어야 한다는 것을 잘 나타내어 준다.

② 특수아동에 대하여 가급적이면 조기에 교육이나 치료를 받을 수 있는 방안을 마련해 주고 있으며, 그들의 생애를 보장하는 복지정책이 수립되고 있다.

③ 사회적 복귀(rehabilitation)를 강조하고 있다. 사회적 복귀라는 것은 어떠한 사람이라도 사회를 구성하는 유용한 개체라는 인간 존중의 이념으로써, 특수아동에게 장차 직업적인 자립은 물론 사회적 참여까지도 보장해 주자는 것이다. 따라서 특수아동에 대한 교육의 장에서는 그들의 잔존 능력이나 잠재 능력을 최대로 계발시켜 주는 방안을 탐구 · 개발하여야 한다.

④ 특수아동에 대한 교육이 비장애아동과의 통합(intergration)교육으로 이루어질 것을 강조하고 있다.

⑤ 특수아동에 대한 교육의 효율을 높이기 위하여 다양한 교육 형태 및 교육 방법에 대한 연구가 이루어지고 있다.

⑥ 특수아동의 가족에 대한 교육을 강조하고 있다. 일반적으로 특수아동을 둔 가족들은 자기 아이에 대해 부정적이며, 또한 자기 자신에 대해서도 부정적인 자아 개념을 가지고 있다. 또한 특수아동에 대한 가정에서의 지도 방법이나 양육 방법을 잘 몰라 방임하거나 과잉보호하는 경우가 많다. 따라서 특수아동에 대한 교육의 효율을 높이기 위해서는 1차적 심리적 환경인 가정의 교육적 작용이 보다 교육적으로 타당하며, 특수아동에게 좋은 영향을 미칠 수 있어야 한다. 이를 위해 특수아동 지도법, 특수아동을 대하는 기본적인 태도 등에 관한 정보와 지식을 제공하는 가족, 특히 부모교육이 잘 이루어져야 한다.

이와 같은 특수아동 교육의 현대적 동향에 대한 여러 내용은 미국의 정신지체아위원회가 대통령과 국회에 제출한 장애자의 권리헌장(A Bill of Rights)이 모체가 되었다. 이 헌장은 장애아동이 한 생명으로 존중받으며 태어나 성숙한 사회인으로서 성장 · 발달할 때까지 필요한 모든 여건을 부여받을 권리가 있음을 강조하고 있다.

그 구체적 내용은 다음과 같다.

① 수용되어지는 상태로 출생할 권리가 있다(The right to be born wanted).

② 건강하게 태어날 권리가 있다(The right to be born healthy).

③ 건전한 환경에서 살아갈 권리가 있다(The right to live in a healthful environment).

④ 어느 정도의 경제 여건이 구비된 가정에서 살아갈 권리가 있다(The right to live in a family whose basic economic needs are met).

⑤ 가정과 학교에서 보다 지속적인 사랑의 배려를 받을 권리가 있다(The right to continuous and loving care both at home and in school).

⑥ 효율적인 시민이 되는데 필요한 지적 · 정서적인 능력을 획득할 권리가 있다(The right to acquire intellectual and emotional skills for effective citizenship). 즉 여기에는, 학교에서 존엄성을 가질 권리(The right to dignity in school), 법과 법정에 의해서 인간다운 대우를 받을 권리(The right to humane and concerned treatment under the law and by court), 아동중심의 이혼과 양육권을 주장할 권리(The right to child-centered divorce and custody laws)가 포함되어 있다.

⑦ 보다 의미 있는 취업을 할 권리가 있다(The right to meaningful employment).

⑧ 될 수 있는 한, 아동의 특수한 욕구에 알맞은 진단적인 치료를 정상적인 사회 환경권 내에서 받을 권리가 있다(The right to diagnostic treatments which are appropriate to childern's special needs and which keep them as closely as possible within their normal social setting).

⑨ 인종적 주체성과 자결의 권리 및 평등한 기회를 가질 권리가 있다(The

right to racial and ethnic identity, self-determination and a real and functional equality of opportunity to the above rights).

⑩ 정통한 시민이 되는 교육을 통해서 정치에 참여할 권리가 있다(The right to political participation through education for informed citizenship).

특수교육의 개념이 어떻게 변화되어 왔는지 그 내용을 제시하면 〈표 13-1〉과 같다.

표 13-1 **특수교육의 개념 변화**

현재의 개념	미래의 개념
1. 교육은 특권이다.	1. 교육은 권리이다.
2. 수업에서 곤란한 아동을 내보냈다.	2. 누구라도 교육에서 거절할 수 없다.
3. 교육결정은 기관이 한다.	3. 교육결정은 개인이 한다.
4. 표준화된 검사가 실시된다.	4. 영역별 검사의 중요성이 부각된다.
5. 평점(grading)은 학급 내에서 경쟁적이다.	5. 평점은 개인의 목표와 관계가 있다.
6. 검사는 교육의 예언에 사용된다.	6. 검사는 교육의 결정에 사용된다.
7. 적성은 직업적 특성이다.	7. 적성은 개인이 최선의 방법으로 학습하는 것이다.
8. 적성과 교육조치는 분리해서 다루어 왔다.	8. 적성은 교육적 조치와 통합되는 범위에서 개념화되었다.
9. 학습상의 곤란은 아동의 책임이다.	9. 학습상의 곤란은 아동과 관계되어 있는 환경의 공동책임이다.
10. 평가는 아동에게만 초점이 있다.	10. 평가는 아동과 그의 생활교육 배치 등에 초점이 주어진다.
11. 특수학교는 소극적으로 아동의 명칭을 붙여 배치한다.	11. 특수아동은 기능적으로 적절한 특성의 범위 내에서 또 가장 적절한 교수절차에 부응하여 다루어진다.

영화로 만나는 특수아동 상담

사랑의 기적

감독: 페니 마셜
출연: 로빈 윌리엄스, 로버트 드 니로, 줄리 카브너, 존 허드, 페넬로페 앤 밀러, 막스 폰 시도우, 러스 넬슨

어릴 때 뇌염을 앓은 레너드는 11살 때부터 손이 떨리는 증세가 나타나고 글도 쓰지 못하게 되자 학교를 그만두고 병원에서 살게 된다. 정신은 잠들고 근육은 강직된 후기뇌염 기면성 환자가 된 것이다. 레너드가 수십 년 간 수용돼 있는 배인브리지 병원에 세이어 박사가 부임해 온다. 세이어 박사는 이들이 공을 받아내는 것을 보고 내면은 살아있다고 확신한다. 그리고는 그들의 정신을 일깨울 수 있는 것을 찾는다. 환자의 이름을 부르거나 음악을 들려주거나 인간적인 접촉을 갖는 것 등 말이다.

마침 그때 파킨슨병 환자에게 엘도파라는 약이 효과가 있다는 발표를 듣고 세이어는 이들의 증세가 그 병의 증세와 비슷하다는 점에서 힌트를 얻어 약물치료를 할 생각을 하게 된다. 부작용을 염려한 병원 측에서는 레너드에게만 투약해 보라고 허락해 준다. 엘도파를 투약받은 레너드에게 기적이 일어난다. 깨어나 말도 하고 글도 읽고 맘대로 움직일 수 있게 된 것이다. 삶의 환희를 맛본 레너드는 세이어 박사에게 일상적인 삶과 사랑의 소중함을 역설하는데…….

2. 특수아동 교육기관 및 모형

가. 특수아동 교육기관

특수아동의 교육을 위한 체계 모형에 대한 탐구는 여러 학자들에 의해 많이 시도가 되어 왔다. 그 중 대표적인 것이 바로 M. C. Reynolds와 J. W. Birch의 체계 모형이다. 이 모형은 메인스트림(mainstream)한 진단 및 판별과 특별히

마련된 교육프로그램이 일반학급 속으로 들어가도록 구성되어 있다는 특징을 지니고 있다. 이 이론에 따른다면 특수아동을 고려한 교육프로그램만 개발되면 특수아동도 얼마든지 일반학급에서 교육을 받을 수 있다는 결론이 나온다. 따라서 특수아동에 대한 교육이 보다 이상적으로 이루어지기 위해서는 일반학급 내에서의 특수아동을 위한 교육활동 프로그램이 더욱 다양하게 개발되고 보급되어야 한다.

일반학급과의 관계에 따른 특수교육의 종류를 나타내면 다음의 [그림 13-1]과 같다.

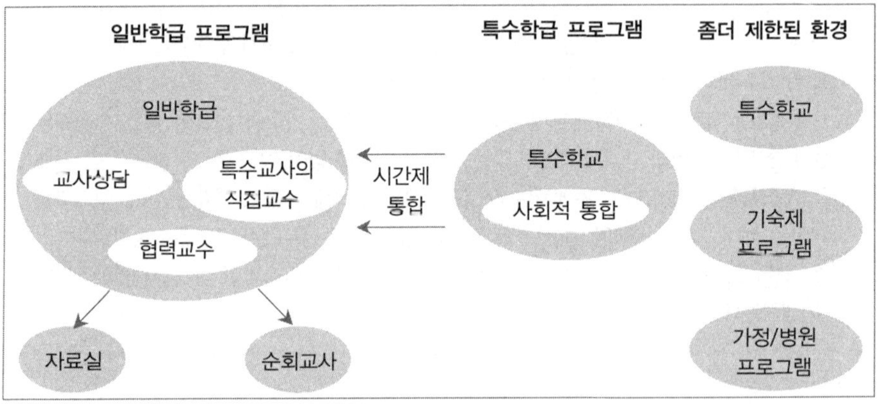

[그림 13-1] 일반학급과의 관계에 따른 특수교육의 종류

* 출처: lewis, R. B., & doorlag, D. H..(1995). *Teaching Special Students in the Mainstream*(4th ed.)(p. 57). Englewood, NJ: Merrill.

M. C. Reynolds가 개발한 모형을 참조로 특수아동교육 체계 모형을 제시하면 다음의 [그림 13-2]와 같다.

특수아동을 위한 교육기관의 유형은 다음과 같다.

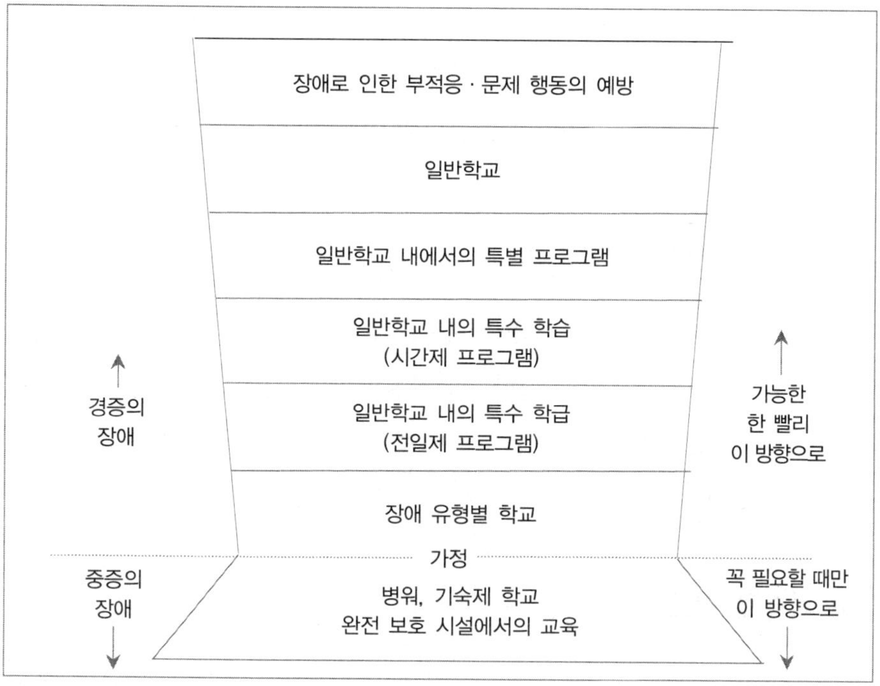

[그림 13-2] 특수교육의 체계모형

1) 조기 특수교육기관

일반학교와 특수학교 부설학교, 그리고 공립학교와 특수학교가 있다.

2) 특수학급

일반학교에 속해 있다. 일반학급에는 학습 · 적응에 문제가 있는 아동이 진단 · 평가를 받아 입급되며, 부분제(부분통합) 특수학급과 전일제 특수학급이 있다.

3) 특수학교

미국공법(PL-94-142) 전장애아교육법에 제시된 '제한된 환경의 최소화(Least

Restrictive Environment)'의 영향으로 세계적 추세는 특수학교가 점차 감소해 가고 있으며, 경도장애는 일반학교의 특수학급에 배치될 수 있으나 중도·중복 장애아를 중심으로 특수학교에 수용하는 경향이 있다.

4) 학습 도움실(resource room)

이 교실은 보통 작은 교실인데 여기서는 특수교육 교사가 하루 중 배정된 시간에 따라 특수아동을 지도한다. 이 교실의 교사는 특수아동이 점차로 이 교실의 도움을 받지 않아도 되도록 담임교사와 프로그램을 개발하고 상담할 수 있어야 한다.

5) 기숙제 학교

기숙제 학교는 역사적으로 특수교육기관으로서 가장 오래된 것이다. 대부분의 기숙제 학교는 도시로부터 떨어져 있어 지역사회와의 접촉이 많지 않다. 중증장애아의 종일제 양육과 교육을 함께 하는 학교이다.

6) 병원, 가정 및 복지시설

특수교육은 학교에서만 이루어진다고 생각했던 과거와는 달리 병원, 가정 및 복지기관에서도 이루어지는 추세이다. 특히 신체건강에 문제가 있는 경우 오랫동안 병원생활을 하게 되는데, 이 때의 교육은 방문교사나 순회교사가 맡게 된다.

나. 특수아동 교육모형

'특수아동을 대상으로 어떤 절차로 교육할 것인가에 대한 해답은 다양할 수밖에 없다. 장애의 종류 및 장애의 정도가 제각각인 특수아동들을 대상으로 획일화된 교육적 절차나 교육적 방안을 모색한다는 것이 사실 거의 불가능한 일이기 때문이다. 그러나 장애의 종류와 장애의 정도에 관계없이 이들을 대상으로 한 교육 방안은 강구되어져야 한다.

따라서 필자는 일반 학습 심리나 교육 방법의 원리를 기초로 하여 특수아동의 교육적 방안을 하나의 가설적 모형으로 다음의 [그림 13-3]과 같이 제시하고자 한다.

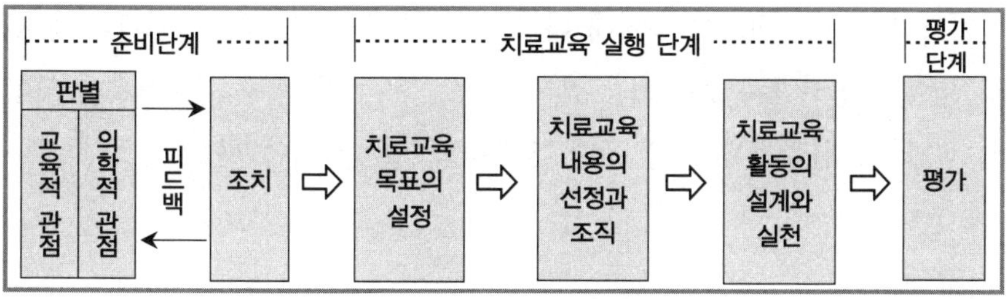

[그림 13-3] 특수아동교육의 가설적 모형

위의 모형에서 알 수 있는 바와 같이 특수아동을 대상으로 한 아동교육은 크게 준비, 실행, 평가의 세 단계로 이뤄진다. 이 세 단계에서 이루어지는 활동 내용은 다음과 같다.

1) 준비 단계

준비 단계에서 이루어지는 주요 내용은 판별과 조치이다.

(1) 판별

특수교육이 보다 효율적으로 이루어지기 위해서는 무엇보다 먼저 아동에 대한 의학적 · 교육적 관점에서 판별이 잘 이루어져야 한다. 이 때 취급되어야 할 내용은 다음과 같다.

① 아동이 나타내 보이는 장애 중 가장 문제가 되는 장애는 어떤 것인가?

② 그 장애의 정도는 어느 정도인가?

③ 주 장애 외에 수반되어지는 장애에는 어떤 것이 있는가?

④ 발달의 정도, 즉 사회성 · 인지 · 정서 · 신체 · 언어 등의 측면에서 정상아동과 비교하여 어느 정도 지체 현상이 나타나는가?

⑤ 장애의 정도가 앞으로 어떻게 진행될 것 같은가?

이상의 내용을 정확히 측정해 내기 위해서는 전문의, 임상심리가, 기능훈련사, 장애 유형별 특수교육 전공 교사, 부모 등이 상호 협조하는 가운데 의학적인 진단 및 심리검사 등을 보다 정확하게 실시하여야 한다.

(2) 조치

여기서는 전술한 판별을 바탕으로 특수아동에 대한 교육 및 치료에 대한 조치를 취하게 된다. 그 구체적 내용은 다음과 같다.

① 치료와 교육과 보호 등 어떤 조치가 타당할 것인가?

② 교육을 실시할 경우 어떤 교육의 형태를 취할 것인가?

③ 특수교육의 근본원리가 되는 요육을 위해 교육과 치료를 어떤 방법으로 병행하여 나갈 것인가?

④ 교육프로그램에 적응해 나가기 위한 준비성(readiness)이 어떠한가? 특히 일반학교 프로그램에의 적응을 위해서는 기본적인 생활습관, 자립, 의사소통, 신체적 발달, 손상의 정도와 특이한 부적응 행동 유형 등에 대한 정확한 평가가 이루어져야 한다. 왜냐하면 이러한 평가가 바탕이 되어 뒤에 전개되는 요육의 활동이 잘 이루어질 수 있기 때문이다.

2) 실행 단계

실행 단계에서는 '교육목표의 설정', '교육내용의 선정과 조직', '교육활동의 설계와 실천'이라는 절차를 따른다.

(1) 교육목표의 설정

교육목표는 일정 기간 동안의 교육활동과 치료가 효과적으로 끝났을 경우에, 달성하리라 기대되어지는 성과가 무엇인지를 규정한 진술문이다. 즉, 교육의 목표란 일련의 교육활동에 참여한 결과로, 특수아동들이 얻을 수 있는 지적 · 정의적 · 신체적 · 사회적 능력이나 태도, 흥미 등의 특성을 명확하게 표현한 문장을 말한다.

교육의 목표를 설정함으로써 교사나 상담자는 그 목표를 달성하기 위해 어떤 교육내용을 계획하고 구성해야 하는지를 분명하게 알 수 있다. 또한 이 교육목표는 일정 기간 동안의 교육활동이 끝났을 때 여러 측면에서의 변화된 모습과 향상의 정도를 평가하는 준거로 사용될 수 있다.

구체적인 내용은 다음과 같다.

① 우선 현재 장애의 정도가 어느 정도인가를 정확하게 판별 · 분석하여야 한다. 이를 위해서 앞 단계에서 이루어진 판별의 내용을 면밀히 분석 · 고찰하여야 한다.

② 장애의 원인이 어디에 있으며, 그 원인을 제거하기 위해서는 교육적 · 의학적 · 임상심리학적 · 재활 훈련적인 방법이 무엇이겠는가에 대한 올바른 평가가 이루어져야 한다.

③ 교육목표를 설정할 때에는 그 목표를 반영할 수 있는 세부적인 행동을 선정하고 이를 행동적 목표로 보다 구체적으로 진술해야 한다.

④ 가급적이면 특수아동 개개인을 대상으로 하는 개별화된 목표가 수립되어야 한다.

(2) 교육내용의 선정과 조직

교육목표를 달성하기 위해 이루어지는 일련의 과정이 교육활동이다. '교육활동에 있어 어떤 구체적인 학습과 치료의 경험을 맛보도록 해줄 것이냐?'의 문제가 바로 교육내용의 선정과 조직에 있어서의 요체인 것이다.

'무엇'을 가지고 활동할 것인가?, 즉 교육내용을 선정하고 조직할 때의 기본 원칙은 다음과 같다.

① 교육목표를 효율적으로 달성하기 위해 목표와 직접적으로 관련이 되며, 또한 특수아동에게 직접적인 경험을 제공할 수 있는 치료와 교육의 내용을 선정하고 조직한다.

② 학습과 치료의 관점에서 특수아동이 충분한 만족감을 얻을 수 있는 내용을 선정 · 조직한다.

③ 특수아동의 준비성을 고려하여 그들의 능력 범위 안에서 학습하고 치료되어질 내용을 선정 · 조직한다.

④ 대부분의 특수아동들은 장애 때문에 행동반경이 제한되어 있기 때문에 이들에게 보다 다양한 자극과 경험을 맛보게 하는 것으로 교육의 내용이 선정 · 조직되어야 한다.

⑤ 특수아동 개인간의 차(inter individuality)와 한 특수아동이 지닌 개인 내의 차(intra individuality)를 충분히 고려한 교육내용이 선정되고 조직되어야 한다.

(3) 교육활동의 설계와 실천

여기서의 교육활동이란 특수아동이 교육기관에 등교해서부터 귀가할 때까지 일어나는 모든 활동을 의미한다. 즉, 특수아동들의 교육을 위한 교육기관의 물리적인 환경과 특수아동, 특수아동과 특수아동, 특수아동과 비장애아동, 교사나 상담자와 특수아동 간에 이루어지는 모든 활동을 의미한다.

따라서 이 단계에서는 특수아동의 교육과 상담을 위한 장 · 단기의 활동 및 치료의 구체적인 방안이 수립된다. 1년을 기본 단위로 월간 · 주간 및 일일 활동으로 점차 세분화하여 실천계획이 수립되고, 또한 그 계획에 따라 실천에 옮기게 된다.

그리고 이 단계에서는 특수아동의 개별화 학습 및 치료를 위한 구체적인 방법이 강구되고 실천되어진다. 특수아동을 대상으로 교육활동이 실천될 때는 장애의 유형과 질에 따른 적절한 교재 · 교구의 활용이 잘 이루어져야 하며, 그들의 자주성과 자발성을 중시하는 활동이 이루어져야 한다.

3) 평가 단계

특수아동을 대상으로 설정한 교육목표를 달성하고자 적절한 교육경험을 선정하고 조직하여 교육활동을 실천하는 일이 어느 기간 동안 이뤄졌으면 그에 대한 평가가 반드시 따라야 한다. 이 때 특수아동의 교육활동에 따른 변화의 모습뿐만 아니라 상담 및 치료 활동에 따른 여러 가지 기능의 향상치에도 적절한 평가가 이루어져야 한다. 여기에서 이루어지는 평가의 자료는 특수아동의 교육적 조치나 교육의 방법 등 장애 특수아동 교육의 전 과정에 피드백(feedback)으로써 작용하게 된다.

3. 통합교육

가. 통합교육의 정의

통합은 넓은 의미에서 특수아동을 시설에서 지역사회로, 특수학교에서 일반학교로, 또는 특수학급에서 일반학급으로 포함시키는 것을 의미한다. 특수교육 선진국인 미국에서는 1960년대에 이와 같은 통합에 대한 사회적 노력이 시작되었다. 그 후 1970년대의 전장애아교육법(PL 94-142 : The Education for All Handicapped Children Act)의 제정과 더불어 실천적인 면에서의 통합교육의 움직임이 활발하게 진행되어져 오고 있다. 이 법은 특수아동을 제한적 환경의 극소화(the least restrictive environment)에서 교육시킬 것을 요구하고 있는데 1975년에 제시된 이 전장애아법(PL 94-142)은 다음의 6대 원리로 구성되어 있다.

1) 완전 취학(zero reject)

모든 특수아동은 교육상황에서 무상교육의 기회를 거부 당해서는 안 된다.

2) 공정한 평가(nondiscriminatory evaluation)

각 특수아동은 특수교육 프로그램에 배치되기 전에 문화적 · 언어적 배경에 알맞은 보다 완벽한 개별검사를 받아야 한다(그리고 3년마다 재평가를 받아야 한다).

3) 적절한 교육(appropriate education)

모든 학생(특수교육을 받는)을 위한 적절한 개별화 교육프로그램(IEP, Individualized Education Program)이 작성되어야 한다.

4) 제한적 환경의 극소화(least restrictive environment)

특수아동은 가급적이면 비장애아동과 함께 교육받아야 한다. 이 철학은 특수아동을 적절하다면 가능한 한 정상적 환경(정규학급)으로 보내어 교육을 받게 해야 한다는 것이다.

5) 적법 절차(due process)

이는 교육적 의사결정의 공정성과 의사결정시 전문가와 부모의 책무성을 보장하기 위한 법적 절차이며 부모와 아동의 활동 · 참여 등의 권리를 허용하는 것이다.

6) 부모 참여(parental participation)

IEP에 부모 참여, 특히 부모가 아동에 관한 교육 기록을 볼 수 있는 권리를 허락한다.

이상과 같은 기본 원리를 기초로 통합교육은 꾸준히 발전해 왔다. 특히 그 철학적 기초인 정상화의 원리와 탈수용시설화 같은 사회적 움직임, 그리고 제한적 환경의 극소화와 같은 법적 근거에 의하여 그 발전 속도가 가속화되어 왔다.

Kauffman 등(1975)의 정의에 의하면, 통합은 특수아동을 일반학급에 물리적으로 통합(시간적 통합)하는 것 외에도 학문적(교수활동적 통합), 사회적(사회적 통합)으로도 통합하는 것을 의미한다. 시간적 통합(temporal integration)이란 일정 시간 동안 비장애아동들과 동일한 교육 환경에 배치하는 것을 의미하며, 교수활동적 통합(instructional integration)이란 일반학급의 학업활동에 의미 있게 참여하는 것을 의미한다. 사회적 통합(social integration)이란 통합되는 학급의 교사와 아동들로부터 학급의 구성원으로 수용되는 것을 의미한다. 진정한 의미에서의 통합이 이루어지기 위해서는 마지막 사회적 통합까지 이루어져야 하는데, 실제로 장애가 경한 아동의 경우에는 학급 구성원으로서 완전히 수용되는 단계의 통합까지도 가능한 것으로 보고되고 있다. 그러나 중도 특수아동의 경우에는 장애의 정도나 특성으로 인하여 일반학급의 모든 학업활동에 완전히 참여하기가 어려울 수도 있다.

표 13-2 **장애학생을 위한 통합접근 대 분리접근**

분리	통합
고립	협력필요, 새로운 아이디어에 대한 개방성
특수교육으로부터 분리된 일반교육	교육과정 지식, 차별화 교수, 지속적 계획
이중잣대 : 장애 때문에 벌을 주지 않음	공평한 협력교수
표찰, 차이중시, 실패	완전취학 원칙
초점 : 아동이 일반학급으로 돌아갈 수 있을지 결정하는 요소 혹은 준거	초점 : 아동이 언제 일반학급으로 돌아갈지를 결정하는 요소 혹은 준거
장소로서의 특수교육	서비스로서의 특수교육
정적인 개별화교육계획의 위험 : 장단기 및 하위목표상의 변화없음	교육과정 수정과 차별화 교수전략, 학습을 위한 혁신적 접근 보편적 설계 : 소속감과 성공장려 학급의 모든 학생을 위한, 즉 다양한 능력의 학습자 전체를 포함
거의 혜택 없음	학교 공동체 내 모든사람과 학생에 대한 혜택 : 특별활동, 쉬는 시간, 급식실 포함
'우리-그들' 정신장려 전형적인 아이들과 분리된 장애아동 학교 대 부모 일반교사 대 특수교사 가족을 학교가 하려는일을 방해하는 '적'으로 바라봄	'우리'라는 정신 장려 모든 학생에게 동등한 기회부여 팀으로서의 학교와 부모 한 팀으로서의 특수교사와 일반교사 가족이 지닌 전문성의 가치를 인정
학습된 무기력 양산, 지속적인 보살핌과 감독제공, 또래와 있으면서 자연스럽게 발생할 수 있는 위험 감수를 억누름	독립성 촉진과 위험을 가져올지라도 스스로 결정하는 '위기의 가치' 장려

출처: Schwarz(2006).

나. 통합교육의 역사적 배경

장애인 통합의 역사는 30~40년에 불과하다. 그러나 이 시기 동안 통합교육의 발달은 비교적 꾸준하게 이루어져 왔다. 특히 정상화 원리와 같은 철학적 믿음, 탈수용시설화와 같은 사회적 움직임, 최소제한 환경의 의무화와 같은 법률 제정 등에 의해서 그 속도가 가속화되어 왔다(이소현 외, 2000).

1) 정상화

장애인의 사회 통합을 향한 움직임의 가장 기본적인 원리는 정상화 원리(the principle of normalization)이다. 정상화 원리란 문화적으로 정상적인 개인의 행동 및 특성을 형성하고 유지하기 위해서는 가능한 한 문화적으로 정상적인 수단을 사용해야 한다는 철학적인 믿음이다. 1960년대 중반에 스칸디나비아에서 처음으로 주장되었다. 이와 같은 정상화의 원리를 장애인에게 적용하게 되면 장애인을 위한 교육의 목적 및 수단이 가능한 한 비장애인들을 위한 교육의 목적 및 수단과 같아야 한다(Wolfensberger, 1972). 다시 말해서, 장애인들은 가능한 한 정상적인 사회로 통합되어야 한다는 것을 의미한다. 여기서 말하는 교육의 목적에 있어서의 정상화란 장애인을 교육하는 목적이 비장애인의 교육 목적과 마찬가지로 좀더 큰 사회에 적응하고 생활할 수 있게 하는 것이다. 또한 그 방법으로는 장애인들도 가능한 한 비장애인들의 교육 환경과 비슷한 환경에서 교육해야 하며, 비장애인들에게 사용하는 교육방법과 가장 닮은 방법을 사용해야 한다.

정상화 원리의 개념은 특수교육에 있어서 제한적 환경의 극소화(the least restrictive environment)의 개념을 탄생시킨 촉매적인 역할을 했다(Thurman & Fiorelli, 1980).

2) 탈수용시설화

1960년대와 1970년대를 거쳐서 장애인을 시설에 수용하는 것을 강하게 비판하는 사회적 움직임이 일기 시작했는데, 사회운동의 일환으로 이들을 분리된 시설에서 지역사회로 이동시키기 시작한 운동을 탈수용시설화라고 한다. 이러한 움직임은 많은 특수아동들을 가정으로 돌아가게 했으며 지역사회로 통합시키는 결실을 보게 했다.

3) 제한적 환경의 극소화

제한적 환경의 극소화(the least restrictive environment)란 미국의 장애인교육법(IDEA)에 명시된 법적 용어이다. 이것은 특수아동을 비장애아동, 가정, 지역사회로부터 가능한 한 최소한으로 분리시켜야 한다는 개념이다. 즉, 특수아동의 삶이 가능한 한 '정상적'이어야 한다는 의미로, 특수아동을 위한 교육은 개별적인 필요에 의해서 이루어져야 하지만 절대적인 필요 이상으로 개인의 자유를 침해해서는 안 된다는 개념으로 해석될 수 있다(Hallahan & Kauffman, 1995). 예를 들어, 시간제 특수학급(또는 자료실)에서 충분한 특수교육적 도움을 받을 수 있는 학생을 전일제 특수학급에 배치해서는 안 되며, 일반학교 특수학급에서의 교육이 가능한 학생을 분리된 특수학교나 수용시설에 배치해서는 안 된다는 것이다.

이렇게 특수아동을 제한적 환경의 극소화, 즉 최소한의 제한된 교육 환경에 배치한다는 것은 매우 바람직한 움직임이다. 그러나 이를 실행하는 과정은 개념을 정의하는 것처럼 그렇게 단순하지만은 않다. 미국의 장애인교육법(IDEA)은 모든 특수아동의 교육에 있어서 제한적 환경의 극소화의 개념을 적용하도록 의무화하고는 있지만 그 실행에 관한 기준을 제시하지 않고 있기 때문에 최소제한 환경을 적용하고 실행함에 있어서 여러 가지 문제가 제기되고 있는 것이 사실이다.

4) 일반교육 주도

1980년대 중반에 Will에 의해서 처음으로 주창된 일반교육 주도(regular education initiative)는 통합교육의 움직임을 가속화하였다. 이것은 일반교육과 특수교육을 하나의 교육체계로 통일함으로써 교육적인 개혁을 시도하겠다는 주장으로 지금까지도 이에 대한 찬반 논의가 진행되고 있다.

먼저 일반교육 주도의 움직임을 찬성하는 사람들은 특수아동을 위한 현행 교육제도가 일반교육과 특수교육의 이중적인 형태를 취함으로써 비기능적, 비효율적, 비경제적이라고 주장한다. 특히 이들은 이중적인 구조로 구성되어 있는 특수교육과 일반교육을 통합함으로써 학생, 교사, 부모, 교육행정가들 모두가 혜택을 얻을 수 있다고 다음과 같이 주장하고 있다.

① 현재 일반교육에 포함되어 있는 장애위험 아동(at risk children)은 하나의 교육체계 내에서 필요한 특수교육 서비스를 받을 수 있게 된다.

② 현재 특수교육을 받고 있는 특수아동들은 불필요한 표찰(labeling)의 부정적인 영향에서 벗어나 바람직한 행동을 관찰하여 학습할 수 있다.

③ 비장애아동들은 모든 사람들이 그 모습과 능력에 있어서 차이가 있다는 사실을 학습할 수 있다.

결론적으로 일반교육 주도의 지지자들은 일반교육이 '모든 유형의 특수아동을 완전히' 포함할 수 있음을 주장하고 있다.

그러나 많은 특수교육 전문가들은 일반교육 주도를 통해서 앞에서 설명한 어느 정도의 긍정적인 혜택이 있을 수 있다는 것을 인정하면서도 교육적인 효과에 대해서 다음과 같은 의문점을 제기하고 있다.

① 일반교사들이 특수아동을 충분히 교육할 수 있는 준비가 되어 있지 않다.

② 모든 특수아동들이 장애의 성격이나 정도와는 관계없이 일률적으로 일반학급으로 이동하는 것에 대한 실증을 거친 타당성이 제시되지 않고 있다.

③ 여러 가지 면에서 이질적인 학생들을 대단위 교육 현장에서 효율적으로

교육할 수 있는 방법이 아직 연구되어 있지 않다.

④ 일반교육 주도를 지지하는 증거로 제시되고 있는 특수교육의 효율성에 관한 연구들은 그 방법론적인 면에서 심각한 결함을 지니고 있다.

⑤ 일반학급 교사들이 얼마나 기쁘게 더 많은 특수아동들을 그들의 학급에 수용하려고 할지에 대한 우려가 크다.

5) 완전통합

최근의 특수교육 영역에 있어서 가장 활발한 논의가 진행되고 있는 논제 중의 하나는 완전통합(full inclusion)의 개념이다. 완전통합은 특수아동을 완전한 통합교육에 포함시키기 위해서 일반교육과 특수교육을 통합하려는 움직임으로 간주되고 있다(Yell, 1995).

1980년대 후반에 이르면서 중도 특수아동의 교육에 관심을 가져온 전문가들에 의해서 통합을 의미하는 또다른 용어인 'inclusion'이라는 용어가 사용되기 시작하였다. 완전통합을 주장하는 사람들은 경도 특수아동 뿐만 아니라 중도 특수아동을 포함하는 모든 특수아동을 위해서 일반학급이 가장 적절한 교육 환경임을 강조하고 있다. 이들은 분리교육을 포함하고 있는 현행 특수교육 제도가 아동의 개별적인 필요를 충족시키는 데 실패했다고 생각한다. 그리고 현행 특수교육 제도는 결국 교육 서비스 자체를 분할하는 결과만을 도출함으로써 특수아동에게 불필요한 낙인만 찍고, 아동의 학업적 · 사회적 발달을 위해서 필요한 풍부하고도 다양한 일반교육 환경으로부터 특수아동을 제외시키고 있다고 주장하고 있다.

그러나 많은 특수교육 전문가들은 완전통합이 특수아동을 위한 단 하나의 적절한 선택이라는 주장에 동의하지 않는다. 이들은 개별 아동의 특별한 필요를 충족시키기 위해서는 특수학급이나 자료실과 같은 기타 선택의 여지가 포함된 연계적인 특수교육 서비스가 갖추어져 있어야 한다고 주장한다. 이들은 또한 일반학급 교사들이 특수아동의 독특한 필요를 충족시킬 수 있을 정도로 준비되지 않았거나 적절한 훈련을 받지 못하고 있다는 현실적인 문제를 지적하고 있다.

이상과 같이 미국에서의 특수교육은 자연스럽게 발전을 거듭하여 '완전통합교육'이 곧 특수교육이라고 일컬을 정도로 노력을 거듭하고 있다. 그리하여 오늘날 특수교육의 주요 흐름은 탈시설화 통합교육을 추구하게 되었다. 장애인의 정상화라는 대전제를 근거로 통합교육(주류화)은, 정규교육 주도, 그리고 완전통합이라는 일련의 과정을 거치면서 분리교육에서 단계적 통합과정을 거쳐 완전통합에 이르렀다.

우리나라의 경우 비록 법적인 근거는 마련되었다 하더라도 완전통합에까지는 아직도 발전해가야 할 많은 과제를 안고 있다.

다. 통합교육의 촉진

1) 통합교육적 접근

특수아동은 학교장면에서 학업과, 여러 중첩된 문제로 어려움을 겪고 실패의 위험에 노출되기 쉽다. 따라서 특수아동에 대한 통합교육의 목표중 하나는 초기의 어려움이 복합적 실패로 이어지지 않도록 하는데 있다.

McGrath는 통합학급이란 대상 아동을 그 학급에 맞게 변화시키려고 하는 것이 아니라 그 안에 있는 모든 학생에게 맞게 학급을 구조화하는 것이라고 정의했다. 또한 교육 과정적, 물리적 사회적 지원을 사용해 교육과정이 모든 아동에게 접근 가능하도록 해서 어느 아동도 특별한 요구를 갖는 것으로 판별되지 않도록 하는 영구적인 조정을 주장하였다. 환경은 어느 학생이라도 학습하고 성취하도록 합리적으로 조정하는 반면 기준은 현실적인 수준으로 높게 유지해야만 한다.

교사가 장애아동을 과잉보호하거나 '모성적 양호'를 하여 아이가 원하지 않는 지나친 주의를 끌거나 부담감을 갖거나 스트레스를 받지 않도록 주의해야 한다.

유용한 통합실제의 예로써, 학교를 장기 결석하는 동안 학급과 장애학생간의 연결 유지하기. 음악, 미술, 체육, 도서관, 컴퓨터 실습, 특별활동 등에서 통합촉진하기. 아동에게 학급이 물리적으로 안전할 뿐 아니라 심리적으로도 안전한 장소가 되도록 만들기 등이 있다.

아래의 〈표 13-3〉은 통합교육을 저해하거나 촉진하는 사고방식을 요약하고 있다.

표 13-3 **통합촉진/저해 사고방식 비교**

통합교육을 저해하는 사고방식	통합교육을 촉진하는 사고방식
조정은 너무 어렵거나 시간이 많이 든다.	영구적인 수정은 장기직으로 시간을 절약한다.
조정은 다른 학생에게 차별적이다.	차별화된 교수, 교육과정 수정, 보편적 설계, 협력 학급은 모든 학생에게 이익이 되며, 일상을 변화시킨다. 통합교육과 가능성의 사고는 앞으로 사회에서 마주하게 될 다양성에 아이들을 노출시킨다.
조정은 아이들로 하여금 더 쉽거나 더 가벼운 과제의 양으로 모면하게 하고 속임수를 쓸 기회를 증가시킨다.	공정성은 각 학생이 성공하는데 필요한 것을 얻는 것으로 정의되며, 학생이 학급에서 교육과정과 사회적 경험에 완전히 접근하는 것을 방해할 수 있는 환경에서 장벽을 제거하는 것을 포함한다.
경직성	유연성
학생들이 어떻게 하면 자신들의 개별화교육계획에 기반할 수 있을지에 대한 가정	개별학생에 대해 알아가기, 듣고 질문하기, 개인의 지식에 기반해 결정하기
개별화교육계획은 부담이다.	개별화교육계획은 학생의 성취를 극대화하기 위한 계획이다.

출처: Schwarz(2006).

2) 자원활용

학교상담자가 통합교육을 촉진하고 장애학생이 긍정적인 학교 경험을 할 수 있도록 기회를 만드는 방법 중 하나는 아동의 일상 내 자연적인 지원을 이용하는 것이다. 예를 들어 협력적인 부모 참여 증진하기, 부모와 일하는 교사돕기, 학생의 학업성위를 위해 가정에서의 부모역할 촉진하기, 학교와 가정간의 연락 지원하기, 또래의 지원, 수용과 같은 자연적 지원 증진하기 등이 있다. 그러나 또래가 좋은 자연적 지원이 될 수 있지만 각 아동이 도움을 어떻게 해석하고 있는지에 민감해야 한다.

3) 학업적 요구와 지원

일반적으로 장애인의 낮은 교육수준은 직업기회의 제한으로 연결된다. 제한된 고용기회는 저임금 상태에 놓일 가능성이 높다. 장애 성인의 학교에 대한 경험은 학교를 싫어한다고 답했으며 학업중단을 불쾌한 상황으로부터의 해방으로 보았다. 또한, 그들은 학업문제, 또래문제, 교사와의 문제 등에서 어려움을 겪었고 좋은 성적을 얻지 못했다고 보고하고 있다. 더불어 아무도 그들을 도와줄 수 없다고 믿고 있었다.

아동의 학업적 자아개념은 자신들의 환경 안에 있는 성인들로부터 받은 피드백에 큰 영향을 받는다. 특히 장애학생들의 성공능력에 대한 교사들의 인식은 부정적인 학업적 자아개념에 영향을 주는 주요 요인이다. 따라서 특수아동이 긍정적인 학업적 자아개념을 형성하도록 통합교육을 촉진하고 학업중재와 상담중재를 실시하는 것이 필요하다.

Gradel & Jabot에 의하면, 성공적인 중재는 장애아동이 학습을 하고 학교와 사회에서 능동적이고 완전하게 참여하는데 방해가 되는 것들을 예방하거나 제거하거나 극복하게 한다. Elbaum과 Vaughn 은 자아개념 중재는 어린 청소년에게 더 효과적이며 학업중재는 초등학생에게 좀더 효과적이고, 상담중재는 중·고등학생에게 좀 더 일관된 효과를 보인다고 제안했다. 학업중재의 촉진은 학급에서 성공하는 데 필요한 진전된 개인 및 사회적 기술과 직접적으로 연관이 있다. 또한, 학교상담자는 학생의 학업수행에 방해가 될 수 있는 다양한 개인 및 사회적 요구에 맞게 설계된 상담중재를 수행할 수 있는데, 여기에는 개별 및 집단상담과 학급지도 활동이 포함된다. 자아존중감을 증가시키고, 긍정적 대인관계를 발전시키며 사회적 수용과 자신감을 증진하도록 돕기 위해 개인 및 집단상담을 하도록 제안했으며 사회적 기술훈련이 필수적이다. 자기주장훈련, 갈등해결, 거절기술, 스트레스 감소기법의 연습 등이 여기에 해당된다.

Medina와 Luna는 학교와 사회에서 소외된다고 느끼는 아동은 스스로 요구사항을 충족시키거나 엄격한 학교에 대해 무력하다고 느끼며 학습과정으로부터 멀어진다고 지적한다. 따라서 상담자와 교사는 특수아동들의 학업적 적응유연성을 높이기 위해 노력해야 한다.

일반적으로 학생들이 학교에서 실패를 더 많이 경험할수록 학업과 관련된 문제는 점차 자아개념으로 내재화되며 부정적 자아개념과 우울증 등의 문제를 가져오기도 한다. 따라서 학업적 중재와 자아개념을 증가시키고 우울감을 덜어주는 중재가 이루어져야 한다.

특히 장애로 인해 어려움을 겪는 모든 학생이 학습과정으로부터 이탈되는 것은 아니지만 이들의 어려움을 효과적이고 성공적으로 다룰 수 있도록 적응유연성을 촉진해야 한다. 다음과 같은 능력을 장려함으로써 장애아동이 좀 더 적응유연성을 갖도록 촉진할 수 있다.

- 낙관적으로 생각하기
- 가까운 사람에게 고마움을 전하기
- 현실적인 목표와 기대치를 설정하기
- 문제해결과 의사결정 능력이 있다고 믿기
- 실수나 곤경, 방해물 등을 피해야 할 스트레스 요인으로 보기보다는 직면

해야 할 도전으로 보기

- 자기방어보다는 성장을 촉진하는 적응 전략에 의존하기
- 약점과 취약성을 알기
- 강점과 재능을 인식하기
- 감정이입을 하고 만족스러운 대인관계 기술을 발달시키기 위한 기술갖기

4. 장애학생을 돕는 기술

가. 장애인에 대한 일상적인 왜곡

1) 신체장애인에 대한 왜곡

"장애인을 영웅으로 만들거나 비극적인 희생자로 표현하기 위해 실제 삶보다 더 과장되게 혹은 더 축소하여 낭만적으로 표현하기는 정말 쉽다. 또한 그들이 우리와는 정말 다르다고 너무 쉽게 생각한다"(Brightman, 1984).

가장 흔한 왜곡된 사고는 하나의 장애를 인식하면 자동적으로 다른 장애도 존재한다고 여기는 경향성이다. 그래서 장애는 한사람의 중요한 결정적인 특징이 되고 이것이 그 사람에 대한 전반적인 평가로 이어진다.

장애인에 대한 편견으로 크게 네 가지 유형의 정형화된 이미지(typecasting)가 있다. 비극적 인물, 장애극복 영웅, 영원한 아이, 마스코트 등이다

(1) 비극적 인물

장애인은 낯선 사람이 다가와 동정을 표하거나 기도를 해 주는 경험을 하곤 한다. 때때로 "다 잘 될거예요." 하며 위로해 주기도 한다. 적지 않은 상담자가 장애 학생의 삶이 불행할 거라고 가정하는데 이러한 인식은 그대로 학생, 부모, 동료, 교사에게 전달되는 힘이 있다. 동정심은 굴욕감을 느끼게 할 수 있고, 사회적 거리감을 형성시킬 수 있으며 전무적 수동성을 야기할 수 있다. 동정심은 공감과 명백하게 차이가 난다.

(2) 감화와 장애극복 영웅

신체장애를 가졌음에도 매우 강인하거나 놀라운 성취를 보임으로써 타인에게 감화를 주는 사람을 묘사할 때 사용되나 Haller는 이것을 '동정심의 뒷면'이라고 표현했다. "누군가를 남다른 사람으로 제시하는 것은 '그들의 운명은 비극적'이라는 동정의 또 다른 방식일 뿐이다. 이러한 믿음은 사회적 가치관과 결합된다. 사회는 장애인에 대해 기대를 거의 하지 않기 때문에 장애인이 하는 그 어떤 것도 '놀라운' 것으로 여겨지기도 한다."

(3) 영원한 아이

장애를 가진 청소년이나 성인을 어린아이처럼 간주하는 것이다. 이는 마치 어린 아이를 대할 때처럼 과잉보호하려 하거나 지시적이며 통제하려는 성향을 증가시킨다. 이 같은 역할 규정의 연장선상에서 상담자는 장애학생에 대해 부모처럼 행동한다.

(4) 마스코트

장애인을 마치 마스코트처럼 대하는 경향이다. 어떤 장애인은 자신의 삶이 방송을 통해 '고통을 겪는' 것처럼 비춰지는 것이 오히려 자신에게 도움이 되지 않는다고 생각하며 그러한 방송을 반대한다.

우리는 이러한 편견을 통해 널리 퍼져있는 잘못된 믿음이 무엇인지 살핌으로써 장애학생을 좀 더 이해하고 도울 수 있을 것이다.

2) 드러나지 않는 장애인에 대한 왜곡

학습장애, 주의력결핍장애, 신경행동장애와 같이 드러나지 않는 장애가 있는 학생은 상대적으로 보다 많은 사회적 낙인을 경험하는 경향이 있다. [그림 12-4]는 사회적 낙인의 위계를 오름차순으로 보여 준다. 신체장애가 있는 학생의 경우 가장 적은 사회적 낙인을 경험하여, 이지적 장애가 있는 경우 그 다음으로 많은 사회적 낙인을 경험한다. 지적장애가 있는 경우보다 많은 사회적 낙인을 경험하며 정신적 장애가 있는 경우 가장 많은 사회적 낙인을 경험한다.

Miller와 Sammons는 "네가 정상적으로 보이면(look okay) 너는 정상적이어야만(must be okay)한다"고 언급하면서 "눈에 보이는 장애가 없으면 정상 혹은 평균이라고 기대된다. 드러나지 않는 장애는 그것을 확인할 수 있는 단서가 없기 때문에 장애가 없다고 여겨지기 쉽다"고 하였다.

드러나지 않는 장애가 있는 학생에 대한 전반적 평가는 아동의 잠재력 발견을 방해할 뿐 아니라 학생에게 치명적인 해를 줄 수도 있으므로 다음과 같이 해야 한다고 권하고 있다.

- 거의 항상 존재하는 만연된 생각에 대해 자신의 인식을 다시 한번 점검해 보는 습관을 가지라.
- 전반적 평가로 가려진 숨은 자질을 찾으라.

• 장애를 연속선상에 존재하는 것으로 생각하고 이분법적인 분류보다는 기능의 영역에서 차이가 있다고 생각하라.

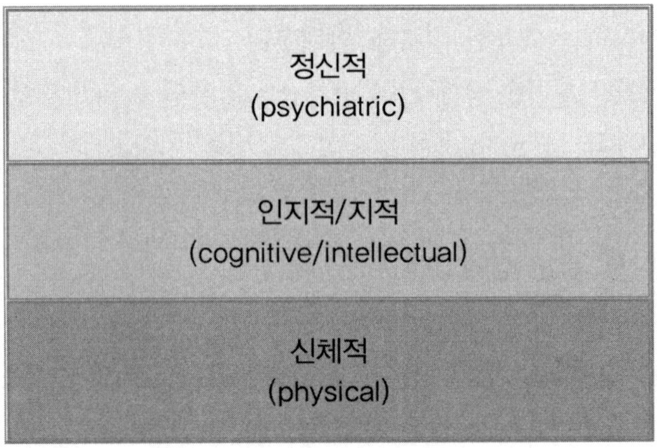

[그림 13-4] 사회적 낙인의 위계

3) 진단의 위험성

일반적으로 진단을 통해 진단명을 받는 것은 인식에 강력한 영향을 준다. 전문가로서 상담가는 진단이 도움이 될 때도 있지만 반대로 해가 될 수 있다는 것을 잘 기억하고 활용해야 한다. Katie Snow는 진단을 사용하는 가장 중요한 이유는 필요한 서비스를 받기 위함이라고 말한다. Snow는 아동을 진단할 때 엄격히 제한해야 한다고 충고한다. “진단명을 사용할 때 그 사람에게 필요한 것이 무엇인지를 표현하고자 하는 의도로 사용하지만 이 의도는 예상을 뒤엎는 결과를 가져온다. 동정, 편견, 오해, 혼동의 시작이다.”

진단명은 상담의 상호작용을 왜곡시킬 수 도 있고 상담관계에 영향을 미치기도 한다. 따라서 상담자는 진단명을 그 아동의 상황을 충분히 이해하기 위한 수단으로 사용해야지 반응하기 위한 수단으로 사용해선 안 된다.

표 13-4 진단의 부적절한 사용 대 적절한 사용

진단의 부적절한 사용	진단의 적절한 사용
학생이 보이는 문제에 대해 : 진단의 맥락에서 바라보기	학생이 보이는 문제에 대해 • 진단 그자체로 받아들이기 • 발달적 문제의 한 요인으로 인식하기 • 장애와 문화적 특성을 포함하는 개인적 특성으로 이해하기

나. 효과적인 도움

1) 사회모델

일반적으로 장애인이 가진 문제의 원인과 해결책을 개념화하기 위하여 역사적으로 세 가지 모델이 있어 왔다. 이러한 모델은 장애학생의 필요를 파악하는데 있어 결정적인 영향을 미친다. 가장 오래된 것은 윤리모델(moral model)이다. 이 모델은 장애는 징벌이나 믿음을 시험하기 위한 것으로 여기며 요즘은 의학모델이 보다 일반적이고 지배적이다. 의학모델(medical model)은 장애의 원인이 전적으로 개인의 내적 요인에 있으며 기능의 결함 때문에 장애가 생겨난다고 본다. 소수자 모델로 알려진 사회모델은 개인을 병리적으로 접근하는 모델로부터 방향을 돌려 개인에게 제한을 가하는 환경과 태도를 강조한다. 사회모델은 장애를 본질적으로 사회적 개념으로 규정하며 장애는 부정적인 사회적 태도와 생활의 많은 영역에 제한을 받기 때문에 발생한다고 본다. 이 모델의 핵심요소는 장애인의 문제가 장애 자체로 인해 야기되지 않는다는 것이다. Olkin은 해결책은 전반적인 설계에 있고, 장애인에 대한 비장애인의 교육과 관련이 있으며, 장애인에게 공평한 기회와 보호를 보장하는 법령, 법령의 실행과 관련이 있다고 지적하고 있다.

2) 가능성 보기

장애아동의 장애를 뛰어넘어 가능성을 보는 것은 장애학생을 효과적으로 돕는 핵심요소이다. 상담자는 장애아동이 궁극적으로 어떠한 능력을 가지고 있는지 정말 모른다고 생각하는 겸손이 필요하다. 또한, 상담자는 환경의 맥락에서 학생을 바라봐야 한다. 시각적 인식 속에 전경과 배경을 동시에 보기 위해 노력하는 것처럼 장애학생을 도울 때도 환경의 변화를 통해 의미있는 변화를 도울 수 있다.

우리는 장애학생을 학생 그 자체로 바라보기 위하여 노력하는 자세가 필요하다. 예를 들어 특수아동들은 장애를 그의 일부로만 가지고 있는 학생이며 장애에 대한 편견으로 인하여 그들이 가진 능력이 숨겨질 수 있는 학생이라는 사실을 이해하는 것이 중요하다.

3) 진정성과 공감

진정으로 도움을 주는 관계의 형성에는 많은 요인이 복잡하게 작용하며, Robert Nathanson은 장애학생을 도울 때 문제가 되는 일곱 가지 양식을 정리하였는데 다음과 같다.

① 가장 중요한 것은 너의 진단명이다.
② 네가 이렇게 되어 유감이구나.
③ 걱정마, 내가 구해 줄게
④ 너에게 뭐가 가장 좋은지 알아
⑤ 약속이 취소되는 행운이 왔으면
⑥ 너의 용기는 정말 놀랍구나.
⑦ 너와 나 중에 누가 더 불안할까?

위의 양식은 연민과 고정관념, 불편함, 온정주의에 수반되는 문제들이다. 학교상담자가 장애학생의 어려움을 헤아리는 것은 중요하지만 도움이란 연민이나 동정이 아니라 공감에서 비롯된다. 도움은 어려움을 헤아려 주고 기대를 낮추지 않으며 지원을 증가시켜야 한다. 장애인이 생각하는 것에 귀 기울이는 것이 도움이 되며 동정보다는 힘을 북돋아 주어야 하고 주변의 장벽을 제거해 주어야 한다.

4) 편안해지기

비장애인은 종종 신체장애인과 상호작용할 때 불안을 느껴서 사회적 거리감을 두는 경우가 있다. 거리감을 두는 이유는 장애를 볼 때 우리 자신의 신체적 취약성이 상기되어 불안이 생기기 때문이며, 장애인과 상호작용하는 것에 대해 두려워하고 혹시 말해서는 안 될 것을 말할까 걱정하는 이유이다.

장애와 관련된 용어는 여러 가지 이유로 중요하다. 용어는 사람에게 정신적 이미지를 그리게 함으로써 인식을 형성한다. '간질학생'이라고 말하는 것과 '경련장애가 있는 학생'이라고 말하는 것의 차이를 고려해 보라. 우리가 사용하는 단어들은 자연스럽게 상대방과 관계를 형성하는데 영향을 미치므로 다음과 같이 선호되는 언어와 장애를 표현하는 에티켓에 관해 알아두는 것은 중요하다.

- 표현할 때 장애보다 사람을 먼저 표시하라. 장애는 단순한 하나의 특징에 불과하다.
- 동정심을 유발하는 말은 피하라.
- '정상'이란 단어와 '부족'이란 단어의 사용에 신중하라.
- 적절하다면 '전형적' 혹은 '비전형적'이란 용어를 사용하라.
- 완곡어법을 피하라.

또한 장애가 학생의 주요한 특징인 것처럼 지나치게 장애에 초점을 맞추지 않는 것이 중요하다. 그러나 장애를 금기시해야 할 주제인 것처럼 무시하는 것 역시 바람직하지 않다.

"내가 생각하기에 가장 큰 장벽은 사람들이 장애에 대해 기꺼이 얘기하지 않거나, 물어 보려하지 않거나, 알려고 하지 않거나, 두려워서 그냥 넘어가면서 괜찮다고 여기는 것이라고 생각해요. 전 이런 걸 숨기지 않아요. 이런 것이 마음을 상하게 하지는 않거든요. 그것이 저 자신의 일부거든요. 전 그런 것을 편하게 느껴요. 그러니 당신도 그것에 대해 편하게 느꼈으면 좋겠어요."

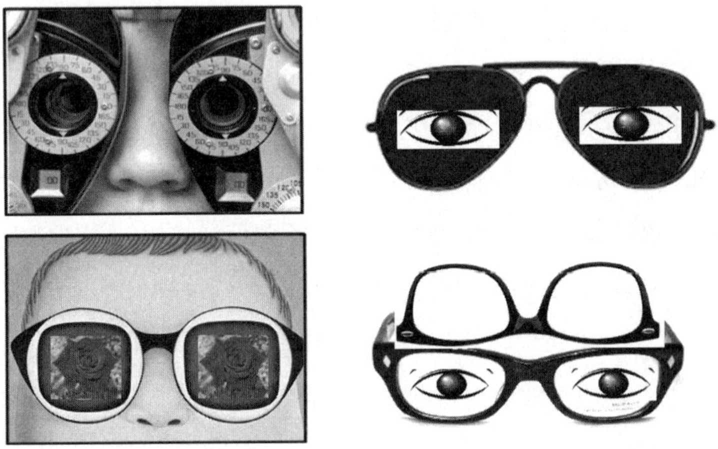

[그림 13-5] 가능성 : 쉽게 보이지 않는 것을 보기

제 14 장

진로개발과 지원

1. 특수아동의 진로개발
2. 전환교육
3. 진로개발 과정
4. 장애영역별 진로지원

 1. 특수아동의 진로개발

장애학생들은 비장애학생들과 같은 진로개발에 관한 기본적인 요구들을 가진다. 진로인식과 고용에 대한 준비를 하고, 진로에 대한 정보를 얻고, 진로목표를 판별하고, 이러한 목표를 성취하기 위해 필요한 지식과 기술을 습득할 필요가 있다. 그러나 장애인으로서 가지는 독특한 경험은 이들에게 더욱 확대된 요구를 가지게 한다.

장애인의 직업에 대한 실재는 다음과 같다.

- 전체 장애인 중 절반 정도만 직업을 가진다.
- 현재 고용되지 않은 장애인 중 2/3 정도는 일을 하기를 원하다.
- 고용주들을 장애인을 위한 편의제공에 많은 비용이 들어가기 때문에 그들을 고용하기를 꺼린다. 그러나 실재는 편의증진을 위한 비용은 거의 없거나 극미하다.

장애학생은 다양한 종류의 직업에 참여하는 것 자체를 꿈꾸는 것에서조차 어려움을 가지며 결국 다양한 직업에 대한 꿈을 일찌감치 접게 된다.

장애학생의 진로개발에 대해 고민할 때 학교상담자들이나 교사가 가져야 할 중요한 마음가짐이 무엇인지 생각해 보는 것이 중요하다. 왜냐하면 학생과 학부모가 미래 진로선택의 적합성을 보는 방식에 영향을 미치기 때문이다. 상담자의 목표는 독립성을 증진시키고 만족할 만한 진로결정을 위해 필요한 지원을 제공함으로써 학생과 부모의 역량을 강화하는 것이다.

그러나 장애학생의 진로개발을 지원할 때 학교상담자들은 두 가지 극단적인 사고방식을 가진다. 하나는 비관적인 접근이고 다른 하나는 비현실적인 접근이다.

비현실적 접근은 한계가 없음을 주장하며 장애학생의 능력과 제한에 대해 현실적인 평가를 고려하지 않는다는 것이다. 이러한 비현실적 조력자는 학생이 예상되는 어려움을 헤쳐 나갈 수 있도록 대비시키지 않는다. 결국 학생들이 진로와 관련한 실제적인 정보와 전략, 서비스를 적극적으로 찾아보고 사용할 수 없게 된다.

비관적인 접근은 고용된 사람은 무언가 특별한 것을 해낸 영웅처럼 보이게 하고 장애인에 대한 낮은 기대를 갖게 하는 사고방식이다. 이런 접근은 학생들이 꿈꾸고 탐색하는 발달단계를 경험하지 못하고 가능성과 선택사항에 대해 일찌감치 포기해 버리는 것이다.

비관적인 사고방식, 비현실적인 사고방식 모두 장애학생의 역량을 약화시킨다.

어떤 상담자는 자신의 접근에 대해 이렇게 이야기한다. "나는 학생들이 가지는 비현실적 직업목표에 대해 언제나 동의한다고 이야기하지 않으며, 너는 할 수 없어라고 이야기하지 않는다. 적어도 그들이 무언가 할 수 없다고 결론 내리기 전에 그들이 시도하게끔 해야 한다고 믿는다. 때로는 그러는 동안 학생들은 자신을 성인으로서 바라보기 시작하면서 할 수 있는 것들을 보며 놀라움을 느낀다."

장애아동은 비장애아동에 비해 긍정적인 직업적 자아개념을 개발하는 데 있어서 더 많은 어려움을 경험한다. 그들의 직업적 가능성이 매우 과소평가되는 문화 속에서 자라왔기 때문이다. 따라서 의식적인 사고와 의도된 행동은 장애아동이 긍정적인 직업적 자아개념을 개발할 수 있도록 돕는게 필요하다. 성인은 장애아동이 자신의 삶에서 직업적 자아를 정립하도록 도울 수 있는 길을 찾아내야 하는 것이다.

역할모델, 멘토링이 장애아동에게 좋은 경험이 된다. 미국 내 국가차원의 프로그램인 장애고용 멘토링의 날은 좋은 예시이다. 이것은 멘토링 프로그램을 개발하고 직업과 사람을 연결시켜 주며 채용서비스를 실행하는 것으로 장애학생들을 위한 훌륭한 기회이다. 또한 성인자원봉사 멘토들로부터 e-멘토링을 받을 수 있는 전자멘토링 프로그램도 있다.

표 14-1 고등학교 졸업 후 진로방향

(단위 : 명, %)

구분	전체	상급학교 진학	보호 작업장 취업	일반 사업체 취업	직업훈련 실시	가정 보호	시설 입소	생각한 바 없음	기타
전체	45,150 (100.0)	19,143 (42.4)	3,491 (7.7)	4,065 (9.0)	9,429 (20.9)	2,191 (4.9)	2,099 (4.6)	4,552 (10.1)	181 (0.4)
시각 장애	1,086 (100.0)	736 (67.8)	21 (1.9)	31 (2.9)	132 (12.2)	44 (4.1)	35 (3.2)	82 (7.6)	5 (0.5)
청각 장애	1,785 (100.0)	1,254 (70.3)	66 (3.7)	141 (7.9)	233 (13.1)	18 (1.0)	7 (0.4)	53 (3.0)	13 (0.7)
지적 장애	27,139 (100.0)	9,618 (35.4)	2,592 (9.6)	2,802 (10.3)	6,549 (24.1)	1,199 (4.4)	1,393 (5.1)	2,885 (10.6)	102 (0.4)
지체 장애	5,291 (100.0)	2,909 (55.0)	126 (2.4)	165 (3.1)	413 (7.8)	623 (11.8)	410 (7.7)	622 (11.8)	22 (0.4)
정서·행동 장애	1,302 (100.0)	606 (46.5)	85 (6.5)	95 (7.3)	324 (24.9)	31 (2.4)	30 (2.3)	117 (9.0)	13 (1.0)
자폐성 장애	4,517 (100.0)	2,017 (44.7)	482 (10.7)	296 (6.6)	911 (20.2)	230 (5.1)	224 (5.0)	358 (7.9)	0 (0.0)
의사소통 장애	370 (100.0)	206 (55.7)	9 (2.4)	16 (4.3)	104 (28.1)	3 (0.8)	0 (0.0)	32 (8.6)	0 (0.0)
학습 장애	2,402 (100.0)	817 (34.0)	97 (4.0)	473 (19.7)	695 (28.9)	26 (1.1)	0 (0.0)	267 (11.1)	26 (1.1)
건강 장애	1,258 (100.0)	980 (77.9)	14 (1.1)	44 (3.5)	67 (5.3)	17 (1.4)	0 (0.0)	136 (10.8)	0 (0.0)

출처: 국립특수교육원, 2014.

2. 전환교육

가. 전환교육의 개념

미국 공법 94-142조인 장애아동교육법이 통과됨에 따라 1975년부터는 특수학교의 모든 학생들에게 개인교육계획(Individual Education Programs: IEP)이 요구되었다. 각 학생의 IEP에는 교육활동의 목적과 목표, 학생 평가 정보, 교육적 배치, 교수해야 할 내용, 시간 계획, 목적과 목표를 달성하기 필요한 활동을 책임질 사람(교사 등), 학생의 발전 상황의 평가, 각 학생에게 필요한 관련 서비스의 종류가 포함되어야 한다. 그 후 1992년에 공법 94-142가 공법 101-476, 즉 장애인교육법(Individuals with Disabilities Education: IEDA)으로 개정됨으로써 IEP에 새로운 요소가 첨가되었다. 그것이 바로 전환 서비스 혹은 전환교육이다. 다시 말해 이제는 16세 이전에 각 학생의 IEP에는 미래의 취업, 대학교육, 성인교육, 독립생활 그리고 지역사회 참여를 준비하기 위해 필요한 전환 서비스가 명시되어 있어야 하는 것이다.

IDEA에서 규정하고 있는 전환교육의 정의는 다음과 같다.

"학교로부터 대학교육, 직업교육, 지원 고용을 포함한 통합된 고용, 평생교육, 성인을 위한 서비스, 독립생활, 혹은 지역사회 참여를 포함하는 학교 후 활동으로의 이동을 촉진하는, 결과 중심 과정으로 고안된 일련의 조정된 학생을 위한 활동이다.

일련의 조정된 활동은 반드시 학생 개인의 욕구를 바탕으로 취미와 흥미를 고려해야 하며, 수업, 지역사회의 경험, 고용과 다른 고교 졸업 후의 성인생활에 관한 목표, 그리고 필요하다면 일상생활 기술의 습득과 기능의 평가를 포함해야 한다."

이 정의에는 몇 가지 중요한 개념들이 포함되어 있다.

1) 일련의 조정된 활동(coordinated set of activities)

효율적인 전환 과정에는 많은 전문가와 기관들이 참여하기 때문에 이들의 조정은 필수적이다. 전환계획을 할 때는 지원하는 활동들이 서로 관련이 있어야 하며, 또한 여러 가지 기관들이 상호 관련을 지녀야 한다.

2) 결과 중심의 과정

결과란 여러 가지 전환을 지원하는 활동들이 장애학생에게 미치는 효과를 말하며, 이것은 IDEA의 가장 중요한 목적이다. 전환교육의 목표는 졸업 후의 취업이나 대학교육, 그 뒤의 독립생활, 혹은 지역사회 참여를 위해 학생을 준비시키는 것이다.

3) 고등부 졸업 후의 활동(post-school activity)

졸업 후의 활동이 강조되는 이유는 장애인들은 일단 학교를 떠나 성인으로서의 삶을 시작하면 여러 가지 곤란에 부딪힌다는 사실이 여러 연구에서 보고되었기 때문이다. 예를 들면, 취업과 근속의 어려움, 지역사회에 적응하여 생활하는 일, 사회적 관계의 결핍, 독립성의 부족함, 성인으로서 필요한 서비스받기 어려움, 대학교육이나 필요한 훈련받기의 어려움 등을 대부분의 장애인들이 겪는다.

이상의 문제를 해결하기 위해 IDEA는 학생이 학교를 졸업하기 전에 전환과정의 일차적인 책임을 진 학교와 다른 관련 기관이 장애인의 졸업 후 생활능력에 대한 책임을 명시하도록 요구한 것으로 이해할 수 있다. 그러므로 전환에 대한 책임을 규정함으로써 특수교육기관은 이제 장애인의 기본적 생활 기능 교육을 담당하는 기관의 성격을 넘어 장애인 전 생애 동안의 적응적 삶을 일차적으로 책임지는 기관으로 변하게 되었다. 전환 서비스에서 상담의 중요성은 미국 하원의 교육과 노동위원회의 보고서에서도 잘 나타나 있다.

재활상담은 학교에서 진로의 성공적인 전환에 필요한 광범위한 지식을 실천하는 일이다. 즉, 장애가 직업에 미치는 영향, 진로발달, 장애인 진로상담, 직업배치, 직업변화 등에 대한 지식을 말한다. 그러므로 재활상담자들은 장애학생들에게 효과적이고 계획된 전환 서비스를 보장하기 위해 적절한 상담을 제공하고 여러 분야의 특수교육 전문가, 성인에 대한 서비스를 제공하는 사람들, 대학이나 고교졸업 후의 교육기관의 서비스를 조정, 관리할 수 있도록 전문적으로 훈련받아야 한다(미하원, 1990)."

나. 전환 지원체계와 계획

1) 전환 지원체계

특수아동의 경우 학교에서 성인 생활로의 전환을 지원하기 위해서는 그 지원체계를 확립해야 한다. 이런 체계를 확립하지 않고 장애학생의 전환을 논의하는 것은 단편적이고 일시적인 대처일 뿐, 전체적인 조망과 접근을 어렵게 한다.

현재 특수교육 발전 종합계획은 중학교 2학년에 진로상담과 직업평가를 통해 직업 및 전환교육을 실시하고 고등학교 졸업학년에 전환능력을 평가하여 전환을 지원하고 추수지도를 하는 장애학생 전환 지원체계를 제시하고 있다. 교육부와 각 교육지원청은 이런 체계를 구체화할 수 있는 방안을 적극적으로 모색해야 한다.

2) 전환계획

장애학생들은 다음의 두 가지 중 한 가지 방법으로 직업세계로 전환된다. 학교를 마치고 졸업장을 취득하거나 혹은 중도에 학교를 그만두는 것이다. 특수 교육 대상 학생의 학업중단은 약 29%이며 정서장애 학생의 학업중단율은 약 51%로 매우 높다. 따라서 학교상담자와 교사들은 장애학생들의 개별화교육 지원과 진로개발 지원에 적극 임해야 한다.

전환계획은 장애학생의 보다 만족스럽고 수용할 수 있는 수준의 중등이후 성과들을 위하여 미 정부에 의해 의무화되었다. 좋은 전환계획은 특정한 직업으로 학생을 맞추어 넣는 것이 아니라 적절한 방향을 제시하고 잘 구조화된 중등교육 환경과 성인으로서 갖추어야 할 독립성 사이의 간극을 좁힐 수 있다.

전환계획은 장애학생들이 직업세계 혹은 훈련의 세계로 발을 들여놓기 위해서 필요한 도구들을 제공하는 일반적인 도약대이다. 직업재활 서비스, 직업훈련, 재훈련, 이동서비스, 통역서비스, 보조공학 등 다양한 서비스가 전환계획 활동을 지원하는데 매우 효과적이다.

3. 진로개발 과정

진로개발 과정에는 진로인식(career awareness), 진로탐색(career ex-ploration), 진로준비(career preparation), 진로배치(career placement) 등의 네 단계가 있다. 적절한 교육과 서비스만 주어지면 대다수 특수아동들도 진로 결정을 위한 적절한 능력을 획득할 수 있다. 특수아동을 위한 진로개발 과정은 다음과 같다(조용태, 2001).

가. 진로인식과 진로탐색

초등학교에서 진로교육의 일차적인 초점은 직업의 지식과 일 개념의 소개라는 두 가지 영역이다. 많은 경우에 생활지도 활동은 진로인식 목적과 태도, 정보, 자기이해와 같은 세 가지 주요한 학습 요소를 포함하는 아주 넓은 범위를 포함하도록 설계한다.

진로인식 단계의 목적 가운데 하나는 아동에게 다양한 직업을 소개하는 것이다. 이러한 목적을 이루도록 돕는 구조화된 활동을 직업과의 친숙성을 개발하는 기회가 제한된 장애아동에게 특히 중요하다. 예를 들어, 성인의 직업에 관련된 많은 것을 깨닫게 되는 상점이나 식당에 맹아동이 갈 가능성은 정상아동보다 적다. 이동의 어려움 때문에 정형외과적 장애를 가진 아동들은 가정, 학교, 치료센터 이외의 세상을 접할 기회가 제한된다. 정신지체아동들은 체계적인 교수 노력이 없으면 상점, 놀이공원 등 다른 장소에서 사람을 돕는 실제적인 활동을 알지 못한다.

초등학생들은 직업에 관한 실제 정보보다 더 많은 것이 필요하다. 이들은 일에 관련해 보다 나은 이해를 하기 위해 여러 가지 일에 관한 개념을 탐색할 필요도 있다. 6학년까지의 아동들에게 적절한 몇 가지 개념에는 일은 귀중하며, 일은 사람에 따라 다른 의미가 있으며, 일은 다른 보상이나 만족이 있으며, 교육과 일은 서로 관련이 있다는 것이 포함된다.

사회적 기능이 진로 성공에 결정적인 요인이라는 것을 연구들이 밝혀 내고 있지만, 아직도 아동들에게 의사소통행동을 체계적으로 지도하는 일은 드물다. 또래와 성인들의 정상적 놀이와 사회적 상호작용은 특정 행동과 결과 사이의 관계를 인식한 결과이다. 그래서 많은 비장애아동들은 자신의 태도와 행동이 사회적 · 학문적 성공과 관계가 있다는 것을 비형식적으로 학습한다. 그러나 장애아동들은 그러한 비형식적인 학습을 할 기회가 적다. 그들의 또래 상호작용의 제한이나 다른 사람들이 그들을 다르게 다루는 경향은 비장애아동들이 경험하는 학습과정을 배제한다.

사회적 상호작용에서 기능을 형성하기 위한 구조화된 기회는 교실 활동에 통합되거나 소집단 활동을 통해 제공된다. 교실에서의 토의와 프로젝트에서 적절한 피드백기법만 사용하면 아동들은 쉽게 배우고 고무된다.

진로개발의 탐색단계에서 개인의 자아개념은 일의 세계와 관련해 발전한다. 학생들은 일과 여가활동에서 가능한 미래 역할에 대한 자신의 능력, 요구, 흥미와 관련해 시작하도록 요구된다. 시간제 직업을 통한 자기시험과 직업탐색은 진로탐색 과정을 촉진할 수 있다.

이 수준에서 일의 세계를 탐색하도록 학생을 돕는 전통적인 수단은 교실 내외의 직무에 학생을 참여시키고, 자원 인사를 교실로 초청하고, 현장견학을 가는 것이다. 작업 연구 프로그램은 몇몇 장애학생들에게는 특히 성공적이었다(Ehrsten & Izzo, 1988). 사회적 망은 장애학생의 진로의사 결정에 가장 영향력 있는 요소라는 것이다.

나. 진로준비 : 직업흥미와 직업적성 평가

학생이 소유하고 있는 흥미와 적성에서 직업 기능의 형태를 결정하는 것은 모든 진로지도 프로그램의 중요한 구성요소이다. 대다수 학생들은 놀이, 집안의 잡일, 여러 가지 구조화된 탐색활동을 통해 어린 나이에 직업관련 기능의 감각을 개발하기 시작한다. 비록 학생이 일의 세계와 그러한 과제를 관련시키지는 못하지만, 대다수 청소년들은 다른 사람을 돕고, 엄격한 관리하에서 일하고, 세세한 것에 주의집중하는 등의 광범위한 영역에서 자신의 기능을 평가할 수 있다. 장애아동들에게는 경험의 한계 때문에 직업적 흥미와 적성을 평가하는 여러 가지 수단을 제시하는 것이 특히 중요하다.

직업적 잠재력의 평가는 행동과 형식적 수단 모두를 통해 이루어져야 한다. 행동 평가는 아동의 학교 생활을 통해 이루어지고 다음을 포함한다.

• 교과시간의 수행을 통해 지식, 흥미, 기능을 평가한다.
• 직업 기능 교과와 다른 탐색활동에서 적성, 흥미, 성취를 평가한다.
• 관찰 또는 현직 경험을 통해 직업적성과 행동을 평가한다.

행동 평가의 여러 가지 수단에 대한 책임은 학생과 부모뿐만 아니라 학교 직원들이 공유한다. 등급, 수행평가지, 일화기록, 관련된 자료가 아동의 흥미와 능력에 중요한 정보를 제공할 수 있다.

직업흥미의 형식적 평가는 쿠더 직업흥미검사(Kuder Occupational Interest Survey)나 스트롱-캠벨 흥미검사(Strong-Campbell Interest Inventory)와 같은 표준화된 도구를 가지고 수행한다. 비록 이 도구들이 비장애인을 대상으로 표준화되었지만, 많은 장애학생들에 대한 유용한 정보를 제공할 것이다. 그러나 그 도구들이 높은 읽기수준이 요구되기 때문에 몇몇 경우에는 유용하지 않을 것이다. 다행스럽게도 특수한 집단에 사용하기 위해 개발된 흥미검사가 있으며, 특별한 요구에 맞도록 기존의 도구를 수정한 것도 있다. 장애학생들에게 자주 사용된 몇 가지 흥미/적성 검사는 다음과 같다.

• **진로성숙검사**(Career Maturity Inventory : CMI) : 이 검사도구는 진로 조언 요구를 결정하고, 학생의 태도와 능력의 성숙을 평가하는 것이다.
• **쿠더 선호도기록**(Kuder Preference Record) : 이 흥미검사는 구어적으로, 점자로, 녹음으로 실시하는 것이다.
• **그림흥미탐색검사**(Picture Interest Exploration Survey : PIES) : 이 도구는 읽기가 요구되지 않고, 채점이 쉽고, 일의 세계에 대한 이전의 친숙함을 요구하지 않는다.
• **맹인을 위한 PRG 흥미검사**(PRG Interest Inventory for the Blind) : 이 도구는 맹인들이 선택한 취미와 성취한 직업에 근거한 것이다.
• **동작성직업흥미검사**(Reading-Free Vocational Interest Inventory) : 이것은 그림 도구로, 세 개의 그림 가운데 하나를 선택하도록 하는 것이다.
• **직업흥미와 정교성평가**(Vocational Interest and Sophistcation Assessment : VISA) : 이것

은 읽는 것이 아니며, 경도정신지체 청소년과 성인의 직업흥미를 측정하는 그림도구이다.

- **광범위 홍미－의견검사**(Wide-Range Interest-Opinion Test : WRI-OT) : 이것은 광범위한 직업흥미를 측정하는 것이다.
- **직업가치검사**(Work Value Inventory) : 이 도구는 진로 선택과 직무 만족에 관한 직업가치를 사정하도록 설계된 것이다.

직업흥미와 잠재력을 평가하기 위한 수단으로서 실제 경험한 일의 가치는 매우 소중하다. 초기의 일의 경험은 보다 정교한 직업발달 뿐만 아니라, 보다 안정적이고 성공적인 진로를 이끌어 낸다. 실제 일을 한 경험은 특별한 기능 발달에 대한 잠재력을 드러낼 뿐만 아니라, 다른 사람과 함께 하기, 순서지키기, 안전한 절차와 같은 학생의 일반적 잠재력을 결정하는 데 도움이 되는 가치있는 수단이다.

장애학생들이 학교에서 어느 정도의 일을 경험할 수 있는 많은 기회가 있다. 가장 인기가 있고 유연한 계획 가운데 하나가 학생들이 하루 중 반은 일하고 반은 공부하는 작업 연구 프로그램이다. 이용할 수 있는 자원과 개인적인 욕구에 따라 장애학생들은 정규 협력직업 프로그램에 배치될 수도 있으며, 특정 장애유형을 위해 설계된 프로그램에 배치될 수도 있다.

장애학생을 위한 직업탐색 계획의 통합된 부분으로 현직직업 경험이 주장되기는 하지만, 몇몇 장면의 배치는 불가능하다. 그러한 경우에 직업 잠재력의 평가는 가상적인 직업경험을 통해 달성될 수 있다. 보다 보편적인 작업표본 패키지 가운데 몇 가지가 다음에 제시되어 있다.

- Clawson Work Sample Test
- General Aptitude Test Battery(GATB)
- Jewish Employment and Vocational Service System(JEVS)
- Singer Vocational Evaluation System
- Social and Prevocational Information Battery(SPIB)

- Testing, Orientation and Work Evaluation in Rehabilitation(TOWER)
- Valpar Component Work Sample System

다. 진로배치와 교육배치

직업기능의 정도와 훈련수준에 관계없이 장애인들은 적절한 직업을 얻는 것이 어렵다. 교육적 노력과 법적 노력에도 불구하고, 지난 10년 동안 상황은 개선되지 않았다(Brolin & Gysbers, 1989). 장애노동자의 불완전 고용의 일차적인 원인은 고용주의 태도와 관련이 있다. 고용주들은 장애노동자를 차별하고, 그들의 직무 수행에 대해 비현실적이고 비합리적인 의견을 가지고 있다.

장애노동자의 고용 가능성에 관한 사실은 고용주의 두려움을 입증하지 못한다. 몇 가지 대규모 연구가 다음과 같은 결론을 내렸다.

- 장애노동자를 고용한 결과 보험비용에 영향이 없었다.
- 대다수 회사들이 장애노동자의 낮은 결근, 낮은 이동, 같거나 우수한 직무 수행을 보고했다.
- 사고가 낮았고, 시설이 최소가 되었고, 노동자-관리자 협력이 예외적으로 높았고, 직무 안정성이 평균보다 뛰어났다(Lester & Caudill, 1987).

장애노동자의 고용 문제에 대한 관심이 많아짐에도 불구하고 많은 문제들이 남아 있다. 학교 상담자들은 일반적으로 유용하기는 하지만, 학교에서 졸업 후 생활로의 전환에 대한 구체적인 이슈는 다루지 않았다. 고등학교 상담자는 장애학생의 진로·교육 배치기회를 개선하는 데 중요한 힘을 가질 수 있다. 세 가지 보편적인 영역이 직업 재배치에 관한 상담자의 역할을 규정하고 있다.

- 면접과 구직 기능 개발을 위한 체계적인 노력을 통해 학생이 직업을 얻도록 돕는다.
- 그들의 욕구, 흥미, 능력에 가장 적합한 학교와 프로그램을 선택하도록 대학에 가려는 학생을 돕는다.

• 장애학생의 고용을 촉진하도록 기관과 지역 고용주와 학교를 연락하는 업무를 한다.

라. 고용 가능성 기능 개발하기

고용과 관련된 가장 어려운 과제가 '문간에 발 들여놓기(a foot in the door)'라고 장애노동자들이 말하고 있다. 기술적 또는 직업적 자격, 좋은 대인관계 기능, 적절한 작업습관은 학생이 자신을 장래 고용주에게 판매할 때까지는 그 가치가 낮은 것이다. 학교 상담자는 장애학생이 개별회의, 집단 생활지도 회의, 구조화된 교육과정, 여가활동을 통해 필요한 기능과 기법을 개발하도록 학생을 도와 주어야 한다.

많은 장애학생들에게 가장 어려운 영역 가운데 하나가 직무 면접에 관해 준비하는 것이다. 장애학생들은 면접의 목적에 대한 아이디어도 거의 없고, 면접에서 기대하는 것도 거의 없다. 비록 직무 면접이 타당하지 못하고 믿을 수 없는 잣대라고는 하지만, 노동자를 선택하는 가장 널리 사용되는 방법으로 계속 이용되고 있다.

정신지체인을 포함해서 면접 기능은 지도할 수 있다. 역할놀이, 교훈적 지도, 모델링과 같은 다양한 방법들이 이용할 수 있지만, 가장 효과적인 프로그램은 기법, 전략, 자료의 결합을 적용하는 것이다.

학생들이 여러 종류의 질문을 준비하도록 돕는 것은 면접훈련의 가장 중요한 부분 가운데 하나이다. 장애에 대한 질문에 대처하는 것은 그들의 자신감을 전달할 수 있고, 자기만족을 느낄 때까지는 문제가 될 수 있다.

장애학생의 실제 직무배치에서 상담자의 역할은 상담자의 기능과 흥미, 지역사회나 정부의 배치기관의 이용 가능성, 학생의 연령과 흥미, 직업준비 수준과 같은 요인에 따라 변화한다.

마. 학생의 대학 선택을 돕기

대학교에 가고 싶은 마음은 장애학생이나 비장애학생이나 차이가 없다. 비장애학생들은 지리적인 위치, 입학, 이용할 수 있는 전공과 프로그램, 여가활동, 비용 등과 같은 요인들이 적절한 대학을 결정하는 데 중요한 요인이 될 것이다. 그러나 장애학생들은 건물의 접근 가능성, 대독자(reader), 통역자, 또는 수행 보호자 서비스의 이용 가능성, 특별한 장비와 주택의 접근과 같은 요인에 따라 결정해야 한다.

접근 가능성(accessibility)은 신체장애학생을 위한 대학이나 직업센터의 기본적인 요구조건이다. 비록 건축물의 장벽이 장애학생의 대학 입학을 방해하는 일차적인 요인이라 해도, 그러한 장벽은 단지 방해물일 뿐이다. 주택, 교통수단, 재정적 보조가 건축물의 장벽보다 더욱 해결하기 어려운 문제일 것이다.

농학생들에게는 구어적 의사소통이 가장 어려운 문제일 것이다. 적절하고 원활한 의사소통을 위한 시설이나 서비스의 여부가 대학 선택의 조건이 될 것이다. 통역자의 서비스를 받을 수 있어야 한다. 만약 그렇지 못하면 질문을 하고 노트를 필기하는데 도움을 받을 수 있어야 한다. 다양한 기계적 도구들이 농학생의 의사소통을 촉진시킬 수 있다.

시각장애 학생들이 대학에서 직면하는 일차적인 장애물은 적절한 읽기 자료와 서비스를 얻을 수 있는가 하는 것이다. 대독자는 교과서와 숙제를 녹음해 주고, 실험연구를 도와 주고, 시험을 읽어 줄 수 있어야 하고, 교과서는 녹음하거나 큰 활자, 점자로 인쇄하여 제시되어야 한다.

이분척추 손상학생과 정형외과적 또는 신경근육적으로 장애를 가진 학생들은 대학 내에 있는 동안 개인적 보호와 이동에 대한 지원을 받아야 한다. 이러한 학생들은 주로 휠체어를 사용하기 때문에 건물의 구조가 특히 중요하다. 강의실의 배치도 건물의 저층에 배치하는 등 대학 구성원들의 세심한 배려가 있어야 한다.

4. 장애영역별 진로지원

가. 진로지원

Morningstar(김윤옥, 1997, 2003에서 재인용)는 장애를 가진 학생들의 진로개발에 대한 질적 연구의 결과로 장애학생들의 진로개발에 대한 지도나 상담에 있어서 다음과 같이 추천하고 있다.

첫째, 전반적인 생을 고려한 진로준비의 발달적 특성을 고려하라. 사람들은 20대나 30대에 이르러서야 자신에게 맞는 또는 원하는 직업을 선택할 수 있다. 따라서 인간발달의 단계를 고려하면서 이들의 진로지도에 임하자.

둘째, 진로성숙에 필요한 기술을 발달시킬 수 있는 기회를 제공하라. 즉 진로개발은 생을 통하여 자신을 비롯하여 직업대안, 생활양식, 역할선택 등에 대한 정보를 추구하고 확보하며 처리하는 발달적 과정이므로, 장애학생들도 이러한 측면을 고려해 진로발달에 대한 준비를 시킬 필요가 있다.

셋째, 의미 있는 직업 경험을 제공하라. 임시고용이나 반쪽 고용의 형태가 아니라 직업에 대한 완전한 형태의 작업기술 및 작업환경을 경험할 수 있도록 하며, 사회성과 고용가능성을 갖추도록 해야 한다.

넷째, 가족을 진로개발에 참여시키라. 가족들도 장애학생에게 어려서부터 진로의식을 갖도록 하며, 나중에 어떤 직업을 갖게 될 것이라는 기대를 함으로써 진로지도와 구직을 지원할 필요가 있다는 것이다. 물론 학생 자신도 자신의 진로개발에 적극 참여해야 한다. 따라서 부모와 교사들은 이러한 제언을 유념하면서 장애학생들의 진로상담에 임해야 한다.

남아공화국의 장애인 수영선수 나탈리 뒤 뚜아(중앙)가 20일 베이징의 순이 조정(漕艇)-카누 경기장에서 2008 베이징 올림픽 수영 여자 10km 마라톤 결승에 출전할 준비를 하고 있다. 그 옆에서 포르투갈의 다니엘라 이나시우(좌)와 이탈리아의 마르티나 그리말디가 쳐다보고 있다.

나. 장애영역별 진로상담

장애영역별 진로상담의 내용은 다음과 같다(김윤옥, 2003).

1) 지적장애

지적장애아동들에게는 초등학교 교육과정에서 각종 직업에 대한 소개를 구체적인 방법으로 하는 것이 바람직하다. 이 아동들이 알고 있는 용어들을 사용하여 각종 직업에 대한 개념을 소개하고 그 직업에 관련된 노래와 놀이를 반복적으로 실시해 직업에 대한 방향을 제시한다. 주변에 잘 소개되어 있지 않지만 지적장애 청소년을 비롯하여 성인들이 할 수 있는 반숙련직 직업들이 상당히 많다. 종이접기, 봉투 만들기(편지봉투, 백화점 봉투 등), 박스 만들기, 작업라인에 서서 물건 담기, 물건 이동하기, 구두 닦기, 공공건물 청소하기, 패스트

푸드점에서 일하기(주방에서 보조 또는 청소하기), 요리하기(주방보조), 정원 관리하기, 꽃 키우기, 비닐하우스 재배, 어린이집에서 어린이를 돌보면서 놀기 등 다양한 일거리들이 있다. 여기에 제시되지 않은 많은 일들을 발굴하여 제시해 주고 그에 맞는 기술을 가르칠 필요가 있다.

2) 시각장애

시각장애를 가진 청소년들은 자신이 하고 싶은 일들을 대부분 알고 있기 때문에 그 목적을 향해 전진 노력할 수 있는 잠재능력이 있음을 일깨워 줄 필요가 있다. 공부하는 것을 좋아하고 잘하면 학문분야에서 전문직종을 추구할 수 있다. 국내에서도 시각장애인 교수와 교사가 많이 있다. 헬렌 켈러 여사의 이야기는 비장애인인 우리들에게까지도 큰 교훈을 주고 있다. 이러한 유명인사들에 대한 자서전이나 위인전 등을 접하게 하는 것도 시각장애인 청소년들의 자기존중감이나 미래 설계에 등불이 될 수 있을 것이다.

시각장애인들은 시력의 한계가 있지만 반대급부적으로 다른 감각들은 일반인들보다 더 많이 발달되어 있음을 잊어서는 안 된다. 예를 들면, 기억력이 뛰어나서 큰 부서장의 비서도 가능하다. 컴퓨터의 사용도 가능하기 때문에 공문 작성이나 이메일 관리도 관련 소프트웨어만 장착한다면 큰 문제가 없다. 전화받고 연결하고 하는 일도 가능하기 때문에 비서직을 잘 수행할 수 있을 것이다.

전문직에 관심이 없는 시각장애인들은 지압, 안마나 마사지 기술을 배워서 직업으로 삼을 수도 있다. 이에 대한 전문교육은 장애인 직업훈련소나 특수학교에서 교육과정의 일부로 적용하고 있다.

시각장애인들 가운데 재능이 많은 사람들도 있다. 노래를 잘하는 사람들은 그러한 재능을 살릴 수 있도록 지도하고 오디션을 볼 수 있도록 도울 필요가 있다. 이탈리아 성악가수 안드레아 보첼리(Andrea Bocelli)는 변호사로 일하다가 그의 뛰어난 노래 실력을 주변에서 격려해 유명한 성악가에게 오디션을 보고 발탁되었다. 아마도 웬만한 비장애 성악가수보다 훨씬 더 유명해졌고 더 부유하게 되었다.

3) 청각장애

청각장애인들은 듣고 해야 하는 일을 제외하면 거의 대부분 비장애인과 같은 수준으로 직무를 수행할 수 있다. 다만 청각장애가 없는 직장 동료들과의 의사소통이 문제가 될 뿐이다. 이러한 경우는 이메일로 의사소통하거나 직장 동료들이 수화를 배워서 의사소통할 수도 있다. 따라서 작업조건과 대중의식만 어느 정도 보완된다면 청각장애인들은 어디에서나 일을 할 수 있을 것이다.

4) 지체장애

지체장애인은 장애의 정도에 따라 직업선택에 많은 한계가 있다. 양지 마비인 경우는 주로 앉아서 손으로 하는 일과 머리를 써서 하는 일 등을 할 수 있을 것이며, 편마비인 경우는 선택의 여지가 좀더 줄어들 것이다. 오른쪽 상하지나 왼쪽 상하지를 사용해야 하기 때문이다. 이러한 경우 앉아서 손으로 하는 일 가운데서도 일부만 가능할 것이다. 그러나 꾸준히 연습하면 도장 파는 일까지도 가능할 수 있으며, 구두수선과 닦는 일도 가능할 수 있다. 머리를 써서 해야 하는 일은 컴퓨터 보조기기들을 이용하여 제대로 처리할 수 있기 때문에 여러 가지 방면에서 전문인으로서 일할 수 있을 것이다.

5) 학습장애

학습장애를 가진 사람들은 직업교육을 통하여 직업을 구한다고 하더라도 승진과 새로운 기술의 수용이나 업그레이드 등에 있어서는 비장애인들보다 더 많은 어려움을 겪는다. 따라서 자연스럽게 승진하지 못하며, 체제 개선에 적응해 나가지 못하기 때문에 쉽게 도태되거나 명예퇴직을 권유받게 된다. 따라서 학습장애를 가진 청소년들을 대상으로 하는 직업교육에서는 그 기술의 'know-how'뿐만 아니라, 그 기술을 업그레이드 시키거나 새로운 기술을 받아들이는 전략을 가르칠 필요가 있다. 즉 주어진 과제에 변화가 있을 때 어떻게 'know-how'를 수정해야 하는가에 대한 수정전략을 소지할 필요가 있다. 예를 들면, 학습장애 청소년이 사진 찍는 것을 좋아하여 사진사가 되기를 원하거나 간이사진관을 운영하기를 원할 때, 사진 찍는 기술 및 현상기술만 가르칠 것이 아니라 예를 들어, 시대가 변하여 아날로그 사진은 더 이상 고객을 만족시키지 못하게 되었을 때 어떻게 시대에 순응해야 하는가에 대한 방법도 교육과정에 포함해야 한다. 그리고 이들이 성인이 되었을 때, 직업훈련원에서는 정기적으로 이들의 업종에서 나타나는 신기술을 연수교육할 필요가 있다.

학습장애 청소년들이 배울 수 있는 직업기술로는 자동차 정비, 제과/제빵 기술, 보모, 보육교사, 요리, 인쇄, 상업, 자영업, 각종 서비스직, 예술가 등 다양하다. 학습장애를 가진 사람들도 고도의 학습이 요구되는 전문직에서 성공적으로 직무를 수행하고 업적을 쌓을 수도 있다. 그러한 사람들은 특정 교과에 학습장애가 있지만 다른 방면에서 영재적인 재능을 소지하고 있으며 그 재능을 발굴하여 개발하는 환경이 가능하였기 때문이다. 예를 들면, 에디슨과 아인슈타인 등이 이에 속한다. 이들은 문과에는 학습장애를 보였지만 이과 계통에는 뛰어난 재능을 보였다.

6) 자폐아

자폐를 가진 성인들 가운데 정상적인 지적 발달과 대학교육을 받은 사람들은 자폐가 없는 사람과 같이 여러 업종에서 자신의 직무를 충실히 이행할 수 있다. 단지 문제는 직장동료들과의 원활한 언어적 상호작용을 기대하기가 어렵다는 것이다. 필요 이상의 말이나 유머 등 일상생활의 윤활유와 같은 대화를 잘 못하거나 기피하는 경향이 많기 때문이다. 직업훈련원에서는 이들을 위해 사회성 기술을 교육할 필요가 있다.

다음으로 지적 발달이 원활하지 못한 자폐 성인들은 정신지체인들이 할 수 있는 각종 반숙련적인 직업을 가질 수 있을 것이다. 종이접기, 봉투 만들기(편지봉투, 백화점 봉투 등), 박스 만들기, 작업라인에 서서 물건 담기, 물건 이동하기, 구두 닦기, 공공건물 청소하기, 패스트 푸드점에서 일하기(주방에서 보조 또는 청소하기), 요리하기(주방보조), 정원 관리하기, 꽃 키우기, 비닐하우스 재배, 어린이집에서 어린이를 돌보면서 놀기 등 다양한 일거리들이 있다.

7) 행동장애

행동장애를 가진 청소년들은 단체생활에서 지켜야 될 규칙과 자기통제 훈련을 부가적으로 받는다면 다방면에서 자신의 소질을 발휘할 수 있다. 다만 자신의 기질이나 부정적 감정을 관리하는 능력이 보완되어야 한다. 이들을 위하여 직업훈련소에서 직업기술 이외에 병행해야 하는 교육으로 자기관리, 자기통제, 사회성, 대인관계 기술 등이 있다.

다. 특수아동을 위한 직업재활

1) 직업재활

직업재활은 보호고용, 경쟁고용으로 나뉘어진다. 보호고용은 통상적인 고용이 어려운 장애인을 위해 보호적인 조건하에서 행하는 훈련 및 고용이라고 할 수 있다. 그러므로 보호고용은 개방 노동시장에서 정상적인 조건으로, 즉 경쟁적으로 취업을 할 수 없을 때 장애인에게 보수가 있는 취업의 기회를 제공하기 위한 직업재활의 방식이다. 보호고용에 대한 기본적인 책임은 국가에 있기 때문에 보호고용의 계획이나 실천과정에서 국가는 지도·감독을 해야 한다. 보호고용의 유형에는 크게 보호작업장, 옥외작업, 재가 고용이 있다.

경쟁고용이란 비장애 작업자들과 더불어 일할 수 있는 환경이 제공되며 진급이나 승진의 기회가 정상적으로 주어지고 최고 임금이나 그 이상의 가치 있는 상품이나 서비스를 생산하는 직업에 고용되는 것을 말한다(Rusch, 1986; 서울장애인종합사회복지관, 1999에서 재인용). 최근 우리나라에도 장애인들의 경쟁고용을 증진시키기 위해 취업의 전과 후에 적극적으로 장애인의 직업재활을 돕는 지원고용이 도입되고 활성화되고 있다.

지원고용은 특히 중도 혹은 중증 정신지체인을 위한 직업재활 프로그램으로서 그들이 생산적으로 일할 수 있는 지속적인 서비스가 제공되는 유급고용을 말한다. 구체적으로 지원고용 프로그램 내에 있는 피고용인은 첫째, 개인의 상품이나 서비스 생산능력에 비례하여 그에 알맞은 임금이 지불되는 부분시간제 혹은 전시간제 고용직에 종사해야 하며, 둘째, 고용주에 의해 제공되는 지원이나 보조 이외에도 고용을 지속하기 위해 재활전문가에 의한 계속적이고 정기적인 지원서비스를 필요로 하고, 셋째, 작업시간 동안 직접적인 지원 서비스를 필요로 하고, 넷째, 작업시간 동안 직접적인 지원서비스를 제공받는 사람과 비장애인들과 통합될 수 있는 기회를 가져야 한다.

지원고용을 통한 조력은 직업배치, 직업현장 훈련 및 옹호, 지속적 평가, 사후지도의 네 가지의 과정적 요소로 이루어진다. 지원고용을 담당하는 상담자를 직업코치라고 하며, 지원고용의 성패는 바로 이 직업코치가 얼마나 실제적이고 효율적으로 역할을 하느냐에 달려 있다. 직업코치의 역할은 직업개발 활동, 고용시 지원활동, 고용 후 지원활동의 세 가지 범주로 나뉘어진다(김봉환 외, 2000).

2) 훈련직업의 선정

직업은 생계유지의 수단이며 개인이 사회적 역할을 수행하는 채널이다. 또한 직업은 사회적 신분의 표시이며 궁극적으로 자아실현의 매개이다. 장애인 교육의 최종 목적이 자립과 자아실현을 돕는데 있다면 그들을 위한 가장 중요한 교육의 과제는 직업재활 교육이라고 할 수 있다. 그러나 앞에서도 보았듯이 우리나라 특수학교나 장애인복지관에서 지적장애인 등 발달 장애인들의 직업재활을 위해 설치하고 있는 직업 교과의 직종은 그들이 실제로 취업하게 되는 분야와 관련성이 낮고 그 직종들 자체가 낙후성과 편협성이 있어서 학생들의 능력이나 흥미, 적성 그리고 부모의 욕구와도 부합되지 않는다. 이런 이유에서 직업재활 교육의 성과를 높이기 위해 훈련 직종의 선정에 세심한 주의를 기울여야 한다(김봉환 외, 2000).

박혜정과 윤점룡(1999에서 재인용)은 특히 발달 장애인, 즉 정신지체, 자폐성 장애, 간질, 뇌성마비 등과 같이 지적 기능에 문제를 가지고 있는 사람들을 위한 직업선정에 있어서 적어도 다음과 같은 기준을 다를 것을 권한다.

- 지적 수준이 높지 않은 것
- 단순하며 일관된 반복 효과가 있는 것
- 장기간의 경험이나 숙련을 필요로 하지 않는 것
- 안전도가 높은 것
- 기계력을 이용할 수 있는 것
- 기계, 장치, 공구, 재료, 제품 등이 비교적 변화가 적은 것
- 기계, 장치, 공구, 재료, 제품 등의 조정이 간단한 것
- 매우 기민한 동작을 필요로 하지 않는 것
- 장기간의 정신 긴장을 필요로 하지 않는 것
- 작업 능률을 높게 요구하지 않는 것
- 계산 측정이 필요 없거나 아주 간단한 것

- 작업의 정밀도가 높지 않는 것
- 작업 공정이 세분화되어 가능한 단일 작업으로 취업이 가능한 것
- 지역사회의 산업과 연결되는 것

최근에는 목공예, 수공예, 도공예 등의 전통적인 훈련교과보다는 단순조립, 포장, 정리, 심부름, 물건 운반, 세차, 빌딩 청소, 주유 등 단순 업무가 정신지체인들에게 더 적절한 것으로 보고되어 교사들의 인식이 이전보다 현실적이고 타당하게 변하고 있음을 보여 준다(서울장애인종합사회복지관, 1999). 그러나 직업의 세계가 변하고 있는 요즘 장애인의 직업교육 종목을 선정할 때 적합한 직업을 찾기 위해 적극적으로 노력해야 한다.

제15장

특수아동 가족을 위한 상담

1. 특수아동 가족의 이해
2. 가계도 작성 및 특수아동 부모의 욕구
3. 부모와 협력하기

1. 특수아동 가족의 이해

가. 가족체제 내의 특수아동

1) 가족체제의 특성

가족은 구성원들이 서로 영향을 주고받으며 하나의 체제로서 작용하는 단위이기 때문에 모든 가족은 각기 독특한 특성을 지닌 체제이다. Bertalanffy에 의하면 체제(system)란 부분들간의 상호작용에 의해 유지되며, 부분들의 단순한 합 이상의 것이며, 작은 하나의 체제는 보다 큰 체제의 부분으로서 작용하게 된다. 가족상담의 이론적 배경은 체계론적 사고를 함축하는 일반체계이론과 사이버네틱스로부터 시작되었다. 이들 사고의 특징을 살펴보면 다음과 같다.

- 체제는 부분들의 합이다. 가족체제는 가족 구성원들의 합으로 이루어졌기 때문에 특수아동이 포함된 가족체제는 그들 가족 구성원들이 가진 특성이 반영되며 동일한 문제를 가진 특수아동이더라도 아버지, 어머니, 형제들이 어떤 특징을 가졌는가에 따라서 매우 다른 가족체제를 이룰 수 있다.
- 체제는 부분들의 합 이상이다. 가족체제의 부분들은 자신의 일정한 속성을 가진 살아있는 존재로 다른 가족 구성원들과 상호작용하기 때문에, 가족체제는 부분들의 단순하고 정지해 있는 합이 아니라 상호작용까지 포함하는 전체인 것이다. 따라서 특수아동이 포함된 가족체제는 각 구성원의 특성뿐 아니라 그들이 서로 어떻게 상호작용하는 지를 이해해야 한다.
- 체제 내의 상호작용은 순환적 인과관계로 이루어진다. 체제 내 구성원들은 서로 상호작용을 주고받는데 이 작용은 순환적 인과관계로 이루어진

다. 한 구성원의 행동은 다른 구성원 행동의 원인이 되기도 하면서 결과도 되어서 가족 간의 관계를 규정하는 원리로 작동하게 된다.

- 체제를 이루는 하위체제들 간에는 경계와 위계가 있다. 체제를 이루는 부분들은 각각의 속성과 상호작용 유형에 따라 여러 단위로 나누어질 수 있으며 이러한 단위들은 각각 또 하나의 체제로서 작용하게 된다. 예를 들어 부부체계, 부모체계, 부모자녀체계, 형제체계 등의 하위체제와 각각의 경계와 위계를 지니고 있다.
- 닫힌 체제는 건강하지 못한 체제이다. 체제는 열린 체제와 닫힌 체제의 연속선상에서 기능성과 유동성을 발휘하며 체제의 특성을 유지한다. 따라서 가족은 동시에 상호작용을 원활하게 하는 체제가 건강한 체제이며 닫힌 체제는 건강하지 못하다고 할 수 있다. 예컨대, 특수아동의 가족 구성원이 아동의 문제나 특성을 부인하거나 수치심 때문에 닫힌 가족체제 형태를 띠게 되면 오히려 특수아동이 적절한 도움을 받는데 어려움이 가중되기도 한다.
- 체제는 항상성과 변형성의 원리가 있다. 체제는 외부의 영향을 통제함으로써 체제의 일관성을 유지하려는 항상성(homeostasis)의 원리가 있는 한편, 외부의 영향에 따라 스스로 자신을 변화시키는 변형성(morphogenesis)의 원리를 가지고 있다. 외부에서 어떤 영향이 주어지면 체제는 항상 먼저 기존체제를 유지하려는 경향이 있다. 그러나 기존체제를 유지하려는 움직임이 실패할 정도로 외부의 영향이 강하거나 지속적이면 체제는 변화를 위한 노력을 하게 된다.
- 가족체제는 시간이 감에 따라 분화되고 발달한다. 가족체제는 시간이 감에 따라 발달하게 되며 그 시기마다 발달과업이 있으며 한 단계에서 다음 단계로 이행되는 과정에 가족이 제대로 적응하지 못하면 위기에 빠질 수 있다. 특수아동이 포함된 가족체제는 특수아동의 특수한 필요에 따라 새로운 단계와 위기를 겪게 되기도 한다.

이상에서와 같이 상담자와 교사는 대상 가족체제의 상호작용과 특성을 파악하고 이해해야 적절한 지원과 중재를 제공할 수 있다.

2) 가족의 심리 정서적 반응

특수아동의 출생에 대한 부모들의 반응은 그들의 종교, 사회 · 경제적 지위, 장애의 정도, 장애에 대한 지식, 출생순위에 따라 다양하게 나타난다. 이들은 자녀의 장애를 수용하기에 앞서, 일련의 정서적 반응단계를 거친다. 부모에 따라 다르지만 대부분의 부모들이 겪는 단계는 다음과 같다.

(1) 충격 · 부인의 단계

특수아동이 출생시 자신의 자녀가 특수아동이라는 사실을 알게 되는 경우 커다란 충격을 받게 된다. 이들은 전문가에 의해 확인되기 이전, 이미 자신의 자녀에게 문제가 있음을 알았음에도 불구하고 커다란 충격을 받는다. 그런 다음에는 전형적 부인(denial)의 반응을 나타낸다. 즉, 부모들은 자녀의 장애를 부정하면 장애가 사라져 버리는 것으로 잘못 생각하게 된다. 그러한 반응은 자연스런 것으로 고통스러운 현실을 피하려는 충동에서 생겨나는 것이다.

따라서 이들은 누군가 좀더 수용할 만한 진단을 내려주지 않을까 하는 생각에서 여러 다른 전문가들을 찾아다니며 증명되지 않더라도 새로운 효능이 있다는 치료방법을 찾아 나선다. 따라서 특수아동에게는 오히려 필요한 서비스를 조기에 마련해 주지 못하는 경우가 발생한다.

부인 뒤에 종종 나타나는 것이 죄의식이다. 부모들은 장애자녀의 출생에 대하여 자신이나 주위환경 또는 다른 사람이나 신을 비난한다. 특히 자신의 어떠한 잘못으로 천벌을 받는 것이라고 생각한다.

부모가 충격을 받고 부인을 하면서 두려움, 죄의식, 불안을 느낄 때 교사는 그러한 느낌과 경험이 정상적임을 부모에게 이해시킬 수 있어야 한다. 교사는 수용적 태도로 부모들의 이야기에 귀를 기울이고 부모와 교사가 함께 아동을 위해 노력할 수 있는 방법에 부모가 신경을 쓰도록 돕는다. 이 단계에서 부모로 하여금 자녀의 한계에 직면하도록 요구하는 것은 오히려 부모가 자신을 방어하게 만든다.

(2) 분노와 원망의 단계

부모들이 더 이상 자녀의 장애상태를 부정할 수 없으면 분노, 원망이 생긴다. 이들은 지적으로는 자녀의 문제를 수긍하나 정서적으로 너무 집착되어 있어 자녀의 문제에 긍정적으로 접근하지 못한다. 심지어는 자신을 진정 돕고자 하는 사람들에게까지 직접 화를 내기도 한다. 그리고 그들의 동기에 대해 의혹을 갖는다.

이 단계에서 교사는 전문성을 나타낼 필요가 있다. 만약 아동에게 그들이 할 수 있는 과제를 준다면 부모의 분노는 곧 사라질 수 있다. 물론 아동이 신속한 진전을 보이지는 않겠으나 부모는 자녀가 무언가 변할 수 있음을 끊임없이 알아야만 한다.

(3) 흥정(bargaining)의 단계

이 단계에서는 불가사의한 운명을 지적으로나 정서적으로 받아들이는 것을 지연하고자 한다. 또한 대단한 결심을 갖고 부지런히 장애자녀를 위해 애쓴다. 부모들의 그러한 태도는 마치 '만약 당신이 말한 그대로 내가 다 한다면 내 아이의 문제는 없어지겠죠?'라는 것과 같다. 그러나 자녀에게 기대한 바처럼 진전이 크지 않으면 좌절과 낙담의 단계로 넘어가게 된다.

이 단계에서 상담자는 부모의 감정을 수용하고 공감적으로 이해해 주어야 한다. 그리고 그들의 감정이 정상적인 것임을 깨닫게 해 준다.

(4) 좌절과 낙담의 단계

자녀에게서 진전을 보지 못하자 '도대체 무슨 소용이 있느냐?', '신경을 쓸 필요가 뭐 있겠느냐?'는 등의 태도를 갖게 된다. 이렇게 희망이 없다는 태도는 부모들에게 무기력감을 느끼게 하며 더 큰 도움을 요청하게 된다. 또한 Kirk(1979)에 의하면 이 시점에서는 자신이 바라던 정상적 아동의 상이 사라짐에, 마치 고별을 하는 것 같은 애도의 욕구가 나타난다. 일단 이러한 애도의 감정이 일어나면 자녀를 있는 그대로 수용하기 시작하고, 자녀의 문제에 대한 보다 생산적인 해결에 초점을 두게 된다.

상담자는 자녀를 가르치고자 하는 부모의 열의에 긍정적 측면을 강조하고, 그러한 열의로 좌절감을 느끼는 일이 없도록 한다. 즉, 자녀를 가르치는 과제를 성공할 수 있는 수준의 것으로 계획해 주며, 직접이든 간접이든 비평을 피해 이들이 부모노릇에 대해 갖는 의혹을 제거하도록 한다.

만약 계속 깊은 좌절감을 느끼는 부모가 있다면 깊은 수준의 상담이 필요할 수도 있다. '무슨 소용이 있느냐?'라는 부모의 절규에 그들이 도움을 받을 수 있는 길은 여러 가지가 있음을 알려 준다. 특수아동들만을 위한 학급에서라면 비공식적 부모들의 모임은 크게 도움이 된다.

(5) 수용의 단계

위의 여러 단계를 거쳐 대다수의 부모들은 수용의 단계에 도달하게 된다. 이들은 자신의 자녀가 장애를 가졌음을 인정하며 더 이상 죄의식을 느끼거나 사회를 원망하지도 않는다. 수용의 단계에 들어서면 부모들은 무언가 이루어질 수 있음을 깨닫고 무언가 배우고자 하며, 새로운 지식을 적용하고자 애쓴다. 어떠한 부모들은 이러한 단계에 빨리 도달하는데, 어떠한 부모들은 그 속도가 느리며, 일부의 부모들은 자녀의 장애상태에 대해 현실적으로 직면하지 못하기도 한다.

부모들의 반응은 특수아동의 행동에 영향을 주기 때문에 중요하다. 특수아동들이 부모에 의해 수용될 때 이들은 보다 더 사회적으로 수용될 수 있는 행동을 가질 수 있고, 보다 더 협동적이고 보다 더 정서적으로 안정되고 고무적이다. 부모가 수용하지 않는 경우 이들은 정서적으로 안정되지 않고, 불안정하고 화를 잘 내게 된다. 부모가 과잉보호할 경우는 특수아동은 지나치게 의존하게 되며 무엇을 해 보고자 하는 동기가 결여된다.

특수아동 출생으로 인한 부모의 반응 단계와 각 단계에 있어서의 상담자, 교사, 전문가의 역할을 요약 · 도표화해 보면 다음의 [그림 15-1]과 같다(장선철, 2002에서 재인용).

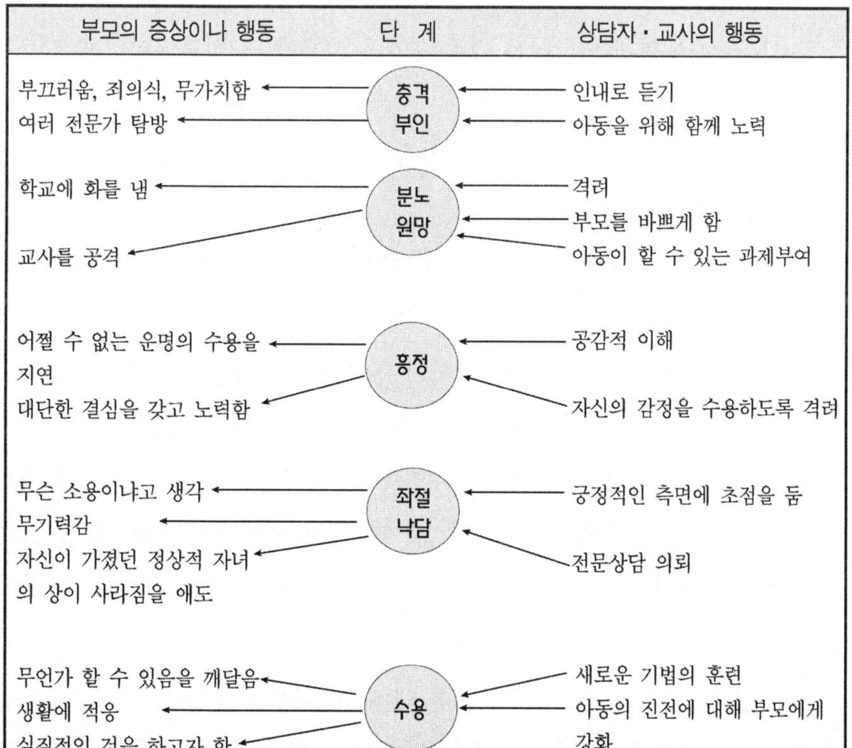

[그림 15-1] 부모의 반응에 따른 상담자 · 교사의 행동

(6) 다른 형제의 욕구와 반응

부모들과 마찬가지로 특수아동의 형제 자매나 가족의 다른 구성원들도 특수아동의 출생으로 많은 영향을 받는다. 특수아동의 형제 자매는 이들은 대부분 부모가 장애형제에 대해 갖는 태도를 자신들도 갖는다. 그뿐 아니라 이들은 장애형제가 있다는 사실로 인해 다음과 같은 여러 질문을 갖는다.

- 장애형제의 장애 원인에 대해 궁금해하며 혹 자신에게도 어떤 잘못된 점이 나타나지 않을까 걱정한다.
- 장애형제를 돌보는 것이 자신의 활동에 영향을 준다고 생각한다.
- 장애형제에 대해 부모와 이야기하고 싶지만 어떻게 말을 꺼내야 할지 모른다.
- 부모가 장애형제에게 너무 많은 시간을 사용할 때 화가 난다. 때로는 자신도 장애형제와 같이 행동하여 부모의 관심을 끈다.
- 부모가 장애자녀를 가졌다는 점을 보상하기 위해 자신이 보다 공부를 잘해야 된다고 생각한다.
- 친구들에게 자신의 장애형제를 어떻게 이야기해야 할지 걱정이며, 그들이 자신이나 자신의 가족을 비웃을까 염려한다.
- 자신들이 커서 결혼을 하고 자녀를 가질 수 있을지 걱정한다.
- 미래에 자신이 장애형제를 돌보게 되지는 않을지 걱정한다.
- 장애형제와 어떻게 잘 지낼 수 있을까, 무엇을 배우도록 어떻게 가르쳐 줄 수 있을까, 그를 돌보아야 할 때 무엇을 하면서 놀아야 할까 등의 걱정을 한다.

이와 같은 자녀의 질문과 관심에 대해 부모와 교사는 여러 모로 도움을 줄 수 있다. 형제 자매들도 장애형제에 대한 결정을 위한 토의에 참여하여야 하며, 장애형제로 인해 친구들로부터 받는 반응에 대한 자신의 감정을 토로할 수 있는 기회가 주어져야 하며, 부모로부터 적절한 관심을 받아야 한다. 이러한 형제 자매의 욕구를 충족시켜 줄 수 있는 좋은 방법 중 하나가 장애형제를 가르치거나 돌보는 일에 이들을 참여시키는 것이다. 아주 어린 아동도 효과적인 교사가 될 수 있다. 그러나 주의해야 할 것은 장애형제를 가르치거나 돌보는 일에 너무 책임감을 주지는 말아야 한다는 점이다. 이것은 오히려 형제 자매의 적응문제를 유발하게 한다.

나. 가족 스트레스 위기모델

1) 위기에 관한 다섯 가지 모델

위기에 대한 일반적인 정의는 '사람이(가족이) 감당할 수 있는 역량과 심적 기제를 넘어선 참을 수 없을 정도의 사건이나 상황에 대한 인식'이다. 가족에게 영향을 미치는 위기에는 두 가지 유형이 있다. 빈곤이나 퇴직과 같은 생물학적 혹은 사회적 진전 과정에 의해 야기된 점진적 위기들과 집에 불이 나거나 자동차 사고로 죽는 것과 같은 비정상적인 사건들로부터 야기된 상황적인 위기들이 그것이다.

장애 자녀에게서 나타나는 중요한 변화들은 위기로 바뀔 가능성이 높다. 취학, 빈곤해짐, 졸업 등과 같은 문제해결에 있어 '최선책'이라 할 수 있는 상황에 도달하지 못하도록 방해를 받아 결국 낙심과 더 많은 스트레스에 빠질 수 있다.

위기들은 여러 요인들의 상호작용에 의해 야기된다. 다섯 가지 모델은 바로 그러한 가정에 기초한 것이다. 이 모델의 구성 요소들은 AFA(Annotated Family Appraisal: 가족에 대한 평가)를 위한 틀을 제공하며, AFA는 상담자들이 위기를 평가하고 취급하며 또한 예방하는 데 있어 실제적인 도구 역할을 한다. [그림 15-2]에서 알 수 있듯이 이 모델은 여러 요소들이 가로와 세로로 늘어선 장방형 배열로 제시된다. 그러므로 이를 행렬이라 지칭된다.

1. 스트레스 요인이 되는 사건
- 원인
  - 외부적
  - 내부적
- 관계상실
- 신규충원
- 사기저하
- 신분변화

2. 가족 내부적인 원인들
- 재정적 원인
- 가족 변경
- 가족 연대감
- 부부 결합도의 강도
- 인간 상호 관계의 친밀도
- 가족 외적인 자원들
- 역할 동의
- 믿음

3. 사건에 대한 가족의 정의
- 상황에 대한 관점
  - 위험
  - 기회
- 외적 원인에 대항하여 회복시킴
- 하나님에 관한 정의

4. 가족의 과거 잔재
- 과거의 문제해결 경험
- 과거의 위기들로 말미암은 다툼들 중 미해결 상태인 것들
- 화해에 이르지 못한 잔재들

5. 가족의 준비성
- 예측 가능성
- 예상함
- 준비를 갖춤

[그림 15-2] 가족의 스트레스와 위기를 야기시키는 다섯 가지 모델

2) 가족의 기본적인 유형

AFA를 통해 상담자는 해당 가족이 네 가지 기본적인 범주들 중 어디에 해당하는지 살펴볼 수 있으며, 그리하여 거기에 걸맞은 치료 전략을 결정할 수 있다. 그 범주들은 이러하다. 수준 1 : 고도의 역기능, 수준 2 : 보통의 역기능, 수준 3 : 보통의 기능, 수준 4 : 고도의 기능이다. [그림 15-3]에 의해 제시되듯이, 수준 2와 수준 3 사이에 그어진 선은 해당 가족이 역할을 수행하고 있는지의 여부에 대한 한계를 정한 것이다.

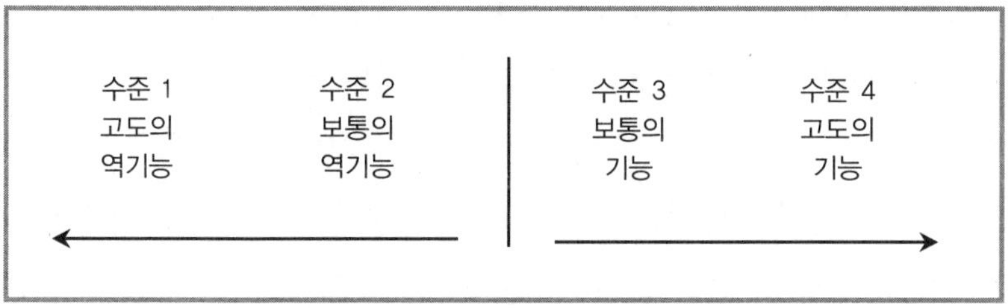

[그림 15-3] 기능에 의한 가족 분류

물론 네 가지 유형들을 훨씬 벗어나는 가족들도 있다. 하지만 이런 식으로 분류하고자 시도하는 것은 전반적인 상담 과정을 위한 지침을 제시하기 위함이다. 이러한 지침을 활용함으로써 상담자는 해당 가족의 현재 역할 수준에 따라 측정, 치료, 예방 등에 있어 우선 순위를 정할 수 있을 것이다. 중재 노력들은 가족의 우선적인 요구 사항들 순서대로 진행될 것이다.

장애 아동을 지닌 가족들 중 기능적인 가족과 역기능적인 가족 간의 차이는 한 가지 핵심적인 주제, 곧 장애아동에 대한 수용성이라고 하는 주제와 밀접한 관련이 있는 듯하다. 그러한 수용성이란 대처 과정에 있어 초기 단계에서 냉담해지며 수용이라고 하는 문지방을 넘지 않는 것을 가리킨다. 역기능적인 가족에 있어, 가족의 안정은 장애 자녀를 일종의 희생양으로 혹은 문제의 근원으로 남겨 두느냐의 여부에 달려 있을 수 있다. 그리하여 다툼의 진정한 원인이나 부모의 가족의 역기능을 감추며, 그 결과 이것들을 아예 다루지 않으려고 한다.

(1) 수준 1 : 고도의 역기능

특수아동을 가족 구성원 속에 포함시킬 것인지의 여부를 놓고 고민하는 가족이다. 이러한 가족은 약물 중독, 실업, 재정적 어려움, 그리고 배우자와 자녀에 대한 학대 등을 수반할 수 있는 매우 강렬하고 지속적인 문제들을 경험한 역사를 갖고 있다. 이러한 가족은 보다 광범위한 개념에 해당하는 가족일 가능성이 많다. 보다 광범위한 가족이란 여성이 가장인 경우, 혼합된 가족 형태, 조카나 숙모 혹은 삼촌 등과 같은 확대된 가족 구성원이 함께 살면서 부양 역할을 맡는 가족, 혹은 할아버지가 가장인 경우 등을 말한다.

이러한 경우들에 해당되는 자녀는 학대를 당할 위험성을 가장 많이 지니고 있으며, 불운하게도 이와 같은 가족은 가족 구성원 중 한 사람이 나름대로의 틀을 깨고서 도움을 찾고자 결심하지 않는 한, 상담자의 도움을 받아들이려고 하지 않는다. 대체로 해당 자녀의 어머니가 그런 태도를 나타낸다. 장애 자녀의 결핍 상태를 충족시키기 위해서 뿐만 아니라 기본적인 생존 문제들을 해결하기 위해서는 강렬한 개입이 요청된다.

(2) 수준 2 : 보통의 역기능

수준 2에 해당하는 가족은 해당 자녀가 태어나기 전에 이미 역기능적인 요소들을 지니고 있었다. 그러나 장애 자녀가 있다는 것은 회복되지 않는 위기를 고조시키는 스트레스 요인이 되는 사건이다.

그 결과로 나타날 수 있는 상황은 다양하지만, 모든 경우들은 기초를 흔들리게 하며, 자녀의 출생은 가정의 전체 구조를 와해시킨다. 출산 후에 직장으로 복귀할 계획을 세웠던 어머니는 자녀의 장애 상태로 인해 그렇게 하지 못할 수 있다. 그리고 가족은 그녀의 급료가 끊김으로써 경제적 어려움에 직면하게 된다. 어떤 부모는 이러한 자녀의 출생을 하나님의 징벌로 여기고서 약물 남용을 시작하거나 재개할 것이다. 이 자녀가 부모의 도움을 너무 많이 필요로 하는 까닭에 다른 자녀들이 무시될 수도 있다.

이러한 가족을 돕는 길은 부부를 물리적 · 심리적으로 재결합시키거나 양친 중 한쪽만 있는 경우에 대한 대책을 마련함으로써 그 가족의 기초를 다시 세우는 일을 포함한다.

(3) 수준 3 : 보통의 기능

세 번째 범주에 속하는 가족들을 위한 중재는 예방 및 치료 차원에서 이해된다. 상담자는 가족 구성원 모두의 역할들을 고찰하여 상호작용의 유형을 먼저 도출해야 한다. 그리고 나서 상담자는 가족 구성원들로 하여금 관계를 증가시키고 심화시키기 위한 새로운 상호작용의 방법들을 배울 수 있는 기회를 제시할 수 있다. 이러한 가족은 위험에 처해 있으며, 상담자는 더 큰 문제에 빠질 가능성을 경고할 준비를 단단히 하고 있어야 한다.

(4) 수준 4 : 고도의 기능

네 번째 범주는 상담자에게 있어 가장 손쉬운 상태이다. 이러한 가족은 나름대로 기능을 잘 발휘하고 있지만 특별한 정보를 요청한다. 역할 변화가 시작되었을 수도 있으나, 아직 역할 분담이 확고해진 상태는 아니다. 가족은 협동심을 지니고 있고 건강한 방법으로 역할을 계속 맡기를 바란다. 만일 결혼 관계에 있어 정서적 친밀성이 존속되며 가족 구성원들이 용이한 의사소통 기술을 활용한다면, 상담자는 정보원으로서의 역할을 담당하고, 아무런 치료법도 필요하지 않을 때 다만 문제해결을 유도하는 촉진제로서의 역할을 담당할 수 있다.

한 가족이 항상 이런 범주 속에 고정되어 있지는 않는다. 대체로 수준 3과 수준 4 사이에서 건강한 기능이 작용한다. 스트레스 하에서는 이 가족이 세 번째 수준에 있을 것이지만, 충분한 대책이 마련되어 있는 상태라면 건강한 기능을 다시 회복할 수 있다. 하지만 어떤 자원들을 상실하거나 다른 스트레스 요인들이 생기면, 그 가족은 계속해서 수준 3에 머무를 수 있으며 위험한 상태에 처할 수도 있다.

영화로 만나는 특수아동 상담

길버트 그레이프

감독: 라세 할스트롬
출연: 조니 뎁, 줄리엣 루이스, 레오나르도 디카프리오, 브래디 콜먼, 리비 빌라리, 조지 헤인스, 카메론 핀리

인구 1,091명이 사는 아이오아 주 '엔도라'에 사는 길버트 그레이프(Gilbert Grape : 죠니 뎁 분)는 식료품 가게의 점원으로 일하며 집안의 가장으로써의 역할과 가족들로부터의 탈출에 대한 욕망 속에서 살아가고 있다.

그에게는 남편이 목을 매달아 자살한 이후의 충격으로 몸무게가 500파운드나 나가는 거구인 어머니(Momma: 다레네 캐이츠 분)와 정신 연령이 어린 아이 수준인 저능아 동생 어니(Arnie Grape: 레오나르도 디카프리오 분)과 34살의 누나(Amy Grape: 로라 해링턴 분)가 있고, 16살로 한창 멋내기를 좋아하는 미모의 여동생 엘렌(Ellen Grape: 매리 케이트 쉘하드트 분)이 있다. 틈만 나면 높은 곳으로 올라가려하는 동생 어니는 어머니의 엄청난 몸무게와 함께 집안의 골칫거리이다. 그러나 형의 말은 절대적으로 따른다. 여동생 엘렌 또한 항상 불만에 쌓여 사는 길버트가의 또 하나의 골칫거리다.

길버트에게는 터커(Tucker Van Dyke: 존 C. 레일리 분)와 보비(Bobby Mc-Burney: 크리스핀 글로버 분)라는 두 친구가 있다. 터커는 패스트푸드 연쇄점을 개업해서 돈도 많이 벌고 밀크 쉐이크도 많이 먹는 게 꿈이다. 만나면 항상 친지들의 안부를 묻는 보비는, 아버지가 장의사를 하고 있어서 영구차를 운전하고 있다. 길버트는 최신식 패스트 푸드랜드를 싫어하기 때문에 오래된 램슨씨의 식품점에서 일한다.

길버트의 생활은 설명하기 어려울 만큼 괴상하며, 자기 생활에 크게 만족해하지 않는다. 이곳에서의 생활을 설명한다는 것은 마치 음악 없이 춤을 추는 것과 같다. 매일 반복되는

지루한 생활, 그 속에서 길버트는 동네의 카버 부인(Betty Carver: 매리 스틴버겐 분)과 불륜 관계를 갖는다. 물론 카버 부인에게 이끌려 그렇게 되었지만 답답한 틀 속에 갇혀 있던 길버트는 굳이 이를 부정하지 않는다.

한편, 캠핑족 소녀 베키(Becky: 줄리엣 루이스 분)는 자동차가 고장 나는 바람에 엔도라에 머무르게 되고, 우연히 가스탱크에 올라 가 있는 어니를 따뜻하게 대하는 길버트를 보게 되고, 그의 순수한 마음에 호감을 갖게 된다. 길버트 또한 같은 또래의 여자인 베키에게 끌리게 되고 둘은 서로의 내면을 아껴 주는 순수한 사랑을 하게 되는데…….

2. 가계도 작성 및 특수아동 부모의 욕구

가. 특수아동 가족 이해를 위한 가계도 작성

가계도(genogram)는 가족에 대한 여러 가지 사실적 정보들을 매우 효과적으로 드러내 줄 뿐만 아니라, 가족의 구조와 역할 및 생활주기, 세대를 통하여 반복되는 상호작용 패턴, 가족관계의 유형 등을 알 수 있는 매우 유용한 방법이다. 또한 가계도를 작성하는 과정에서, 가족의 모든 구성원이 중요하며 구성원들 중 한 사람 혹은 일부가 보이는 문제일지라도 그 문제에 모든 구성원이 연관되며 문제의 해결을 위해서는 모든 구성원이 참여하여야 한다는 인식을 가족들이 가지도록 할 수 있다는 이점이 있다(김동일 외, 2003).

1) 가계도에 포함될 사항들

- 현재의 가족을 중심으로 적어도 삼대의 가족들의 성별, 이름, 별명, 나이
- 출생, 사망, 질병, 결혼, 이사, 승진, 졸업 등 주요 사건의 시기

- 사망한 가족들의 경우 사망할 때의 나이, 사망 일시 및 원인
- 장애 및 심각한 질병이나 의학적인 문제의 내용 및 시기
- 확대가족과의 접촉 빈도와 접촉 방법
- 약물 및 마약 중독 여부 및 기간
- 가족들의 문제(예컨대, 아동학대, 성 학대, 지속적인 부부갈등, 위법행위, 돌발적 행동문제 등)
- 가족 역할(예컨대, 희생자, 수동적 역할, 전제군주, 화내는 사람, 완벽주의자, 비판자, 성인군자, 동떨어져 있는 사람, 늘 피곤한 사람, 책임지는 사람 등)
- 가족관계의 질과 패턴(밀착된 관계, 친밀한 관계, 소원한 관계, 단절관계, 갈등관계, 융해된 갈등관계 등)

2) 가계도 작성을 통해 파악할 수 있는 사항들

- 가족의 구조
- 가족생활주기 및 발달단계
- 세대를 통해 반복되는 유형들(가족역할의 유형, 관계의 유형, 구조의 유형 등)
- 인생의 중대사(이혼, 실직, 진학 실패, 전학 등 생활의 변화나 수난에 의한 충격, 각종 상실(특수아동의 문제 포함)에 대한 반응, 기념일에 대한 반응, 사회 · 경제 · 정치 등의 영향
- 삼각관계의 유형(1차적 삼각관계 및 2차적 삼각관계의 유형 및 관련 구성원)
- 가족 내의 균형(가족의 구조, 역할, 기능 수준, 자원의 유무 등에 있어서의 균형도)

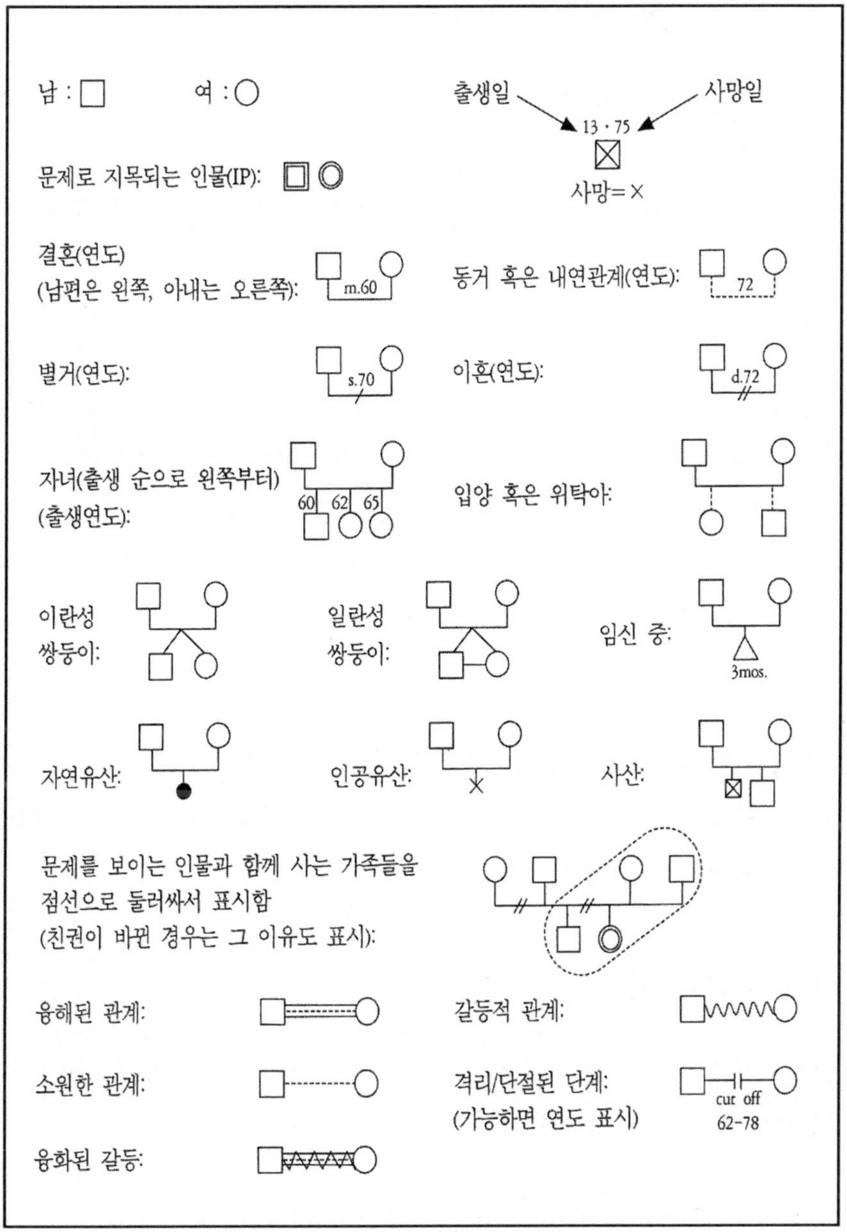

[그림 15-4] 가계도 작성을 위한 기호

* 출처: Friedman, H., Rohrbaugh, M., & Krakauer, S.(1988). The time-line genogram: Highlighting temporal aspects of family relationships. *Family Process*, 27, 293-303. Roberto, L. G. (1992). *Transgenerational family therapies*. N.Y.: The Guilford Press에서 재인용.

3) 가계도 작성 과정 및 작성 후 도움이 되는 질문

(1) 가계도 작성 과정 및 후의 감정

가계도를 그리는 과정에서 혹은 후에 어떤 것들을 느꼈나?

(2) 가족 규칙

당신 가족 내에 어떤 규칙들이 있는가(있었는가?)", "가족 내에 결정할 일이 있을 때 어떤 일이 일어나는가", "가족 내에 문제가 있다고 인식될 때 무슨 일들이 일어나는가", "누가 먼저 그 문제를 드러내는가", "누가 결정하는가", "그 결정에 동의하지 않는 가족들이 있으면 어떻게 되는가?"

(3) 감정 표현의 양식

감정들이 어떻게 다루어졌는가", "화나는 감정과 슬픔은 어떻게 다루어졌는가를 표현할 수 있었나", "친밀한 감정, 사랑의 감정은, 이런 감정들이 어떻게 얼마나 표현되었는가?"

(4) 가족의 비밀

당신 가족 내의 비밀은 무엇이었는가", "그 비밀이 어떻게 다루어졌는가", "그 비밀에 대한 당신의 느낌은?"

(5) 성 역할

남자라는 것에 대해 어떤 것을 알게 되었는가", "여자라는 것에 대해 무엇을 알게 되었는가", "그렇게 알게 되거나 배운 것이 현재 당신 생활에 어떻게 관련되는가?"

(6) 가족 내의 관계

당신이 보기에 가족들 중 서로 가장 가까운 두 사람은 누구인가", "당신이 보기에 가족들 중 서로 가장 거리감을 많이 느끼는 두 사람은 누구인가", "당신이 가장 가깝게 느꼈던 가족은 누구였으며, 왜 그렇게 되었는가", "현재 당신이 가장 가깝게 느끼는 가족은 누구이며, 왜", "당신이 가장 거리감을 느꼈던 가족은 누구였는가, 왜 그렇게 거리감을 느끼게 되었는가", "당신이 현재 가장 거리감을 느끼는 가족은 누구이며, 왜?"

(7) 가족 외의 관계

"가족 외 사람과의 관계에 대해서 무엇을 알게 되었는가", "그러한 관계에 대한 가족들의 반응은 어떠했는가", "당신의 반응은 무엇이었는가?"

(8) 가족에 대한 기대

가족들에 대해 당신은 어떤 기대를 가지게 되었는가", "가족들 간의 관계에 대해서는 어떤 기대를 가지게 되었는가", "그런 기대들이 현재의 당신 생활에 어떻게 관련되는가", "당신 자신에 대해서는 어떤 기대를 하게 되었는가?"

(9) 가족의 가치

가족이 어떤 것들을 가치롭게 여겼는가", "당신 가족들이 나누는 이야기나 생활 속에서 어떤 것들이 중요하게 담겨 있는가?"

(10) 현재의 평가

가족의 삶을 이렇게 되돌아보고 나서 현재 떠나 보내고 싶은 것은 무엇인가", "되살리거나 간직하고 싶은 것은 무엇인가?"

나. 특수아동 부모의 욕구

부모가 자녀의 장애를 이해하고 이에 적응하기 위해서는 일반적으로 상당히 많은 새로운 정보를 배워야만 한다. 어떤 종류의 장애는 구체적 지식이 요구되나 대부분은 모든 특수아동 부모에게 공통된 것들이다. 이러한 지식을 알고자 하는 것이 바로 부모의 욕구이며 부모상담의 목표가 된다.

1) 장애에 대한 이해

대부분의 특수아동 부모의 첫 번째 관심사는 자녀의 장애를 이해하는 것이다. 이것은 흔히 진단과정과 관련된다. 이들은 자녀의 문제를 제시해 줄 적절한 전문가를 찾고자 한다. 일단 전문가를 찾아도 일치된 견해를 듣기 어렵다는 문제가 있다. 또한 부모들이 자주 겪는 문제는 진단결과 보고가 보류되거나, 알려주어도 전문적인 용어 역시 이해하기 어려운 점이다.

장애의 원인 또한 부모가 크게 관심을 갖는 부분으로 유전적 장애인 경우, 예를 들어 다운증후군(Down's syndrome)이 특히 그러하다. 또 부모들은 특정 학습장애나 정서장애 같은 장애가 그들이 앞으로 또 갖고자 하는 아이에게도 영향을 주지나 않을지 걱정한다. 출산 전, 출산 중 출산 후의 장애의 요인들에 대한 지식들은 자신들이 자녀의 장애에 대한 책임 여부를 알고자 하는 부모들에게 도움이 된다.

또 다른 부모의 관심사는 자녀의 발달 가능성이다. 이것은 장애의 정도,

연령 등과 같은 요인에 의해 결정된다. 특히 아동이 어릴 경우에는 많은 부모들이 담화나 언어발달에 관심을 가지며, 후에는 학업성취나 학교에서의 행동에 관심을 갖는다. 장애자녀가 성년이 되면 취업 가능성이나 결혼관계도 부모에게는 큰 관심사이다.

2) 서비스 및 자원에 관한 정보

특수아동 부모들이 또 관심을 갖는 것 중 하나는 어떠한 서비스나 자원이 있으며 이것을 어디에서 받거나 얻을 수 있느냐 하는 것이다. 특히 이 분야에 관한 부모의 관심을 간략히 보면 다음과 같다.

첫째, 아동의 요구에 적합한 전문가를 어떻게 찾아내는가?

특수아동은 여러 종류의 언어, 학업, 운동기술, 직업훈련, 사회 · 정서적 행동 등의 훈련을 위한 전문가들이 필요하다. 각 영역에는 전문가들이 있다. 예를 들면, 언어발달의 경우 언어치료사가 있고, 운동기술의 발달을 위해서는 물리치료사가 있다.

둘째, 어떤 의학적 조치와 보조기구가 아동에게 도움이 될까?

약물치료, 비타민치료, 영양조절, 소독 등에 관한 정보가 부모들에게 필요하다. 또한 어떤 부모들은 보조의자(wheelchair), 보청기, 안경 등의 보조기구의 사용, 유지, 수리 등에 관한 정보도 필요하다.

셋째, 아동의 요구에 부응하려면 어느 정도의 경비가 필요할까?

전문가와의 면담, 의료진의 처치, 보조기구의 구입 및 사용, 교육 등은 모두 많은 경비를 요하는 것들이다. 특히 우리나라는 공립이나 국립의 특수교육기관이 많지 않아 이들의 교육비가 부모들에게는 큰 고려 사항이다.

넷째, 어떤 종류의 교육 프로그램이 가능한가?

실제로 특수아동 부모에게는 여러 종류의 학교(프로그램)에 대해 알려주고 선택을 할 수 있는 기회가 주어져야 한다. 우리나라의 경우는 특수교육기관이 제한되어 있을 뿐 아니라 부모들이 기존의 교육기관에 대해서도 잘 알지 못하는 문제점이 있다.

다섯째, 장애자녀를 기숙기관에 넣어야 할까 또는 집에서 키워야 할까?

이것은 부모들이 가장 결정을 내리기 어려운 점 중의 하나이다. 경비, 교육과정과 계획, 프로그램 목표, 운영자 및 교사의 자질, 철학과 구조, 오락 및 사회적 시설 등을 참작 결정해야 할 것이다.

여섯째, 어떠한 정부기관, 법, 규칙 등이 특수아동 부모에게 도움이 될 수 있는가?

부모들은 서비스나 지원을 위해 어떻게 하여야 하는지에 대해 알 필요가 있다.

일곱째, 어떠한 부모모임과 훈련이 있으며, 어떠한 서비스가 제공되는가?

이러한 조직은 교통, 캠프, 아기 돌보기 및 다른 서비스나 활동에 대한 정보를 제공해 줄 수 있다. 또한 부모훈련은 특수아동을 지도하고 양육하는 데 커다란 도움이 될 수 있다.

3) 전문적인 상담활동에 대한 정보

부모가 장애아동을 양육하는 책임이 삶의 즐거움을 낭비하는 것이라 생각하면서 대개는 전문적인 상담에 대한 욕구를 갖는다. 부모는 특수아동을 끝까지 책임질 수 있는 자신의 능력을 점점 믿지 못하게 되면서 위축되고 자녀에 대해 죄책감을 가진다.

이때 대개의 부모들은 "해봐도 안 된다(It's a lost cause)"라는 논평과 절망을 통하여 상담에 대한 요구를 전달한다. 그러한 부모들은 일반적으로 미래 정서적 스트레스를 견딜 수 없다면서 특수아동에 대한 그들의 노력에서 많은 좌절과 실망을 경험한다. 이때 상담자는 특수아동에 대한 비현실적인 기대의 잠재력에서 초점을 바꾸어 그들이 느끼는 절망을 공감해 주어야 한다. 그러나 궁극적으로 상담자는 미래에 대해 낙관적으로 보도록 도와야 한다.

또 어떤 부모들은 그들 자신의 세상에서 위축되거나 머물러 있음으로써 상담에 대한 요구를 전달한다. 이들은 스스로 실행을 위한 책임을 경감시키려는 노력으로 아동의 상태에 대해 계속적으로 비난한다. 다른 부모들은 다른 대부분의 장애아동 부모들이 한두 번 경험한 죄책감을 계속 유지하는 경향이 있다. 그러한 부모들을 위해 다른 관점에서 아동의 문제를 보도록 배우고, 역기능적 패턴을 없애는 데 상담이 도움이 될 수 있다.

장애아동 부모상담을 위해 권고되는 유일한 이론이나 방법은 없다. 상담자는 자신의 훈련과 철학적 배경에 따라야 하고, 부모의 요구와 특정문제를 고려해야 한다.

특수아동 부모를 위한 집단상담은 부모들에게 여러 가지 장점을 제공한다. 집단상황은 부모들이 오랫동안 경험을 했지만 구분할 수 없는 정서를 이해하고 개념화할 수 있는 준거틀을 제공한다. 상담과정에 다른 부모들을 참여시키는 것은 그들이 혼자라는 느낌을 가지지 않도록 한다. 부모들은 종종 서로를 위한 지원을 제공하고 다른 사람의 문제를 명료화한다. 환경을 수용하는 데서 수행된 집단상담은 그 자체가 치료가 될 수 있는 심리적 정화효과를 가진다. 생산적인 부모상담에 대한 핵심적인 요소는 집단 상호작용이다. 상담자의 일차적인 책임은 모델링 수용, 신뢰, 경청 기능, 과제집중 행동을 통해 이러한 상호작용을 촉진하도록 하는 것이다. 집단에서 부모상담을 위한 지침은 다음과 같다.

- 특정 장애에 대한 지도자의 지식보다는 인간관계에 필요한 의사소통 기능이 더 중요하다는 것을 인식한다.
- 진단적 명칭의 사용을 피하고 아동에 대한 기술적 용어로 말하도록 집단 구성원을 격려한다.
- 회기(session)를 독점하지 않는다. 강의는 상담이 아니고, 집단 내의 응집력과 친밀감을 파괴한다. 상담자는 권위를 어느 정도 포기할 의지가 있어야

한다.

- 각 부모의 공헌을 존중해 줌으로써 참여를 격려한다. 토의를 위해 집단에 질문을 회람하고 집단 구성원들의 서로에 대한 지원을 강화한다.
- 부모들의 비언어적 행동에 주목하고 생각을 말하도록 요청함으로써 집단에서 말하는 것이 어려운 부모들을 도와야 한다. 동시에 상담자는 앞으로 말하는 능력이 감소되는 사람들에게 많은 압력을 가하는 것에 대해 경계해야 한다.
- 많은 상담시간을 소비하지 못하게 함으로써 집단 구성원들 사이의 갈등을 다룬다. 집단에서 대부분의 부모들의 일차적인 관심은 그들 자녀에게 대처하는 것이며, 상담자는 이러한 초점을 잊어버려서는 안 된다.
- 변화는 천천히 발생한다는 것을 인식해야 한다. 부모들은 종종 그들의 행동을 변경하기 오래 전의 통찰을 말로 표현할 것이며, 상담자는 이 과정에서 인내심이 있어야 한다.

이외에도 상담 목적을 위해 부모집단을 조직할 때 참여자의 관심과 경험이라는 측면에서 균형을 유지하는 것이 중요하다. 아동의 장애유형에 따라 집단을 제한하는 것은 필요하지 않으며, 연령이 다른 아동의 부모들로 이질 집단이 구성되는 것이 유용하다. 초등학생의 부모들은 장애 특성에 관계없이 비슷한 것을 경험할 가능성이 많다.

3. 부모와 협력하기

가. 부모와 협력관계

미국학교상담자협회에서는 학교 상담자들의 윤리기준에서 장애학생의 부모를 대할 때 준수해야 할 기본적인 원칙을 다음과 같이 강조한다(ASCA, 2004).

- 학교가 장애학생을 도울 때에 장애학생의 부모는 '안내방송'의 역할을 할 필요가 있다. 부모란 자녀에 대한 희망과 꿈이 있으며, 자녀에게 있어 가장 훌륭한 권위를 지닌 사람이다. 학교는 이러한 부모의 권리와 책임을 존중할 필요가 있다.
- 장애학생이 학교생활을 할 때 그들의 확대된 학업, 개인/사회, 진로의 요구가 잘 반영되기 위해서는 부모와의 협력관계를 유지하는 것이 필수적이다. 이러한 협력관계를 통해 장애학생은 결정적인 발달영역에서 성공적으로 능력을 성취하게 되며, 이러한 성취는 협력관계를 통해 최대화된다.

대다수의 부모는 자녀의 장애에 관한 풍부한 정보로 인해 전문가가 된다. 그리고 자녀가 지닌 여러 가능성에 대해서도 가장 잘 알게 된다. 학교 상담자는 현명하게 이러한 부모들의 경험을 가치있는 것으로 받아들여야 한다.

나. 부모의 경험

1) 감정의 변화

학교 상담자들은 부모와 만날 때 그들의 주요 경험들을 이해해야 한다. 장애자녀를 가진 것과 관련된 감정적 경험, 교육자 및 의료 서비스 제공자들과 관련된 경험, 계속되는 걱정과 좌절, 스트레스와 관련된 경험 등이 있다.

장애아동의 부모가 보이는 감정의 변화는 Kubler-Ross가 설명한 애도의 단계와 유사하다. Kubler-Ross는 슬픔과 상실에 대해 그들이 부인-분노-타협-우울-수용의 5단계를 경험한다고 개념화했으며 Duncan은 최초의 충격, 부인, 타협, 분노, 우울, 수용 단계의 관점에서 장애자녀에 대한 부모의 반응을 개념화했다. 자녀의 장애를 수용하는 과정은 직선적이지 않고 모두가 단계를 순차적으로 경험하지도 않으며 부모에 따라 상당한 차이를 보인다.

Taub은 장애자녀를 둔 가정이 일반가정에 비해 자주 경험하는 문제와 고민거리가 있지만 학교 상담자는 장애자녀를 둔 모든 부모에게 일반적인 원칙을 가정해서는 안 된다고 경고한다. 부모는 자녀에 대한 감정보다도 자녀를 돕는 전문가에 대한 감정 때문에 더 자주 힘들어 한다. 부모들은 오히려 건강관리 전문가, 학교 전문가와 관계하면서 좌절하고 스트레스가 쌓이는 부정적인 경험을 하기도 한다. 학교 상담자는 부모의 부정적인 태도가 어떻게 형성되었는지를 이해하고 인정한다면 서로가 장애아동의 성취를 위한 좋은 협력자가 될 수 있을 것이다.

2) 부모에 대한 선입견

장애학생의 부모들은 상담자가 교사에 의해 종종 너무 공격적이거나 문제를 자주 일으키거나, 자녀의 능력과 미래에 대해 비현실적인 기대를 한다고 여겨진다. 실제로 문헌에 따르면 장애자녀의 부모는 부정적으로 여겨지는 경우가 많다.

장애자녀를 둔 유능한 부모는 다음과 같다.

- 자녀의 요구가 확실히 충족될 수 있도록 단호하게 대응한다.
- 자녀의 장애에 관해 해박하다.
- 자녀를 보호하려는 경향이 있다.

• 사회, 학업 및 진로의 영향을 이해하기 위해 자녀의 장애에 관해 연구하며 자녀의 요구에 관해 보다 효과적인 옹호자가 된다.

학교 상담자에게 지나치게 단호하며, 요구하는 것이 너무 많고 너무 많이 압력을 행사하는 것처럼 인식될 수 있는 부모의 행동을 재개념화하는 것은 학교 상담자들에게 도움이 된다. 예를 들어, 이러한 부모의 행동에 대해 부모의 권리와 책임에 단호하며 현명한 부모로 재개념화할 수 있고, 자녀를 위해 열심히 노력하는 부모로 재인식될 수 있다.

3) 부모의 스트레스

장애자녀의 부모는 감당하기 힘든 일상의 문제와 스트레스를 직면하는데 부모의 스트레스 수준과 자녀의 심리적 건강 사이에는 유의미한 관계가 있다. 학교 상담자가 부모가 직면하는 스트레스의 수준을 이해하고 그들을 지지하고 격려함으로써 궁극적으로 장애아동의 욕구를 충족시키도록 도울 수 있다.

자녀에게 진심으로 관심을 가지고 그들의 발달을 위해 전력을 다하는 부모도 있지만 방임하고 학대하는 부모도 있다. 장애자녀의 경우는 장애가 없는 자녀에 비해 학대의 비율이 거의 두 배 가까이 높다. 최근 연구에 의하면 장애학생의 경우 정서적 방임, 신체적 방임과 학대, 성적 학대등이 3.4배 더 높은 결과를 보이고 있다. 장애학생을 도울 때 혹시 방임과 학대의 표시가 있는지 관심을 가지고 확인할 필요가 있다.

다. 부모 및 보호자와 협력하기

1) 도움관계에서 부모가 소중하게 여기는 것

Prezant와 Marshak은 장애학생의 부모를 대상으로 그들이 진정 일어나기를 바라는 조치를 설문조사했는데 그 결과는 다음과 같다.

영화로 만나는 특수아동 상담

카드로 만든 집

감독: 마이클 레삭
출연: 토미 리 존스, 캐서린 터너, 파크 오버롤, 쉴로 스트롱, 에스더 롤

건축가인 루스(캐슬린 터너 분)는 고고학자인 남편 알렉스를 따라 외국의 유적지에 가서 몇 년째 살다가, 남편이 갑자기 답사 중 사고로 죽자 아이 둘을 데리고 다시 미국의 노스캐롤라이나의 집으로 돌아온다. 그녀의 6살짜리 딸 샐리(아샤 메니나 분)는 그곳은 떠나기 전에 친하게 지내던 마야인 현자, 쎄넬에게서 아버지는 죽은 것이 아니라 달나라로 간 것이며, 명상을 통해 아버지를 볼 수도, 얘기를 들을 수도 있다는 가르침을 받는다.

이 6살짜리 어린 소녀는 아버지에 대한 그리움에서 그 가르침을 일종의 신앙처럼 받아들여, 그 이후 일체 말도 안하고 주위엔 신경도 안 쓰며 익숙했던 물건의 위치만 바뀌어도 계속 비명을 지른다. 게다가 달 가까이 가려는 일념에서 높은 나무고, 지붕이고 자꾸 올라가서 주위 사람들을 놀라게 하지만, 이상하게도 떨어지지는 않는다. 드디어 신축 공사장의 기중기 꼭대기로 올라가는 사건까지 일으킨다. 루스는 사회복지부로부터 아동방치죄라는 죄목으로 정신과의사인 비얼랜드의 감호 하에 샐리를 치료하라는 판결을 받는다. 아이의 행동을 단순히 새로운 환경에 의한 문화적 충격으로 해석하려는 어머니와, 자폐증에서 그와 비슷한 증상을 보아온 정신과의사. 스스로 현실 도피 속에 빠져버린 샐리는 의사 표현의 한 방법으로 어린 아이의 솜씨라고 볼 수 없는 과학적 구도의 탑을 카드로 쌓아올리고 그 안에서 새처럼 날려는 시늉을 한다.

그 모습을 발견한 루스는 너무도 놀라워 감탄하는 한편, 그것을 통해 아이는 뭔가 메시지를 전하려는 것이라고 느낀다. 그래서 딸과 자기의 두 세계를 이어주는 어떤 매개체를 통하면 딸을 만나 데려올 수 있을 것이라고 생각한 그녀는 컴퓨터 그래픽으로 연구 끝에 딸이 만든 것과 똑같은 탑을 만들어 그녀의 손을 잡고 그 꼭대기로 올라가는데…….

- 전문가가 부모의 이야기를 경청하고 존중해 주기를 바란다.
- 전문가가 해박한 지식을 가지고 부모에게 정보를 제공해 주기를 바란다.
- 전문가가 부모와 협력관계를 유지하고 소통하기를 바란다.

반면 부모들은 다음과 같은 행동은 도움이 되지 않는다고 제시하였다.

- 부모의 이야기를 무시하는 것
- 학생이나 부모에게 품위를 떨어뜨리는 행동을 하는 것
- 통합교육에 대한 의지를 꺾는 것
- 권위를 남용하는 것
- 낮은 기대를 갖는 것

2) 부모와 협력관계 형성을 저해하는 일반적 요인

- 학교 상담자가 마치 부모보다 더 많은 권한을 부여받은 것처럼 행동하는 경우다. 이런 경우는 편향된 역동관계를 형성하고 학교 상담자는 위에, 부모는 아래에 놓이는 이중체계를 만들게 된다.
- 부모가 이전의 학교 전문가에 대해 부정적인 경험이 있어서 학교 상담자가 긍정적이고 협력적인 관계를 형성하기 위해 노력할 때 불신하거나 조심스러워하는 경우다. 이럴 땐 상담자는 부모의 반응을 개인적으로 받아들이지 말고 오히려 그들과 신뢰를 형성하기 위해 의도적인 노력을 기울여야 한다.
- 학교 상담자가 부정적인 태도로 관계에 임하는 경우다. 학교 상담자는 가능한 편견을 없애고 학생의 이익에 최대의 관심을 기울이는 긍정적 태도를 유지하는 것이 매우 중요하다.
- 학교 상담자가 전문가로서의 거리감을 유지하는 경우다. 학교상담자는 부모와의 거리를 유지하는 것을 객관성 유지로 보지만 다른 부모는 전문적 거리를 관심이 없는 것으로 인식한다. 따라서 학교 상담자는 이러한 성향이 부모-전문가 관계에 부정적인 영향을 미치는지 확인하기 위해 수퍼비전이나 자문을 받는 것이 필요하다.

[만물상] '자폐아의 聖地' 군산

6~7년 전 이른 아침 산책길. 자폐(自閉) 아들을 데리고 가는 아버지와 마주쳤다. 아들은 열다섯쯤 됐을까. 얼굴을 옆으로 돌린 채 시선이 허공에 가 있었다. 한쪽 손은 아버지 팔뚝을 붙잡았다. 그때 아버지 표정을 잊을 수 없다. 달아나고 싶은 마음, 어찌할 수 없는 체념의 감정이 얽혀 있었다. 일부러 새벽 시간을 골라 아들 운동을 시켜주고 있었을 것이다. ▶아는 부부의 자폐 아들이 군산에서 24~28일 미술 전시회를 연다고 해 다녀왔다. 스물네 살 김정훈군이 주인공이다. 어머니 송영숙씨가 넉 달 전부터 미술 학원에서 아들 개인 교습을 시켰는데 그 사이 만든 작품들이라고 했다. 주로 캔버스에 아크릴 채색으로 그렸는데 어설프고 거친 것도 적지 않았다. 그런데 몇 작품은 꽤 평가할 수준으로 보였다. 물감을 섞어낸 색깔끼리 서로 배척한다는 느낌이 들지 않았다. 전시회 제목은 '夢[꿈 몽]'이었다. ▶전시회 방명록엔 서울 자곡동 분이 쓴 '여기까지 오기까지 어머니가 겪었을 눈물과 수고가 어땠을지…깊이 존경합니다'라는 글이 있었다. 어머니 송영숙씨는 아들 초등학교 때 학교 소사처럼 지냈다. 교실 밖 복도에서 지켜보다가 아이가 수업을 방해하는 것 같으면 데리고 나와 주변을 산책했다. 교실 청소해 주고, 수업도 도와주고 했다. 자폐 아이들은 자해(自害)를 한다. 정훈이는 밤잠을 잘 못 잤고 이불을 발기발기 찢어 놓곤 했다. ▶그랬던 아이는 중학교 때부터 특수학교를 다녔고, 거기를 나온 뒤 올 들어 미술 학원에서 개인 교습을 받았다. 학원 선생님이 많은 애를 써줬다. 다닌 지 두 달쯤부터 정훈이는 웃기 시작했다. 자해 습관도 거의 없어졌고 행복하다는 의사 표시도 했다. 전시회엔 전국에서 자폐아 부모가 마흔 명 가까이 찾아왔다. ▶자폐아 부모의 근심은 아이 때는 옆에 두고 챙긴다 해도 어른이 되면 어떻게 돌볼 건가 하는데 있다. 대개는 보호시설에 맡기거나 집 안에 가둬 두는 식이다. 송영숙씨는 2011년부터 군산에서 '발달장애 성인 학습관'을 짓자는 캠페인을 꾸려 왔다. 탄원서 내고, 서명운동하고, 포럼 열고, 국회도 갔다. 그 결과 국비 · 도비 · 시비 합쳐 170억 원으로 오는 10월 군산 시내 3500평 부지에 3층짜리 학습관을 착공하게 된다. 2017년 3월 개교 예정이다. 코스를 마친 뒤엔 유기농 채소 재배하고 가축 기르고 비누 만들고 하는 학습관 내 '학교 기업'에서 어엿한 직장 생활을 하게 된다. 학습관이 자리잡으면 군산시는 자폐아 부모들의 성지(聖地) 역할을 하게 될 것이다.

* 한삼희 조선일보 논설위원/ 2015.07.30.

참고 문헌

강위영, 권명옥(2001). **정서 및 행동장애 아동의 적응훈련 프로그램**. 서울 : 특수교육.

강진령(1999). 단회학생상담모형개발연구. **한국심리학회지 : 상담과 심리치료, 11**(1), 1-22.

곽금주(2002). **아동 심리평가와 검사**. 서울 : 학지사.

권석만(2005). **현대이상심리학**. 서울 : 학지사.

김남진, 김정은, 최희승(2013). **장애아 진단 및 평가**. 경기 : 양서원.

김동일 외(2003). **특수아동상담**. 서울 : 학지사.

김동일, 이대식, 신종호(2003). **학습장애 아동의 이해와 교육**. 서울 : 학지사.

김승국 외(1996). **정신지체아동 교육의 이론과 실제**. 서울 : 특수교육.

김언아(2000). **장애인 직업상담 기법 개발 연구**. 성남 : 한국장애인고용촉진공단.

김영숙, 윤여홍(2011). **개정판 특수아 상담의 이해**. 경기 : 교육과학사.

김영욱 외(2005). **특수교육학**. 경기 : 교육과학사.

김영진(2003). **아동, 청소년 지도를 위한 상담과정과 문제행동 상담**. 경기 : 교육과학사.

김용태(2003). **가족치료이론**. 서울 : 학지사.

김윤옥(2003). **특수아동상담**. 서울 : 문음사.

김창대 외(1994). 청소년문제유형분류체계 -기초연구-. 서울 : 청소년상담원.

김청송(2003). **정신장애사례연구**. 서울 : 학지사.

김혜숙 역(1998). **아동기와 청소년기 문제상담**. 서울 : 두란노.

김혜숙 역(1998). **아동상담**. 서울 : 두란노.

문은식 외(2008). **사회적 · 정서적 문제, 미성취, 상담**. 서울: 학지사.

박경애, 이재규, 권해수(1998). **대인관계향상 프로그램**. 서울 : 청소년대화의 광장.

박성수(1996). **문제행동의 교육과 치료**. 서울 : 배영사.

박성희(2004). **동화로 열어가는 상담이야기**. 서울 : 학지사.

백용매, 천성문(2003). **아동의 심리치료**. 서울 : 학지사.

송영혜(1998). **놀이치료적용**. 대구 : 대구대학교출판부.

송정남, 유지숙, 한인순(2005). 영재아동의 인지적 특성과 과흥분성에 관한 연구 : KEDI-WISC와 TTCT를 중심으로. **한국심리학회지: 임상, 24**(1), 117-137.

송준만 외(1998). **특수아지도**. 서울 : 한국방송통신대학.

연문희, 강진령(2003). **학교상담**. 경기 : 양서원.

윤초희, 윤여홍, 김홍원(2004). 지적으로 우수한 초등 영재아의 심리사회적 적응. **한국심리학회지: 발달, 17**, 177-196.

윤치연, 이영순, 천성문(2004). **특수아 상담 및 치료교육 프로그램**. 서울 : 학지사.

이경임, 설기문(1999). **창조적 상담기법**. 경기 : 양서원.

이달엽(2003). **장애와 상담**. 경기 : 교육과학사.

이부덕(1994). **아동치료의 새로운 접근**. 서울 : 인간과 복지.

이신동, 강영심, 최병연(2008). **장애영재와 특수영재**. 서울: 학지사.

이화여자대학교 언어청각임상센터(1996). **언어장애 아동의 의사소통지도**. 서울 : 이대출판부.

이효정 역(2012). **특수아상담**. 서울 : 학지사

장선철 외(2008). **아동상담**. 서울 : 동문사.

장선철 외(2010). **상담심리학**. 서울 : 동문사.

장선철 외(2012). **교육심리학**. 서울 : 동문사.

장선철 외(2012). **유아생활지도**. 서울 : 동문사.

장선철(1998). **건전한성격론**. 교육신서 142. 서울 : 배영사.

장선철(2012). **특수유아의 이해와 교육**. 서울 : 동문사.

전경원(2004). **새로운 영재재능교육의 이론과 실제**. 서울: 학문사.

정동영, 김용득, 김종인, 김주영(2000). **특수교육 비전 2020**. 국립특수교육원.

정동영, 김주영, 김형일, 김희규, 정동일(2010). **특수아동의 이해**. 경기 : 교육과학사.

정문자 외(2007). **가족치료의 이해**. 서욱 : 학지사.

정은이(2002). 미성취 영재(Gifted Underachiever)에 대한 또래 상담의 전략적 개입. **교육방법연구, 14**(1), pp. 35-63.

정정진, 여광응, 이영재, 신현기, 김동일, 김소희, 안성우, 이신동, 이영철, 이은주, 이점모, 임성민, 정진옥, 조영태, 최민숙, 최성교(2010). **특수아동 심리학**. 서울 : 학지사.

정현남, 김동혁, 고병오(2004). 영재 학급을 위한 사이버 상담 시스템의 개발 및 적용. **한국정보교육학회, 8(2)**, pp. 177-189.

조용태(2011). **특수아상담**. 경기 : 양서원.

최중옥 외(2000). **특수아동의 이해와 지도**. 경기 : 교육과학사.

한기정(2000). **특수유아의 이해와 교육**. 경기 : 교육과학사.

홍숙기(2002). **젊은이의 정신건강**. 서울 : 박영사.

American Psychiatric Association(2000). *Diagnostic and statistical manual of mental disorders(4th-TR)*. Washington, D.C. : American Psychiatric Association.

ASHA American Speech-Language-Hearing Association(1993). Definitions of communication disorders and variations, *ASHA, 35*, 40-41.

Barraga, N. C. & Erin, J. N. (1992). *Visual handicaps & learning(3rd Ed.)*. Aistin, TX : Pro-Ed.

Batshaw, M. L.(1997). *Children with disabilities(4th ed.)*. Baltimore : Brookes.

Baum, S., & Olenchak, F. (2002). The alphabet children: GT, ADHD and more. *Exceptionality, 10(2)*, 77-91.

Baum, S., & Owen, S. (2003). *To be gifted and learning disabled: Strategies for helping bright students with LD, ADHD, and more. Mansfield Center*, CT : Creative Learning Press.

Beck, A. T. (1976). *Cognitive therapy and the emotional disorders*. New York : International Universities Press.

Berg, I. K., & Miller, S.(1992). *Working with the problem drinker : A solution-focused approach*. New York : W. W. Norton & Company.

Bradley, D. P.(1997). Congenital and acquired velopharyngeal inadequacy. In K. R. Bzoch (Ed.), *Communicative disorders related to cleft lip and palate(4th Ed.)* (223-243). Austin, TX : Pro-Ed.

Bryan, T.(1997). Assessing the personal and social status of students with learning disabilities. *Learning Disabilities Research and Practice, 12*, 63-76.

Cartledge, G., & Milburn, J. F.(1995). *Teaching social skills to children and youth : Innovative approaches(3rd ed.)*. Boston : Allyn & Bacon.

Castrogiovanni, A. (1999). *Incidence and prevalence of speech, voice, and language disorders in the United States.* Communication facts, 1999. Rockville, MD : American Speech-Language-Heraring Association.

Clasen, D. A., & Clasen, R. E. (1995). Underachievement of highly able students and the peer society. *Gifted and Talented International, 10,* 67-76.

Coleman, M. D., & Webber, J.(2002). *Emotional and behavioral disorders(4th ed.).* Boston : Allyn & Bacon.

Conture, E. G.(1996). Treatment efficacy : Stuttering. *Journal of Speech and Hearing Research, 39,* S18-S26.

Cullinan, D. (2002). *Students with emotional and behavior disorders.* New Jersey : Merrill Prentice-Hall.

De La Paz, S., & Graham S.(1997). Strategy instruction in planning : Effects on the writing performance and behavior of students with learning difficulties. *Exceptional Children, 63,* 167-181.

Durrant, M.(1995). *Creative strategies for school problems : Solutions for psychologists and teachers.* New York : W. W. Norton & Company.

Felsenfeld, S.(1997). Epidemiology and genetics of stuttering : In R. F. Curlee & G. M. Siegel (Eds.), *Nature and treatment of stuttering : New directions(2nd Ed.)* (pp.3-23). Boston, MA: Allyn and Bacon.

Forness, S. R., & Kavale, K. A.(1997). Defining emotional or behavioral disorders in school and related services. In J. W. Lloyd, E. J. Kameenui, & D. Chard(Eds.), *Issues in educating students with disabilities*(45-61). Mahwah, NJ : Erlbaum.

Freeman, D.(1992). *Family therapy with couples : The family-of-origin approach. Northvale,* NJ : Jason Aronson Inc.

Gelfand, D. M., & Drew, C. J.(2003). *Understanding child behavior disorders.* CA : Wadsworth/Thomson Learning.

Goddard, Y. I., & Heron, T. E.(1998). Please teacher : Help me learn to spell better, teach me self-correction. *Teaching Exceptional Children, 30*(6), 38-43.

Graham, S., & Harris, K. R.(1993). Self-regulated strategy development : Helping students with learning problems develop as writers. *Elementary School Journal, 94,* 169-181.

Grossen. B.(1998). Child-directed teaching methods : A discriminatory practice of wastern education. [Http : //darkwing. uoregon.edu/~bgrossen/cdp.html]

Hallahan, D. P., & Kauffman, J. M.(2000). *Exceptional children : Introduction to special education(8th ed.).* Boston : Allyn and Bacon.

Hallenbeck, B. A., & Kauffman, J. M.(1995). How does observational learning affect the behavior of students with emotional or behavior disorders ? A review of research. *Journal of Special Education*, 29, 43-71.

Hardman, M. L., Drew, C. J., & Egan, M. W.(2002). *Human exceptionality : Society, School, and Family(7th ed.)*, Boston : Allyn and Bacon.

Heward, W. L.(2003). *Exceptional children : An introduction to special education(7th ed.)*, New Jersey : Merrill Prentice-Hall.

Hill, J. L.(1999). *Meeting the needs of students with special physical and health care needs. Upper Saddle River*, NJ : Merrill/Prentice-Hall.

Hollinger, C. L. (1995). Counseling gifted young women about educational and career choices. In J, L. Genshaft, M. Bireley, & C. L. Hollinger (Eds.). *Serving gifted and talented students : A resource for school personnel*(337-350). Austin, TX : PRO-ED.

Karnes, A. F., & Bean, M. S. (2001). *Methods and materials for teaching the gifted. Waco*, TX : Prufrock Press.

Kavale, K. A., & Forness, S. R.(1996). Social skills deficits and learning disabilities : A meta-analysis. *Journal of Learning Disabilities, 29*, 226-237.

Kerr, M. M., & Nelson, C. M.(2002). *Strategies for Addressing Behavior Prolems in the Classroom(4th ed.).* New Jersey : Merrill Prentice-Hall.

Kirk, S., & Gallagher, J. J.(1986). *Educating exceptional children(5th ed.).* Boston : Houghton Mifflin.

Lane, L. L., Gresham, F. M., & O'Shaughnessy, T. E.(2002). *Interventions for children with or at risk for emotional and behavioral disorders.* Boston : Allyn and Bacon.

Lerner, J. W.(1993). *Learning disabilities : theories, diagnosis, and teaching strategies(6th ed.).* Boston : Houghton Mifflin.

Maker, J. (1996). Identification of gifted minority students : A national problem, needed changes, and a promising solution. *Gifted Child Quarterly, 40*, 41-50.

Marsh, L. G., & Cooke, N. L.(1996). The effects of using manipulatives in teaching math problem solving the students with learning disabilities. *Learning Disabilities Research and Practice, 11*(10), 58-65.

Moon, M. S. (2002). Counseling needs and strategies. In M. Neihart, S. M. Reis, N. M. Robingson, & S. M. Moon (Eds.), *The social and emotional development of gifted children: What do we know?*(213-222). Waco, TX : Prufrock Press.

Olson, J. L. & Platt, J. M.(1996). *Teaching Children and Adolescents with Special Needs. 2nd Ed.* NJ : Prentice-Hall, Inc.

Owens, R. E.(1996). *Language development : An introduction(4th ed.).* Boston, MA : Allyn and Bacon.

Owens, R. E., Metz, D. A., & Haas, A.(2000). *Introduction to communication disorders : A life span perspective.* Boston, MA : Allyn and Bacon.

Peterson, J. S., & Rischar, H. (2000). Gifted and gay: A study of the adolescent experience. *Gifted Child Quarterly, 44*(4), 231-246.

Riski, J. E.(1997). Secondary surgical procedures to correct postoperative velopharyngeal incompetencies found after primary palatoplasties. In K. R. Bzoch(Ed.), *Communicative disorders related to cleft lip and palate(4th Ed.)* (121-152). Austin, TX : Pro-Ed.

Rita, Wicks-Nelson., & Allen, C. I.(2003). *Behavior disorders of childhood(5th ed.).* New Jersey : Prentice-Hall.

Schloss, P. J., Alper, S., & Jayne, D.(1994). Self-determination for persons with disabilities : Choice, risk, and dignity. *Exceptional Children, 60*, 215-225.

Seagle, M. B.(1997). Primary surgical correction of cleft palate. In K. R. Bzoch(Ed.), *Communicative disorders related to cleft lip and palate(4th Ed.)* (115-120). Austin, TX : Pro-Ed.

Sexton, M., Harris, K. R., & Graham, S.(1998). Self-regulated strategy development and the writing and attributions. *Exceptional children, 64*, 295-311.

Shelton, T. L., & Barkely, R. A.(1994). Critical issues in the assessment of attention deficit disorders in children. *Journal of Learning Disabilities, 14*, 26-41.

Shprintzen, R. J., Goldberg, R.(1995). The genetics of clefting and associated syndromes. In R. J. Shprintzen & J. Bardach(Eds.), *Cleft palate speech managment : A multidisciplinary approach.* St. Louis, MO : Mosby.

Sirvis, B. P., & Caldwell, T. H.(1995). Physical disabilities and chronic health impariments. In E. L. Meyen, & T. M. Skartic(Eds.), *Special education and student disability : Traditional, emerging, and alternative perspectives(4th Ed.)* (533-564). Denver, CO : Love Publishing Co.

Smith, D. D., & Luckasson, R.(1992). *Introduction to special education : Teaching in an age of challenge.* Boston, MA : Allyn & Bacon.

Stanvoich, K., & Stanovich, P.(1995). How research might inform the debate about early reading acquisition. *Journal of Reading Research, 18(2),* 87-105.

Thompson, C. L., & Rudolph, L. B.(2000). *Counseling children(5th ed.).* Belmont : Thomson Learning.

Torgesen, J. K., & Wagner, R. K.(1998). Alternative diagnostic approaches for specific developmental reading disabilities. *Learning Disabilities Research and Practice, 13,* 220-232.

Tuttle, D. W., & Ferrell, K. A.(1995). Visual impairment. In E. L. Meyen, & T. M. Skartic(Eds.), *Special education and student disability : Traditional, emerging, and alternative perspectives(4th Ed.)* (487-531). Denver, CO : Love Publishing Co.

Van Riper, C., & Erickson, R.(1996). *Speech correction : An introduction to speech patbology and audiology(9th ed.).* Englewood Cliffs, NJ : Prentice-Hall.

Walker, H. M.(1997). *The acting out child : Coping with classroom disruption(2nd ed.).* Longmont, Co : Sopris West.

Walker, H. M., Colvin, G., & Ramsey, E.(1995). *Antisocial behavior in schools : Strategies and best practices.* Pacific Grove, CA : Brooks/Cole.

World Health Organization(1992). *International classification of Disease and Health Problems(10th ed.).* Jeneva : World Health Oganization.

Ysseldyke, J. E., & Algozzine, B.(1995). *Special education : A pratical approach for teachers(3rd Ed.).* Boston, MA : Houghton Mifflin.

찾아 보기

저자 소개

장선철(張善喆)

- 대구교육대, 대구대 사범대학 졸업
- 고려대에서 석사 학위, 건국대에서 교육학박사 학위 취득
- 초 · 중등, 특수학교 교사
- 부산교육대학교, 대구대학교, 조선대학교, 상명대학교, 건국대학교 강사
- 부산경상대 교수
- 고려대학교 대학원, 상명대학교 교육대학원, 건국대학교 교육대학원 외래 교수
- 상담심리학(동문사), 건전한 성격론(배영사, 교육신서 142), 교육심리학(동문사), 현대인의 정신건강(동문사), 아동상담(동문사), 인간의 이해(태영출판사) 외 저서 다수
- 현, 전주대학교 상담심리학과 교수

특수아동상담의 이해

초판발행 2015년 8월 25일
재판발행 2017년 8월 25일

2017. 8.

저 자 장 선 철
발행인 김 현 태
발행처 태영출판사

주 소 (08301) 서울 구로구 구로동 104-10 동남오피스텔 201호
전 화 02 · 839-3757, 839-3752
팩 스 02 · 837-3754
등 록 2005년 5월 30일 제12-421호
홈페이지 http://www.taeyeongbook.co.kr
E-mail tys2005@hanmail.net
ISBN 978-89-6302-177-5 93370
정 가 18,000원

NAVER 태영출판사

* 잘못 만들어진 책은 교환해 드립니다.

특수아동상담의 이해

장선철 저

머리말

모든 사람은 다 다르다. 제 각각 다른 모습을 가지고 태어나기 때문에 누구나 남들과는 다른 강점과 약점을 지니고 있다. 이런 관점에서 보면 모든 사람은 다 특수하다고 할 수 있다. 하지만 어떤 사람은 자신이 지닌 특성 가운데 강점이 들어나기도 하지만 다른 어떤 사람은 약점이 유별나게 부각되기도 한다. 이에 따라 개개인이 지닌 능력에 차이가 나타날 수도 있다. 특수아동은 한 개인이 지닌 여러 특성 가운데 어떤 의미에서든 극단적인 특수성을 지닌 아동을 말한다. 이런 특수성 때문에 장애를 지닌 아동의 교육권이나 상담을 받을 권리가 제한되거나 축소, 혹은 과장되어서는 안 된다.

그럼에도 불구하고 사회에는 아직도 '우리'와 '그들'을 구분하려는 일종의 마음가짐이 존재한다. 이런 마음가짐은 일반 아동과 장애를 지닌 아동을 구분짓는 마음의 구분선으로 일상생활에서 다양한 형태와 방식으로 나타난다. 노골적인 차별이 일어나거나 덜 중요한 존재로 여기는 것이다. 이에 따라 교육이나 상담현장에서 조차 '특수아동에게는 상담이 적용될 수 없다.'는 왜곡된 신화가 남아 있다. 크게 두 가지로 요약할 수 있다.

하나는, 정신지체, 전반적 발달장애, 학습장애, 지체장애 등 특수아동은 대체

로 언어발달이 지체되어 있기 때문에 언어를 매개로 한 상담이 전혀 불가능하다는 주장이다. 물론 대부분 특수아동은 언어소통이 비장애아동에 비해 원활하지 못하다. 그러나 이런 어려움은 질적인 문제이기보다는 양적인 문제이다. 상담자가 내담자의 지적 능력에 따라 사용하는 언어의 수준을 조절하면 특수아동상담은 얼마든지 가능하다. 또한 언어장애의 경우에는 문자, 수화, 인터넷으로 충분히 소기의 목적을 달성할 수 있다.

또 다른 하나는, 상담을 학습의 과정, 특히 지적인 내용을 가르치는 활동으로 이해할 때 특수아동들에게 상담은 가능하지도 않고 효과도 없다는 주장이다. 그러나 상담은 특수아동에게 가르치는 것 이상의 활동을 한다. 상담자는 내담자에게 지적인 내용을 가르치는 일도 하지만 내담자의 마음 속 깊은 감정을 이해하고, 감추어진 의미를 명료화하여 격려하기도 하고 의사소통도 하면서 함께 상담목표, 즉 내담자의 변화에 도달하기 위해 필요한 행동을 연습하기도 한다. 따라서 특수아동이나 장애가 없는 아동이나 그들을 대상으로 한 상담은 원리에 있다기보다 방법 혹은 도구의 차이에 있다.

이 책은 이런 관점에서 출발한다. 이 책에서 저자는 특수아동상담의 효과를 극대화하기 위해서는 무엇보다 먼저 상담자가 내담자인 특수아동과 그들이 지닌 장애를 충분히 이해할 것을 제1부 특수아동 상담의 기초에서 제안하였다. 그 내용이 제1장 장애와 특수아동, 제2장 특수아동과 상담이다.

또한, 현장에서의 효율적인 특수아동상담을 위해 제2부에서는 학습장애, 주의력결핍 과잉행동장애, 지적장애, 전반적 발달장애, 정서 · 행동장애, 시각장애, 청각장애, 신체장애, 의사소통장애 등 장애영역별 상담을 다루었다. 제3부의 내용은 특수아동 교육 및 진로발달로 특수아동의 진단과 평가, 특수아동의 교육적 조치, 진로개발과 지원, 특수아동 가족을 위한 상담이다. 특수아동상담에서 '출발점 행동'과 '특수교육', 그리고 '가족 변인'의 의미와 중요성을 강조하였다.

그럼에도 불구하고, 언제나 느끼는 것이지만 탈고 후에는 아쉬움뿐이다.

다시 내일을 바라본다. 부족한 부분은 판을 거듭하면서 수정해 나가고자 한다. 다만, 이 책이 특수아동상담에 관심이 많은 상담자, 교사, 부모들에게 조그마한 도움이 되었으면 하는 소망을 갖는다.

작지만 이 책이 나오기까지 수고해 주신 분들이 계신다. 몇 년을 함께 특수아동상담을 강의해 오며 새로운 자료와 번득이는 아이디어를 제공하며 원고의 수정과 교정을 맡아 준 이경순 선생님과 아이맘상담센터 이미현 소장에게 감사의 인사를 전한다. 또한 이번에도 이 책을 기꺼이 출판해 주신 태영출판사 김현태 사장님과 오세복 상무님과 제작팀에게 특별한 감사를 전한다.

2015년 8월.
저자 씀

차 례

제1부 특수아동 상담의 기초

제2부 장애역역별 상담